2021
长三角城市发展报告

长三角中小城市活力研究·文化篇

主　编　褚　敏

副主编　逯　改　兰晓敏　梅　燃
　　　　高　昉　王桂林　励　莹

图书在版编目(CIP)数据

2021长三角城市发展报告.长三角中小城市活力研究·文化篇/褚敏主编.—上海：上海财经大学出版社,2022.12
ISBN 978-7-5642-4059-2/F.4059

Ⅰ.①2… Ⅱ.①褚… Ⅲ.①长江三角洲-城市建设-经济发展-研究报告-2021②长江三角洲-中小城市-文化产业-产业发展-研究报告-2021 Ⅳ.①F299.275②G127.5

中国版本图书馆CIP数据核字(2022)第171749号

□ 责任编辑　李成军
□ 封面设计　贺加贝

2021长三角城市发展报告
长三角中小城市活力研究·文化篇

主　编　褚　敏
副主编　逯　改　兰晓敏　梅　燃
　　　　高　昉　王桂林　励　莹

上海财经大学出版社出版发行
(上海市中山北一路369号　邮编200083)
网　　址:http://www.sufep.com
电子邮箱:webmaster@sufep.com
全国新华书店经销
江苏凤凰数码印务有限公司印刷装订
2022年12月第1版　2022年12月第1次印刷

710mm×1000mm　1/16　14印张(插页:2)　251千字
定价:68.00元

序 | Preface

文化是一个国家、一个民族的灵魂。党的十九大报告指出,"文化兴国运兴,文化强民族强。没有高度的文化自信,没有文化的繁荣兴盛,就没有中华民族伟大复兴",为此"要坚持中国特色社会主义文化发展道路,激发全民族文化创新创造活力,建设社会主义文化强国"。习近平总书记进一步指出,"文化自信是一个国家、一个民族发展中最基本、最深沉、最持久的力量"。以上重要论述深刻阐明了文化与发展的辩证关系,即文化的繁荣、文化的自信是一个地区、一个国家、一个民族发展的重要基石,同时也是高质量发展的重要标志。

随着"五位一体"总体布局推进和"建设社会主义核心价值观""提升文化软实力""建设文化强国"等国家层面文化战略的提出,我国文化事业和文化产业迎来了蓬勃发展的历史机遇。2021年国家"十四五"规划明确提出"社会主义文化繁荣发展工程",成为文化建设上升为国家战略并迈入全新发展阶段的重要标志。此后国家多部委发布了多个文化发展政策,包括中宣部、国家发改委、教育部、科技部等九部委联合印发的《关于推进博物馆改革发展的指导意见》,文旅部发布的《"十四五"文化和旅游发展规划》《"十四五"公共文化服务体系建设规划》,国家广播电视总局发布的《广播电视和网络视听"十四五"发展规划》等,有力推动了我国各地的文化建设和发展。

随着国家文化建设的推进,各地传统文化、红色文化、当代文化、地域文化交相辉映,民族精神、时代精神、奋斗精神、创新精神深入人心,文化资源、文化政策、文化工程、文化活动争相出台,文化的力量已经深深融入每一个地区、每一座城市的软实力中,越来越成为地方或城市综合实力和国际竞争力的重要组成部分。

激发城市文化活力,推动城市文化与人、与产业和谐发展,促进文化与城市共同繁荣,已经成为城市发展领域高度关注的重要议题。上海城建职业学院城市发展研究中心致力于长三角城市发展研究,连续多年每年出版"长三角城市发展报告"。2020年课题组把研究聚焦到长三角中小城市活力上,提出了包含人才、文化、创新、生态和品牌五个方面的城市发展活力观,2021年起每年针对一个方面进行专题研究、五年开展一次综合研究。今年课题组根据我国社会发展的需求和政策环境的推动,围绕长三角中小城市文化活力进行专题研究,具有很强的针对性和现实意义。

课题组在对前人相关理论进行梳理和整合的基础上,提出城市文化活力的概念,构建了城市文化活力的模型,形成以文化政策、文化禀赋、文化产业、文化参与和文化包容五大要素为核心的城市文化活力评价指标体系。本书搜集长三角地区60个中小城市的19项文化活力指标数据并进行分析,得到长三角中小城市文化活力排行榜,并选择了3个文化发展有特色的城市作为典型案例进行个案研究,积累了宝贵的研究资料,取得了一定的研究成果。

本项研究阐述了城市文化活力之源,指明了城市文化活力之路,提出了城市文化活力建设之策,丰富了我国关于城市文化活力的研究成果,可为相关政府部门制定城市文化政策与文化发展规划、推进文化事业和产业提供参考,也可以为对城市研究感兴趣的读者提供借鉴。相信在各方专家、广大读者的不吝赐教下,课题组一定能坚持城市活力研究方向,不断优化完善研究内容和方法,拿出更多高质量的应用性研究成果,为长三角一体化高质量发展和世界级城市群建设做出更大的贡献。

叶银忠

2022年9月20日

目录 | Contents

总体报告

第一章　城市文化活力研究综述及理论建构 ……………………………… 3
　一、绪论 ………………………………………………………………… 3
　二、城市文化活力相关理论综述 ……………………………………… 6
　三、城市文化活力理论建构 …………………………………………… 10

第二章　长三角中小城市文化活力指标设计与评价方法 ……………… 13
　一、城市文化活力指标体系的研究现状 ……………………………… 13
　二、城市文化活力评价相关文献的可视化分析 ……………………… 14
　三、长三角中小城市文化活力指数指标分析与计算方法 …………… 18

第三章　长三角中小城市文化活力指数研究 …………………………… 24
　一、长三角中小城市文化活力指数得分与排名 ……………………… 24
　二、长三角中小城市文化活力指数分析 ……………………………… 25
　三、长三角中小城市文化活力总报告结论与建议 …………………… 40

分项报告

第四章　长三角中小城市文化政策指数报告 …………………………… 47
　一、党的十八大以来城市文化政策发展沿革 ………………………… 47
　二、长三角中小城市文化政策指数指标体系 ………………………… 48
　三、长三角中小城市文化政策指数指标说明 ………………………… 49
　四、长三角中小城市文化政策指数指标权重 ………………………… 50

五、长三角中小城市文化政策指数排名与分析 …………………… 51
　　六、长三角中小城市文化政策指数各分指标排名分析 …………… 57
　　七、长三角中小城市文化政策指数分报告结论与建议 …………… 68

第五章　长三角中小城市文化禀赋指数报告 …………………………… 72
　　一、长三角中小城市文化禀赋指数指标体系 ……………………… 72
　　二、长三角中小城市文化禀赋指数指标说明 ……………………… 72
　　三、长三角中小城市文化禀赋指数指标权重 ……………………… 74
　　四、长三角中小城市文化禀赋指数排名分析 ……………………… 75
　　五、长三角中小城市文化禀赋各分指标排名分析 ………………… 79
　　六、长三角中小城市文化禀赋指数分报告结论与建议 …………… 99

第六章　长三角中小城市文化产业指数报告 ………………………… 101
　　一、城市文化活力与文化产业指标体系的关系解析 …………… 101
　　二、长三角中小城市文化产业指数指标分析 …………………… 103
　　三、长三角中小城市文化产业指数测度结果 …………………… 115
　　四、长三角中小城市文化产业指数测度异质性分析 …………… 119
　　五、长三角中小城市文化产业指数测度稳健性检验 …………… 125
　　六、长三角中小城市文化产业指数分报告结论与建议 ………… 136

第七章　长三角中小城市文化参与指数报告 ………………………… 143
　　一、长三角中小城市文化参与指数指标体系 …………………… 143
　　二、长三角中小城市文化参与指数指标说明 …………………… 144
　　三、长三角中小城市文化参与指数指标权重 …………………… 145
　　四、长三角中小城市文化参与指数排名分析 …………………… 146
　　五、长三角中小城市文化参与指数各指标排名分析 …………… 151
　　六、长三角中小城市文化参与指数分报告结论与建议 ………… 163

第八章　长三角中小城市文化包容指数报告 ………………………… 165
　　一、长三角中小城市文化包容指数指标体系 …………………… 165
　　二、长三角中小城市文化包容指数指标说明 …………………… 165
　　三、长三角中小城市文化包容指数排名 ………………………… 167
　　四、长三角中小城市文化包容指数各指标排名 ………………… 169

五、长三角中小城市文化包容指数各指标相关分析 …………… 178

六、长三角中小城市文化包容指数分报告结论与建议 ………… 179

典型案例

案例一　桐乡市 ……………………………………………………… 183
　　一、桐乡市文化活力指数分析 ………………………………… 183
　　二、文化IP定义与长三角地区文化发展问题 ………………… 184
　　三、桐乡市乌镇文旅发展四个阶段 …………………………… 185
　　四、桐乡市文化标志性IP:"乌镇模式"的做法 ……………… 185
　　五、近年来桐乡市"文旅融合"建设相关政策与发展趋势 … 189
　　六、桐乡市文化标志性IP建设的启示与借鉴 ………………… 191

案例二　昆山市 ……………………………………………………… 193
　　一、昆山市文化活力指数分析 ………………………………… 193
　　二、规划引领,顶层设计指方向 ……………………………… 194
　　三、设施保障,昆曲活动有场所 ……………………………… 194
　　四、文艺创作,内容产品强基础 ……………………………… 195
　　五、彰显影响,品牌活动扬声名 ……………………………… 195
　　六、非遗保护,见人见物见生活 ……………………………… 196
　　七、人才培养,非遗传承有后人 ……………………………… 197

案例三　宜兴市 ……………………………………………………… 199
　　一、宜兴市文化活力指数分析 ………………………………… 199
　　二、宜兴市提升城市文化活力的主要政策 …………………… 200
　　三、宜兴市文化标志性IP建设的做法 ………………………… 201
　　四、宜兴市文化标志性IP建设的启示与借鉴 ………………… 202

附录 …………………………………………………………………… 204

总体报告

江南好
风景旧曾谙

第一章
城市文化活力研究综述及理论建构

一、绪论

1. 激发文化大活力　共写文化新篇章

早在 1998 年,联合国教科文组织在《文化政策促进发展行动》中就指出,未来世界的竞争将是文化或文化生产力的竞争,文化将成为 21 世纪最核心的话题之一。习近平总书记在党的十九大报告中指出,文化是一个国家、一个民族的灵魂。文化兴国运兴,文化强民族强。没有高度的文化自信,没有文化的繁荣兴盛,就没有中华民族伟大复兴。[①] 2022 年 3 月 5 日,国务院总理李克强在政府工作报告中提出,丰富人民群众精神文化生活。培育和践行社会主义核心价值观,深化群众性精神文明创建。繁荣新闻出版、广播影视、文学艺术、哲学社会科学和档案等事业。深入推进全民阅读。加强和创新互联网内容建设,深化网络生态治理。推进公共文化数字化建设,促进基层文化设施布局优化和资源共享,扩大优质文化产品和服务供给。加强文物古籍保护利用和非物质文化遗产保护传承。用好北京冬奥会遗产。建设群众身边的体育场地设施,促进全民健身蔚然成风。[②] 文化的力量,深深熔铸在国家、民族的生命力、创造力、凝聚力之中,是一种软实力的集中体现。无论是对政治稳固还是经济发展,文化都有不可或缺的作用。当今时代,文化与政治、经济、社会相互交融、相互渗透。文化的力量,越来越成为综合国力和国际竞争力的重要组成部分。

随着文化建设在城市转型中的作用日益凸显,各个城市对文化重要性的认识不断深入,城市文化的发展和建设已经成为时代的主要议题。很多城市颁布了发展规划,具体有地区文化发展规划、地区"十四五"发展规划、地区文旅发展

[①] 人民网. 文化兴国运兴,文化强民族强[EB/OL]. (2018-06-07)[2022-07-02]. http://theory.people.com.cn/n1/2018/0607/c40531-30041110.html.

[②] 新华网.（两会授权发布）李克强在政府工作报告中提出,今年切实保障和改善民生,加强和创新社会治理[EB/OL].（2022-03-05）[2022-07-02]. http://www.news.cn/politics/2022-03/05/c_1128440167.html.

规划等,还有相关的文化政策,诸如文化遗产保护与文化资源共享、文化与科技融合等,不断更新城市文化建设的顶层设计。

2. 文化交融一体化　百花盛开竞绽放

长三角是我国经济发展最活跃、开放程度最高、创新能力最强的区域之一,在全国经济中具有举足轻重的地位。它不仅是一个地理区域,更是一个经济、社会和人文区域,有着相似或相同的历史记忆和文化传统。各种江南文化相互渗透交融,通过岁月的积淀形成了绚丽多姿的长三角文化。在全面落实长三角高质量一体化发展和文化强国的战略背景下,推进长三角的文化建设,将为长三角一体化高质量发展注入新动力。

为深化上海文化发展改革,全力打响"上海文化"品牌,全面提升上海城市软实力,上海编制《上海市社会主义国际文化大都市建设"十四五"规划》(下称《规划》),由市委办公厅、市政府办公厅正式印发。《规划》提出加快建设社会主义国际文化大都市的总体目标,并从文化品牌标识度、城市精神品格、文化生活、文化竞争力、文化交流中心地位5方面提出细化分项目标。[①] 2021年6月22日中国共产党上海市第十一届委员会第十一次全体会议审议通过了《中共上海市委关于厚植城市精神　彰显城市品格　全面提升上海城市软实力的意见》,提出全面提升上海城市软实力的总体要求和方向。

2015年6月9日,江苏省委、省政府召开专题会议,对深入实施文化建设工程、加快建设文化强省做出部署安排,制定了《关于推动文化建设迈上新台阶的意见》,明确了新形势下推进文化建设的时间表、路线图和任务书。[②] 近年来,江苏文化强省建设目标由"三强两高"丰富提升为"三强三高"。2020年2月6日,江苏省印发了《江苏省文化和旅游厅2020年工作要点》,提出扎实抓好文化和旅游改革发展,着力推进文旅领域治理能力现代化,进一步提升文旅消费对经济发展的贡献度、文旅融合发展对人民美好生活的贡献度、文旅行业对全省安全生产的贡献度,更好助力"强富美高"新江苏建设。[③] 2020年4月28日印发的《关于促进文化和科技深度融合的实施意见》,提出以文化和科技深度融合促进文化产

[①] 新浪网. 上海城市文化建设的最新目标?"十四五"规划——列出[EB/OL]. (2021-09-02)[2022-07-02]. https://finance.sina.com.cn/chanjing/cyxw/2021-09-02/doc-iktzqtyt3687117.shtml.

[②] 新浪新闻. 一图读懂省委省政府关于推动文化建设迈上新台阶的意见[EB/OL]. (2015-06-11)[2022-07-02]. https://news.sina.com.cn/c/2015-06-11/070031938212.shtml.

[③] 江苏省文化和旅游厅. 关于印发《江苏省文化和旅游厅2020年工作要点》的通知[EB/OL]. (2020-02-06)[2022-07-02]. http://wlt.jiangsu.gov.cn/art/2020/2/6/art_48956_8963733.html.

业转型升级,培育壮大新型文化业态。① 2021年10月15日,江苏省政府办公厅印发的《江苏省"十四五"文化和旅游发展规划》提出健全完善新时代艺术创作体系、文化遗产保护传承利用体系、现代公共文化服务体系、现代文化产业体系、现代旅游业体系、现代文化和旅游市场体系、对外和对港澳台地区文化交流和旅游推广体系。②

2021年6月9日,浙江省印发《浙江省文化改革发展"十四五"规划》,提出2025年的发展目标是以党的创新理论为引领的先进文化、以红船精神为代表的红色文化、以浙江历史为依托的优秀传统文化、以浙江精神为底色的创新文化、以数字经济为支撑的数字文化全面繁荣发展,文化自信充分彰显,文化形象更加鲜明,文明程度显著提升,人民群众文化生活丰富充实,基本建成中国气派、古今辉映、诗画交融的文化强省,在实现人的现代化方面走在前列。③

《安徽省"十四五"文化改革发展规划》围绕确定的发展目标,部署了12项重大任务,即深化思想理论武装、加强新时代思想道德建设、巩固壮大主流舆论、繁荣文化文艺创作生产、传承弘扬优秀传统文化和革命文化、提高基本公共文化服务覆盖面实用性、推动文化产业高质量发展、推动文化和旅游融合发展、加强对外文化传播交流、促进城乡区域文化协调发展、深化文化体制改革、强化人才队伍建设,提出实施加强习近平新时代中国特色社会主义思想研究传播等17项重点工程。

长三角中小城市竞相打造自己独特的城市文化,不断提升城市文化活力。然而在发展过程中,问题也层出不穷,如文化发展与经济发展不协调、文化产业发展动力不足、缺乏创新能力、文化观念与时代发展无法适应、文化资源缺乏整合利用、文化遗产遭到摒弃破坏、丧失城市文化个性等。这些问题无不表明城市文化建设任务艰巨,迫切要求我们积极寻找提升城市文化活力的策略和路径,以期促进城市文化健康、可持续发展。

3. 本书研究内容

---

① 苏科高发〔2020〕120号-150号. doc[EB/OL]. (2020-04-28)[2022-07-02]. http://wlt. jiangsu. gov. cn/module/download/downfile. jsp? classid=0&filename=5aa1948a09814e2abfee2d25a6e5941e. pdf.

② 江苏省文化和旅游厅. 省政府办公厅关于印发江苏省"十四五"文化和旅游发展规划的通知[EB/OL]. (2021-11-10)[2022-07-02]. http://wlt. jiangsu. gov. cn/art/2021/11/10/art_48956_10105549. html.

③ 浙江省发展改革委. 省委宣传部关于印发《浙江省文化改革发展"十四五"规划》的通知[EB/OL]. (2021-06-30)[2022-07-02]. https://www. zj. gov. cn/art/2021/6/30/art_1229505857_2307038. html.

本书在借鉴其他城市文化活力研究的基础之上,提炼出长三角中小城市文化活力的核心要素,全面梳理了目前长三角中小城市文化活力的现状和问题。本书通过对城市文化活力指标数据的测评,对长三角60个中小城市的文化活力进行评价分析和个案研究,旨在寻找出提升城市文化活力的方法与路径,为相关城市的文化建设与发展规划提供科学、有针对性的建议。

本书主要研究内容包括以下几方面:

第一,城市文化活力理论综述及指标体系建构。

在梳理城市文化活力研究的基础上,提炼出对文化活力发挥重要作用的几大核心要素,通过诠释核心要素并研究核心要素之间的关联性,建构出城市文化活力的理论模型和评价指标体系。其主要内容有:城市文化活力及其相关概念的界定;城市文化活力核心要素及理论模型;长三角中小城市文化活力评价指标体系。

第二,长三角中小城市文化活力的现状分析及评价研究。

依据城市文化活力理论模型和指标体系,在搜集、整理和统计分析长三角中小城市文化活力核心要素统计数据的基础上,评价长三角中小城市文化活力,具体包括长三角中小城市文化活力的总体评价分析和长三角中小城市文化活力分项指标评价分析。

第三,长三角中小城市个案研究及文化活力提升对策。

在分析和评价长三角中小城市文化活力的基础上,选择一些文化活力有代表性的城市进行典型案例剖析,以期为长三角地区的中小城市文化发展和规划提供理论支撑和客观依据,也为其他城市的文化建设提供参考和借鉴。

二、城市文化活力相关理论综述

1. 城市文化

城市是人类文明的结晶,是民众生活的精神文化与物质结合的最完整的载体。从古至今,城市的发展无不与民众文化生活紧密相连。对物质的创造与追求,可不断丰富城市文化;而对城市文化的不断提升与深化,又进一步推动了城市的建设与发展。

对城市文化的理解,国外学者普遍认为城市是文化的载体,文化在城市中产生,城市与文化是统一体。城市文化包括物质与文明两大部分,通常更强调后者。

20世纪美国城市学家刘易斯·芒福德(Lewis Mumford)撰写了在西方被誉为"城市区域规划圣经"的《城市文化》一书。芒福德认为,城市的基本使命和未来建设都应围绕文化的主题展开。他写道:"城市是文化的容器,专门用来储存并流传人类文明的成果。储存文化、流传文化和创造文化,这大约就是城市的三个基本使命",并进一步指出,未来城市建设的主要问题是如何把城市从"物质上的能量"转变成"精神上的能量"。[①]

罗伯特·艾兹拉·帕克(Robert Ezra Park)认识到城市形成的多样性与复杂性,他认为城市不仅是物质要素的集合,还应该有外延的精神性要素。罗伯特·艾兹拉·帕克指出,从文化的观点来看,城市绝不仅仅是许多单个人的集合体,也不单单是各种社会设施的集合体,城市也不只是各种服务部门和管理机构的简单聚集。城市文化是一种心理状态,是各种礼俗和传统构成的整体,是这些礼俗中包含并随传统而流传的那些统一思想和感情所构成的整体。换言之,城市绝非简单的物质现象,绝非简单的人工构成物。[②]

施宾格勒(Spengler)认为:"人类所有伟大文化都是由城市所产生的,世界历史就是城市的历史、市民的历史,这就是世界史的真正标准。"[③]社会学家阿摩斯·霍雷(Amos Horay)也指出:"在文明史的曲折发展过程中,城市曾起过,并至今依然在起着重要作用。确实,城市和文明是同一事物的两个不同侧面。"[④]

罗朗·德雷阿诺(Laurent Dreano)和让·玛利·埃尔耐克(Jean Marie Elnike)在《2004 欧洲文化之都:创意城市里尔》一文中认为,政府要为城市中的所有人以及从事不同职务的不同居民,营建一个舒适、惬意的生活环境。[⑤]

查尔斯·安布罗西诺(Charles Ambrosino)和文森特·吉隆(Vincent Gillon)在《法国视角下的创意城市》一文中指出:"在后工业社会中,智力和资本的流动非常频繁迅速,人的创造革新能力是城市发展的决定因素。而这种有创造力阶层的人对其工作和居住场倾向于选择能够提供丰富多彩生活内容的位置,例如靠近音乐厅、剧院、艺术馆、历史传统街区和有多元文化等的地方生活。"[⑥]

而国内学者通常从城市文化的构成及形成过程研究,认为城市文化是城市在历史发展中形成的各种抽象概念的总和,进而得出城市文化是城市发展和进

---

① 范周. 中国城市文化竞争力研究报告(2016)[M]. 北京:知识产权出版社,2017:12.
② 罗伯特·艾兹拉·帕克. 城市社会学[M]. 宋俊岭,译. 北京:华夏出版社,1987:123.
③ 施宾格勒. 西方的没落:第 2 卷(上册)[M]. 陈晓林,译. 北京:商务印书馆,1963:95.
④ 阿摩斯·霍雷. 城市与城市社会学[M]. 陈一筠,译. 北京:光明日报出版社,1985:72.
⑤ 罗朗·德雷阿诺,让·玛利·埃尔耐克. 2004 欧洲文化之都:创意城市里尔[J]. 赵淑美. 国际城市规划,2012(3):17—24.
⑥ 查尔斯·安布罗西诺,文森特·吉隆. 法国视角下的创意城市[J]. 国际城市规划,2012(3):49—53.

步不可或缺的助推剂,更加强调精神信念、价值理念、行为规范、生活习俗、城市形象等方面的内容。

吴良镛先生在《论城市文化》中指出,广义的城市文化包括:文化的指导系统,主要指对区域、全国乃至世界产生影响和文化指挥功能的高级精神文化产品和文化活动;社会知识系统,主要指具有知识生产和传播功能的科学文化教育基地,以及具有培养创造力和恢复体力功能的文化娱乐、体育系统等多种内容。狭义的城市文化,是指城市的文化环境,包括城市建筑文化环境的缔造以及文化事业设施的建设等。它的意义在于潜移默化给人以精神力量,可以成为使人振奋精神、不断前进的动力。①

前故宫博物院院长单霁翔指出,从传统的功能城市到今天的文化城市,文化已经成为城市发展中举足轻重的关键元素。城市文化是建设和谐城市的重要基础,是城市竞争力的核心内容,是城市创新发展的强大动力,影响并决定着城市发展的前景和方向。

浙江工商大学陈寿灿教授认为,城市文化是文化依托城市载体形成的,城市主体在城市长期的发展中培育的独具特色的共同思想、价值观念、基本信念、城市精神、行为规范等精神财富的总和,用于城市经济、政治、人文等各个方面,是一座城市的特质所在。每一个城市都有其特有的城市文化,城市文化是城市可持续发展的内在动力,是城市的灵魂所在。在21世纪,城市发展的关键环节是城市是否具有自己的特征,是否具有吸引人才、技术、资本的独特性。②

雷鸣、吴斯维和王晓认为,城市文化是人类文化的一种特殊形态,是人类文化发展到一定阶段的一种结果。城市文化或都市文化,是市民在长期的生活过程中共同创造的、具有城市特点的文化模式,是城市生活环境、生活方式和生活习俗的总和。③

徐桂菊、王丽梅认为,城市文化是城市在发展过程中创造和形成的独具特色的价值观念、城市精神、行为规范等精神财富的总和。它是在城市发展过程中形成的、植根于全体市民中的价值观念,它以不同于法律的形式规范着市民的行为,决定着一个城市市民的行为方式与城市特色。④

张彤军认为,文化的发展可以增加城市持续发展的各种社会价值、经济价值

---

① 任今龙,张伟成. 刍议城市文化构建和城市特色[J]. 经济工作导刊,1999(2):9—12.
② 陈寿灿. 建设城市文化与提升城市竞争力[J]. 浙江学刊,2002(3):153—156.
③ 雷鸣,吴斯维,王晓. 城市文化竞争力测评体系及其应用研究[J]. 华南理工大学学报(社会科学版),2009(6):19—27.
④ 徐桂菊,王丽梅. 城市文化竞争力评价体系的构建[J]. 山东经济,2008(5):101—107.

以及文化价值,同时有利于降低可持续发展的成本。城市的文化特质成为塑造城市整体形象、增加城市文化含量以及提升城市文化品位的强力剂,是城市树立地域品牌、吸引投资的魅力源泉。具有特质性的城市文化品位、文化形象成为城市凝聚和城市可持续发展的重要推动力量。①

2. 城市文化活力

活力一般指蓬勃旺盛的生命力,即生物体或有机体呈现出来的生气勃勃的强劲生命力。著名德国历史哲学家斯宾格勒从生命向度出发,将文化看作一种有机体来进行其理论阐述。城市文化活力理论正是基于文化有机体概念而形成的一种新的理论建构②,是从活力的视角研究城市文化,借以探讨城市的发展。在本书中,"城市文化活力"中"活力"是从生命向度对城市文化的有机性描述,认为城市文化作为有机的生命体是城市文化具有活力的基础和前提。本书通过对长三角地区60个中小城市文化发展与建设中蕴含的蓬勃旺盛的生命力的研究,借以发现城市文化活力之源,提出文化建设活力之策,推动长三角城市文化一体化发展,践行长三角一体化国家战略。

以往研究当中,涉及城市文化活力或者直接以城市文化活力为研究对象的凤毛麟角,并且相关研究论述仅是浅尝辄止,并不成系统。王海东强调文化遗产对城市文化活力提升的重要性。他在《城市的文化活力与非物质文化遗产的传承》一文中将城市文化活力界定为:某城居民在其城市自然与人文背景下形成的精神气质、生活方式、文化活动中表现出来的一种生生不息的文化创造力。③ 蒲公英和邹显树的《大兴文化产业研究 增大城市文化含量与活力》从文化遗产的视角来论述城市文化活力,更侧重于强调发展与文化遗产相关的文化产业对城市文化活力提升的重要性。董慧和常东亮在《城市文化活力研究:理论资源的探寻与发掘》和《文化冲突与城市文化活力》中提出,城市文化活力是城市文化传承的动力和城市创造性发展的条件。董慧在《秩序与活力:城市文化空间的意义建构》中提出,秩序与活力是建构城市文化空间的社会意义的重要元素,认为活力是城市空间的文化生命力、社会生活的丰富多样性及人类文明的可持续性的重要表征。

蒋涤非在《城市形态活力论》中提出城市文化是构成城市个性与特色的必要条件,城市文化活力是历史地形成的,对城市人气塑造起着重要的作用,"是一个城市品质格调的展现,是在经济活力、社会活力的基础上,作为人的精神层面的

---

① 张彤军. 城市文化与城市可持续发展[J]. 北京行政学院学报,2008(2):81—83.
② 常东亮. 现代性批判视域下的城市文化活力问题研究[D]. 武汉:华中科技大学,2012:12—13.
③ 王海冬. 城市的文化活力与非物质文化遗产的传承[J]. 民族遗产,2008(4):99—109.

追求,是城市活力的精神内涵"。①

国外关于城市文化活力的研究成果也极其有限。最早可追溯到的活力理论,源于生命起源诉求的生命科学,后逐渐被赋予了哲学意义,继而被引入人文社会科学研究领域。如福柯(Foucault)通过吸纳康吉兰(Canguilhem)活力论形成社会病理学的理论;社会学家埃米尔·涂尔干(Emile Durkheim)对社会个体活力进行探究,乔治·古尔维奇的研究(George Gurvitch)是对涂尔干个体活力理论的扩展;著名学者阿米塔伊·埃茨昂尼(Amitai Etzioni)与格雷姆·唐纳德·斯诺克斯(Graeme Donald Snooks)对社会系统动力与进化分析的活力等都是活力论在社会科学领域的研究。

城市文化研究的鼻祖瓦尔特·本雅明(Walter Benjamin)在研究19世纪的巴黎时,将购物看成影响城市精神领域的核心要素,认为购物创造了一种有活力的公众文化。

美国都市文化研究的巨擘沙朗·佐京(Sharon Zukin)在经典之作《城市文化》中,描绘了文化在美国城市由计划型向市场型转化过程中所起的重要作用,揭示了文化的不同方面在城市空间中是如何奴役人们生活与异化活力的。

著名城市学家刘易斯·芒福德的活力观在其著作《城市文化》与《城市发展史》中得到充分体现,他分析了西方城市文化的发展史以及各个时代中城市文化与活力的关系,并指出现代城市文化活力被抑制的原因在于现代技术社会具有扼杀人的个性的倾向。

通过上述理论梳理可见,不论国外还是国内,关于城市文化活力的研究都不成体系,仅限于对城市文化活力概念的界定,以及与文化空间、文化冲突、文化遗产的关系等零碎的研究,系统性的研究暂付阙如。

三、城市文化活力理论建构

1. 城市文化活力的定义

城市文化活力是一个有机的、多维的、复杂的综合系统。从内部本质来看,城市文化活力是城市文化的互动、交融、创新中体现出来的生机勃勃的生命状态。它立足于城市文化生态的基础之上,以城市文化生产为载体,并展现于城市居民日常生活中。从外部呈现形式来看,城市文化活力是在不同城市之间的相互比较中呈现出来的特质:宽松公平的城市文化制度、独特多元的城市文化遗产、繁荣勃兴的城市文化产业、丰富有趣的城市文化生活以及开放包容的城市文化环境。

---

① 蒋涤非. 城市形态活力论[M]. 南京:东南大学出版社,2007:20.

2. 城市文化活力的核心要素及"鱼儿理论模型"

任何城市的文化活力都是由组成该城市文化活力的各个要素在相互作用中所发挥出的有利于城市文化发展的多功能的综合反应与统一。

从上述城市文化活力的概念得出，城市文化政策、文化禀赋、文化产业、文化参与、文化包容构成了一个城市的文化活力发展系统。在这个系统中，五大核心要素之间形成了相互影响、协调促进、深化发展的互动关系，共同构成了一个完整的城市文化活力体系。文化就像一条具有生命的鱼儿，想让这条生命之鱼更具活力，需要不断给它注入新鲜血液和生命能量，即具有培植力的文化政策、有原动力特征的文化禀赋、有生命力的文化产业、有凝聚力的文化参与和有吸引力的文化包容。只有同时具备这五大核心要素，才能维持鱼儿的健康生存，这是笔者给城市文化活力建构的"鱼儿理论"。其更为直观、生动的呈现如图1—1所示。

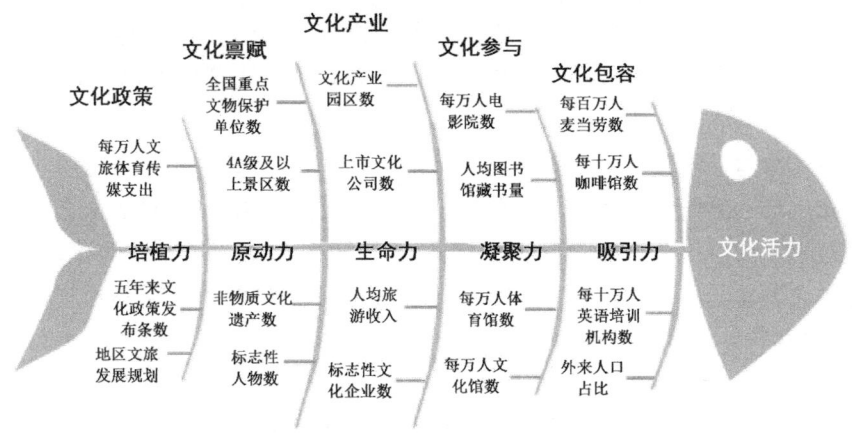

图1—1 "鱼儿理论"模型

以下分别解释和说明文化活力包含的五大核心要素。

1. 文化政策（培植力）

文化政策是在城市文化活力发展过程中，政府相关部门宏观的政策指导与发展规划，以及财力、物力、人力的大力支持。本研究具体包括每万人文旅体育传媒支出（即文化经费投入）、五年来文化政策发布条数、地区文旅发展规划方面，体现了政府对文化活力的培植能力。培植意为有意义地栽培并悉心管理和培养，扶植使其壮大。鱼儿需要"培植"，政府在政策上的培育也是文化崛起不可或缺的因素。

2. 文化禀赋（原动力）

文化禀赋是一个城市先天具有的、一代代历史传承下来的独具特色的本土的文化资源。它是一个城市文化发展的基础条件、环境氛围及生存土壤，同时反映了一个城市文化的自然生态状况、文化资源状况、文化多样性等。文化禀赋具体包括全国重点文物保护单位数、4A级及以上景区数、非物质文化遗产数、标志性人物数等方面。它体现了城市文化先天具有的驱动力。漫长的历史长河孕育出悠久璀璨的文化，就是文化的原动力，也可以说是各个地方独特的文化遗产和文化基因。文化禀赋是地域文化的源泉，是影响一个城市文化可持续健康发展的重要因素。

3. 文化产业（生命力）

文化产业是指一个城市文化产品和服务的供给能力。它作为推动经济增长、调整产业结构、提升城市创新力的重要基础，是城市文化健康发展的动力。文化产业具体包括文化产业园区数、文化上市公司数、人均旅游收入、标志性文化企业数四个方面。它是城市文化活力大系统得以持续稳健运转的基础，指引着整个城市社会未来健康发展的航向，并直接影响着城市居民生活水平的提升。

4. 文化参与（凝聚力）

文化参与是指城市居民通过参加文化活动、体验文化产品与服务所享受到的文化生活。改善城市文化生活是城市文化健康发展追求的目标，即城市文化生产最根本的目的是为生活在城市中的居民提供更好的精神文化产品与服务，搭建更多的文化活动平台，凝聚更多的民众，让居民能够获得一种城市生活的享受感与幸福感。文化参与具体包括每万人电影院数、人均图书馆藏书量、每万人体育馆数、每万人文化馆数。文化参与体现了城市文化的归属认同感与凝聚力量。它是提升群体凝聚力的重要方式，有助于提高民众的文化生活质量。

5. 文化包容（吸引力）

文化包容是一座城市对外来群体和外来文化的开放、吸收和包容程度，体现了城市的吸引力。一个城市的吸引力可以从每百万人麦当劳数、每十万人咖啡馆数、每十万人英语培训机构数、外来人口占比等方面一窥端倪。城市只有具备强大的包容性，才能够更好地促进文化影响力和软实力的提升，文化包容是推动社会进步的关键要素。

文化政策、文化禀赋、文化产业、文化参与、文化包容之间彼此关联、相互作用，共同塑造了一个城市的文化活力。本书将按照这五大核心要素，科学、合理地设计城市文化活力指标。

（作者：兰晓敏）

第二章
长三角中小城市文化活力指标设计与评价方法

一、城市文化活力指标体系的研究现状

对城市文化活力指标方法的研究从最初的定性分析,逐渐演变成定量分析,总结起来可以分为两类。第一类是采用多源数据研究特定视角下的城市活力。例如,城市建成环境对城市活力的影响机制[1];以共享单车数量和流动性衡量城市空间活力[2];基于多元大数据分析城市活力空间和影响机制[3];采用夜间灯光数据分析城市活力与城市扩张的耦合关系[4]。第二类是构建城市活力的指标体系,采取专家打分、现场访谈、文献分析、熵值法等方法获取数据,分析评价并提出相关建议。例如,从经济、创新、产业等6个维度,设计32个环节指标,采用综合评价法测度城市活力[5];从经济、社会、生态、环境四个方面建立城市活力综合评价指标体系,利用熵值法确评价结果,发现四川省各市发展中存在的弊端[6];从城市综合活力、城市活力系统、城市活力系统要素三个层面构建城市活力评价指标体系,运用模糊综合评价与信息熵相结合的方法分析湖北省12个主要城市的城市活力等。[7]

---

[1] 王娜,吴健生,李胜,等. 基于多源数据的城市活力空间特征及建成环境对其影响机制研究——以深圳市为例[J]. 热带地理,2021,41(6):1280—1291.

[2] 丁家骏. 基于共享单车数量和流动性的城市空间活力研究[J]. 上海城市规划,2018(5):93—99.

[3] 张程远,张淦,周海瑶. 基于多元大数据的城市活力空间分析与影响机制研究——以杭州中心城区为例[J]. 建筑与文化,2017(9):183—187.

[4] 雷依凡,路春燕,苏颖,等. 基于多源夜间灯光数据的城市活力与城市扩张耦合关系研究——以海峡西岸城市群为例[J]. 人文地理,2022,37(2):119—131.

[5] 黎中彦,郭妍妍,韩兆洲. 城市活力统计测度比较研究[J]. 调研世界,2021(8):74—80.

[6] 雷舒砚,徐邓耀,李峥荣. 四川省各市的城市活力综合评价与分析[J]. 经济论坛,2017(9):26—29.

[7] 汪胜兰,李丁,冶小梅,等. 城市活力的模糊综合评价研究——以湖北主要城市为例[J]. 华中师范大学学报(自然科学版),2013,47(3):440—445,449.

二、城市文化活力评价相关文献的可视化分析

分析文化活力评价相关领域的文献对于确定长三角中小城市文化活力指标具有十分重要的意义,关键词作为文献研究的提炼,其出现的频率高低就反映了这一领域研究的热点。因此,本节将采取关键词聚类分析的方法分析城市文化活力指标和评价的研究热点,以期为长三角中小城市文化活力指数的指标设计提供借鉴和参考。

分析数据选取中国学术期刊网络总库(CNKI)文献全文数据,在高级搜索框分别以"文化活力"和"评价"以及"文化活力"和"指标"为主题检索,剔除会议报告、报纸共获得文献382篇。[①] 通过运行 CiteSpace 6.1.R2,将检索数据导入并转码,从而获取分析样本数据库。

(一)关键词聚类分析

通过运行 CiteSpace 6.1.R2,将节点类型设置成关键词,以2011年1月至2021年12月为分析时间区间,并以关键词网络知识图谱为基础进行可视化聚类分析,得到图2—1。

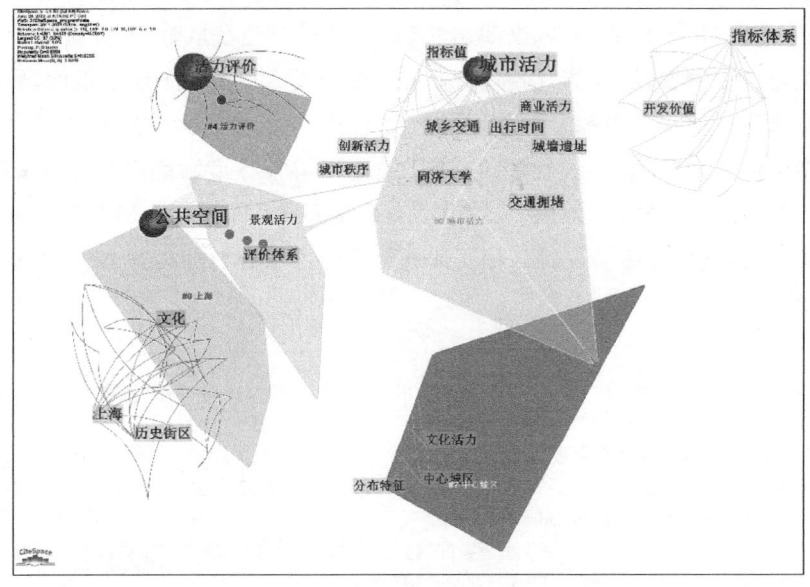

数据来源:中国学术期刊网络总库(CNKI)。

图2—1 关键词聚类网络图谱

---

① 检索日期为2022年6月27日。

如图2—1所示，Q值为0.8998，接近于1，说明聚类网络效果很显著，而且Weighted Mean Silhouette值为0.9655，明显大于0.5，说明聚类结构很好。图2—1中显示了"上海""景观活力""城市活力""活力评价""中心城区"5个聚类，反映了城市文化活力评价领域的研究动态。

在关键词聚类网络图谱的基础上，选取LSI、LLR和MI分析算法，得到关键词共现网络聚类表(如表2—1所示)。

表2—1　　　　　　　　　关键词共现网络聚类表

Cluster ID	Size	Silhouette	Mean (年)	Label (LSI)	Label (LLR)	Label (MI)
0	23	0.994	2016	历史街区;社会融合;实证评价;城市更新;发展趋势|全球城市;发展趋势;评价体系;城市能级;城市发展	上海(7.6,0.01);历史街区(7.6,0.01);活力(7.6,0.01);文化(7.6,0.01);全球城市(7.6,0.01)	实证评价(0.35);发展趋势(0.35);城市发展(0.35);改革(0.35)
1	23	0.884	2017	严寒城市;景观活力;评价模型;改造设计;公共空间|公共空间;活力评价;评价验证;评价体系;主成分分析	景观活力(11.82,0.001);严寒城市(11.82,0.001);评价模型(9.38,0.005);公共空间(9.24,0.005);城市活力(3.95,0.05)	影响因素(0.94);优化设计(0.94);宝鸡(0.94);浙江兰溪(0.94)
2	18	1	2018	出行时间;市政基础设施;建筑与城市;交通拥堵;文化遗产|大数据分析;政策评价;国家级新区;区域差异;建成环境	城市活力(7.78,0.01);活力评价(3.71,0.1);公共空间(3.71,0.1);出行时间(2.99,0.1);大数据分析(2.99,0.1)	出行时间(0.58);大数据分析(0.58);政策评价(0.58);交通拥堵(0.58)
4	16	1	2018	活力评价;恩施老城;活力分区;空间活力;历史文化名城|提升策略;老旧小区;pspl调查法;公共空间;恩施老城	活力评价(8.41,0.005);提升策略(6.19,0.05);恩施老城(3.07,0.1);地理信息系统(3.07,0.1);历史文化名城(3.07,0.1)	恩施老城(0.55);地理信息系统(0.55);历史文化名城(0.55);空间环境(0)
7	7	0.97	2021	商业活力;城市秩序;文化活力;创新活力;用地功能;特色商业街;慢行系统;中心城区;城市活力;分布特征	中心城区(5.19,0.05);分布特征(5.19,0.05);商业活力(5.19,0.05);创新活力(5.19,0.05);特色商业街(5.19,0.05)	中心城区(0.13);分布特征(0.13);商业活力(0.13);创新活力(0.13)

通过表2—1的聚类关键词发现，这几个聚类的Silhouette值都接近或者达

到1,显示出每个聚类有足够的相似性。通过各个聚类点的研究可以发现,研究内容存在相互关联。具体来看,文化活力评价与城市历史文化、文化遗产、城市发展趋势、城市公共空间、城市基础设施、城市商业活力、城市创新活力有关。

(二)"指标体系"网络节点图分析

虽然"指标体系"关键词未形成聚类,但是依然可以通过观察节点图来了解目前此领域的研究关联,如图2—2所示。

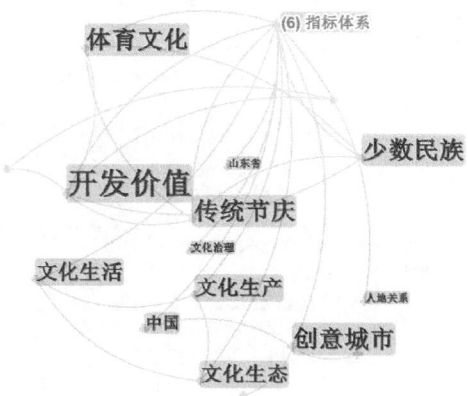

数据来源:中国学术期刊网络总库(CNKI)。

图2—2 "指标体系"网络节点

通过图2—2可以看出,目前文化活力指标体系的研究和"文化生活""传统节庆""文化治理""文化生产""文化生态""体育文化"以及"创意城市"等内容相关,这也为我们制定长三角中小城市文化活力指标提供了借鉴和参考。

(三)关键词突现分析

关键词突现表现了某个时间段内关键词被引次数增多,可以反映一段时间内研究状况以及未来的研究趋势。在Burstness里将Y参数值设置成0.7,将最小区间设置成1,可以得到排名前10的关键词,如表2—2所示。

表2—2　　　　　　　引用次数最多的前10个关键词

关键词	次数	开始年份	截止年份	2011—2021
幸福指数	2.79	2011	2012	
创意城市	1.92	2011	2014	
指标体系	1.86	2012	2013	

续表

关键词	次数	开始年份	截止年份	2011—2021
上海	1.8	2014	2016	
景观活力	2.33	2016	2018	
评价模型	2.26	2016	2016	
严寒城市	2.03	2016	2017	
活力评价	4.27	2018	2021	
公共空间	2.05	2018	2021	
城市活力	3.13	2019	2021	

通过表2—2可以看到,在2012—2013年间的突现关键词是"指标体系",在2018—2021年间的突现关键词是"活力评价"和"公共空间",在2019—2021年间的突现关键词是"城市活力"。其中,"活力评价""公共空间""指标体系"的突现发生在近些年并延续至今,这也反映了近些年文化活力的研究趋势。

(四)关键词时间线图谱分析

我们通过关键词时间线图谱,不仅可以寻找反映文化活力指标随时间推移的研究的变化,也能够得出反映未来一个时间段内的文化活力评价的研究趋势。在关键词共现分析基础上,生成关键词时间线时序图谱,如图2—3所示。

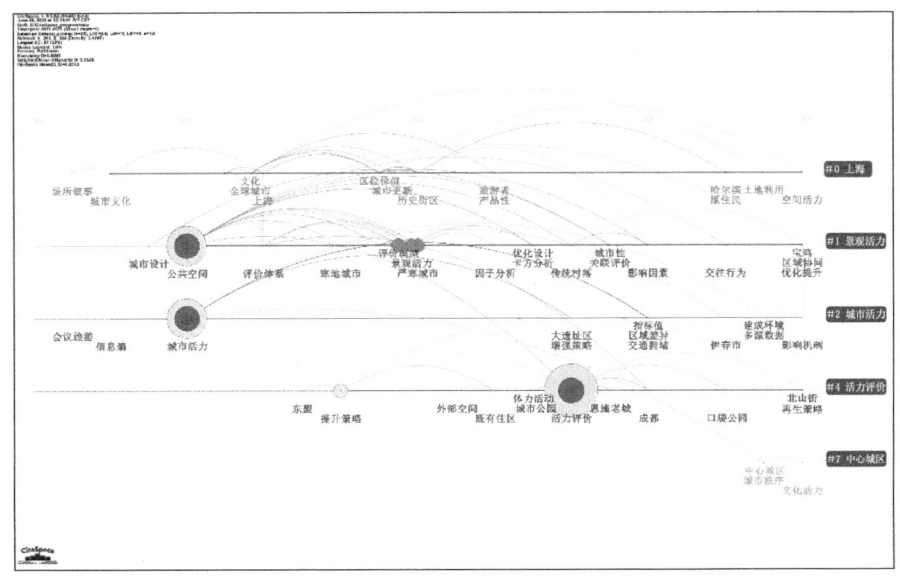

数据来源:中国学术期刊网络总库(CNKI)。

图2—3 关键词时间线图谱分析

通过图2－3可以看到,"活力评价"始于2015年前后,在2018年达到研究突现期,集中在对历史老城的空间环境和空间布局的评价,并且一直延伸到近些年的城市更新研究。"城市活力"研究始于2012年前后,在2013年进入研究突现期,之后逐步转向通过构建模型,通过多源数据研究交通、环境对城市影响的机制,并一直延续至今。但是,近些年来也有"城市活力"的研究转向城市中心城区以及城市文化活力的研究。这也表明,针对城市文化活力评价以及城市文化活力对城市经济、环境、软实力等方面作用机制的研究具有积极的现实意义。

三、长三角中小城市文化活力指数指标分析与计算方法

(一)长三角中小城市文化活力指数样本选择

本次报告的样本城市囊括了长三角地区的60个中小城市,包括江苏省、浙江省和安徽省2021年《统计年鉴》里的县级市,上海市8个非中心城区,以及长三角生态绿色一体化示范区的浙江省嘉善县和江苏省苏州市吴江区。[①] 样本城市(区、县)信息具体如下:

上海市8个非中心城区,分别为闵行区、宝山区、嘉定区、松江区、金山区、青浦区、奉贤区、崇明区。

江苏省22个中小城市(区),分别为江阴市、宜兴市、新沂市、邳州市、溧阳市、常熟市、张家港市、昆山市、太仓市、吴江区、启东市、如皋市、海安市、东台市、仪征市、高邮市、丹阳市、扬中市、句容市、兴化市、靖江市、泰兴市。

浙江省21个中小城市(县),分别为建德市、余姚市、慈溪市、瑞安市、乐清市、龙港市、海宁市、平湖市、桐乡市、嘉善县、诸暨市、嵊州市、兰溪市、义乌市、东阳市、永康市、江山市、玉环市、温岭市、临海市、龙泉市。

安徽省9个中小城市,分别为巢湖市、界首市、天长市、明光市、无为市、宁国市、广德市、桐城市、潜山市。

(二)长三角中小城市文化活力指标制定

根据上一节相关文献的可视化分析,通过文献梳理和剖析,可以确定长三角中小城市文化活力评价的核心指标。长三角中小城市文化活力指标具体分为以下几个方面:

(1)文化政策。在关键词聚类网络图谱的"城市活力"聚类里(见表2－1),"政

---

① 吴江区和嘉善县均不是县级市。吴江区、嘉善县和上海市青浦区同属于2019年11月1日成立的长三角生态绿色一体化发展示范区。由于本报告定位于长三角中小城市研究,因此将吴江区和嘉善县也放入长三角中小城市样本。

策评价"作为关键词被提取;在"指标体系"网络节点图里(见图2—2),也出现了关联词"文化治理"。文化政策是政府针对文化本身制定的政策,或对文化表现形式产生直接影响的各项措施。[1] 文化治理是指一个国家对其文化发展的干预,也是国家治理的场域和对象,在某种程度上,文化治理等同于文化政策。[2] 同时,文化机构和文化政策也构成了文化治理的核心要素。[3] 在我国,政府通过文化制度,文化政策、文化空间规划等治理方式[4],实现完善公共服务文化的建设目标。[5]

(2)文化禀赋。在关键词聚类网络图谱里(见表2—1),"历史街区""历史文化名城"作为排在前面的关键词被提取,这表明城市的文化禀赋也是影响文化活力的重要因素之一。文化禀赋具有历史文化传承性和区域性的特点,对区域文化竞争力有重大的影响[6],特别是扎根于区域特色的文化禀赋会产生核心的文化生产力和竞争力。此外,文化禀赋作为重要的文化资源,对城市的文化竞争力有着重要影响[7],这种文化竞争力内生的硬要素里就包括了文化禀赋要素和文化经济因素。[8]

(3)文化产业。"文化生产"在"指标体系"网络节点图里(见图2—2)被着重提及,"商业活力""特色商业街"在关键词聚类网络图谱里(见表2—1)也被提及。文化生产是关于文化的生产,是生产文化的活动和过程[9],而文化产业本身被定义为服务于大众消费的、商品化的文化生产。[10] 在我国,文化产业通过增强文化活力和竞争力,满足人民群众多层次、多方面的文化需求,它的作用主要体现在文化对经济发展的贡献率上。[11] 所以,文化产业的集中正是文化活力的集

---

[1] 2005年10月20日联合国教育、科学及文化组织大会第33届会议《保护和促进文化表现形式多样性公约》第四条(六)。

[2] 傅才武,秦然然. 中国文化治理:历史进程与演进逻辑[J]. 兰州大学学报(社会科学版),2002,50(3):11—22.

[3] 齐崇文. 文化治理视角下的"双效统一"实现路径研究[J]. 中国文化产业评论,2021,30(1):197—217.

[4] 王稳. 融入区域民俗:吉林省冰雪健身休闲产业的文化治理路径[J]. 经济研究导刊,2022(14):28—31.

[5] 吴理财,贾晓芬,刘磊. 以文化治理理念引导社会力量参与公共文化服务[J]. 江西师范大学学报(哲学社会科学版),2015,48(6):85—91.

[6] 张涛. "非遗"产业化精准扶贫研究[J]. 智库时代. 2019(44):9—10.

[7] 向勇,李尽沙. "非遗"产业化精准扶贫研究[J]. 深圳大学学报(人文社会科学版),2020,37(4):56—65.

[8] 蔡晓璐. 城市文化竞争力评价指标体系理论综述[J]. 北京城市学院学报,2015(4):37—41.

[9] 徐蓓蕾. 论十年我国文化经济理论研究变迁(2006—2016)[D]. 南京:南京艺术学院,2018:17.

[10] 吴文婷. 我国文化产业与旅游产业融合发展的时空演化研究[D]. 太原:山西财经大学,2002:8.

[11] 陈君. 繁荣发展西部新农村文化的困境与对策探析[J]. 改革与开放,2015(12):113,115.

中体现①,是城市经济文化活力的体现。② 还有研究表明,运营良好的文化产业园区能够提升属地的城市魅力和城市活力。③ 因此,文化产业也是衡量文化活力很重要的一个指标。

(4)文化参与。"文化生活""体育文化"作为网络节点词在"指标体系"网络节点图里(见图2—2)也有所体现。居民参与文化活动的过程是文化生活的具体表现,体育文化等多种形式的文化活动正是文化生活的微观展现。一方面,文化生活的实现离不开人的参与,或者说参与主体的主动性和多样性通过文化生活激发了城市的文化活力④,因而城市文化活力的提升需要扩展居民的文化参与度。⑤ 另一方面,活动空间的布局和基础设施也是文化参与得以实现的必要条件,这也与关键词聚类网络图谱(见表2—1)里提及的"公共空间"相呼应。

(5)文化包容。城市发展的活力和潜力从根本上说取决于该城市是否具文化领域内聚集、包容、融合和创新的条件与能力。城市可以通过不断吸纳与聚集多样化的文明要素,促使要素之间在自身区域内有序碰撞与融会贯通,从而不断产生新的文明要素与形态。⑥ 广义的文化活力不仅包括制度政策、经济活动,还包括文化包容等多种要素⑦,而且文化活力还在于流通和传播的潜力。因此,这就需要文化积极融入人们的日常生活,同时具备积极吸收多种外来文化的包容力。⑧ 对外来文化的包容过程也是城市文化活力释放的过程⑨,一个充满文化包容性和富有活力的多元文化体系既能提升城市的吸引力和竞争力,也能满足城市内居民多层次、多样化文化生活的需求。⑩ 关键词聚类网络图谱(见表2—1)里的"活力分区""空间活力"也是这种包容力在城市空间的具体呈现。

(三)长三角中小城市文化活力指标维度分解

对长三角中小城市文化活力指标的维度分解,旨在确定长三角中小城市文

---

① 王付婷. 汉英翻译的语篇连贯及实现策略[D]. 上海:上海外国语大学,2020:17.
② 春燕. 民族地区中心城市参与国家战略策略研究——呼和浩特市民族文化交流中心城市建设构想[J]. 城市发展研究,2016,23(8):76—81.
③ 王紫竹. 从产业集群视角探析重庆文化产业园区发展战略[D]. 重庆:重庆大学,2018:3.
④ 范家其. 文化产业园区转型升级新思考[J]. 商业文化,2020(23):62—63.
⑤ 左鹏,汪波. 上海居民文化消费模式创新研究[J]. 中国文化产业评论,2013,18(2):347—362.
⑥ 陈忠. 城市空间弹性:文化自觉与制度转换[J]. 探索与争鸣,2016(4):61—65.
⑦ 黄普,张逸,蔡颖,等.《上海市新城规划建设导则》编制的思路与方法[J]. 上海城市规划,2021(4):7—13.
⑧ 谭成. 在比较视野中定位提升我国文化软实力的"中国道路"[J]. 中外文化与文论,2015(2):237—243.
⑨ 史雅先. 城市文化在城市文创产品设计中的运用研究[D]. 青岛:青岛科技大学,2020:6.
⑩ 林敏. 浅谈广州市创意产业园区及其现状与规划发展[J]. 艺术品鉴,2016(5):347—348.

化活力指标体系,具体维度分解见表2—3。

表2—3　　　　　长三角中小城市文化活力指标维度分解表

指标维度	包含指标	指标类型	指标依据
文化政策	A1 每万人文旅体育传媒支出	正向	缪锦春和易华勇①;李耀峰②;陈波和刘宇③;贾文山和石俊④
	A2 五年来文化政策发布条数	正向	
	A3 地区文化发展规划	正向	
文化禀赋	B1 重点文物保护单位数	正向	向勇等⑤;侯兵等⑥
	B2 4A级及以上景区数	正向	
	B3 非物质文化遗产数	正向	
	B4 标志性人物数	正向	
文化产业	C1 文化产业增加值占比	正向	郝挺雷等⑦;袁渊和于凡⑧
	C2 文化上市公司数	正向	
	C3 人均旅游收入	正向	
	C4 标志性文化企业数	正向	
文化参与	D1 每万人电影院数	正向	喻蕾⑨;徐剑⑩;郑奇洋等⑪
	D2 每万人图书馆数	正向	
	D3 每万人体育馆数	正向	
	D4 每万人文化馆(站)数	正向	

---

① 缪锦春,易华勇. 政府管理视阈下我国文化产业管理现代化探析[J]. 文化产业研究,2021(2):328—341.

② 李耀峰. 论文化政策及其伦理意义[J]. 马克思主义美学研究,2018,21(1):135—143,279.

③ 陈波,刘宇. 文化和旅游融合指数评价体系研究——基于全国31个省(市、区)的考察[J]. 学习与实践,2021(11):129—140.

④ 贾文山,石俊. 中国城市文化竞争力评价体系的构建——兼论西安文化价值的开发[J]. 西安交通大学学报:社会科学版,2019,39(5):139—145.

⑤ 向勇,白晓晴,李尽沙. 中国城市文化力发展评价指标体系研究[J]. 福建论坛·人文社会科学版,2018(4):49—57.

⑥ 侯兵,周晓倩,卢晓旭,等. 城市文化旅游竞争力评价体系的构建与实证分析——以长三角地区城市群为例[J]. 世界地理研究,2016,25(6):166—176.

⑦ 郝挺雷,谈国新,高山. 区域文化产业科技创新能力评价[J]. 统计与决策,2020,36(20):172—175.

⑧ 袁渊,于凡. 文化产业高质量发展水平测度与评价[J]. 统计与决策,2020,36(21):62—66.

⑨ 喻蕾. 文化产业高质量发展:评价指标体系构建及其政策意义[J]. 经济地理,2021,41(6):147—153.

⑩ 徐剑. 国际文化大都市指标设计及评价[J]. 上海交通大学学报(哲学社会科学版),2019,27(2):17—27.

⑪ 郑奇洋,年福华,张海萍. 基于VRIO修正模型的长三角文化产业竞争力评价[J]. 地域研究与开发,2021,40(1):44—49.

续表

指标维度	包含指标	指标类型	指标依据
文化包容	E1 每万人麦当劳数	正向	郝挺雷和谈国新[1]；徐剑[2]；郑奇洋等[3]
	E2 每万人咖啡馆数	正向	
	E3 每万人英语培训机构数	正向	
	E4 外来人口占比	正向	

同时，基于上述文献参考、指标分析和专家研讨结果，我们确定的长三角中小城市文化活力指标权重如表2—4所示。

表2—4　　　　　　长三角中小城市文化活力指标权重

指标	文化政策	文化禀赋	文化产业	文化参与	文化包容
权重	0.2	0.1	0.3	0.1	0.3

(四)长三角中小城市文化活力指数计算方法

本书采用线性函数综合评价方法形成长三角中小城市文化活力指数。具体方法如下：

第一步，数据标准化处理。由于原始数据存在量纲，为了客观对比各中小城市指标数据，必须对数据进行标准化处理，本书将采取极值法处理。极值法的特点是将原始指标数据处理为[0,1]取值区间内的数值。此外，为了使数据更好地满足处理条件，还将数据平移一个最小单位值。由于本书所有指标均为正向指标，故计算公式为：

$$X'_i = \frac{X_i - X_{\text{Min}}}{X_{\text{Max}} - X_{\text{Min}}}$$

其中，X'_i为处理后标准化数据，X_i为原始数据，X_{Max}为X_i最大值，X_{Min}为X_i最小值。

第二步，通过文献和分析研讨确定各指标的权重，对各指标进行加权求和，得到综合指数，上一级指标为下一级指标与其权重值的乘积之和，计算公式为：

---

[1] 郝挺雷,谈国新,高山. 区域文化产业科技创新能力评价[J]. 统计与决策,2020,36(20):172—175.

[2] 徐剑. 国际文化大都市指标设计及评价[J]. 上海交通大学学报(哲学社会科学版),2019,27(2):17—27.

[3] 郑奇洋,年福华,张海萍. 基于VRIO修正模型的长三角文化产业竞争力评价[J]. 地域研究与开发,2021,40(1):44—49.

$$X = \sum_{i=1}^{N} X'_i \times W_i$$

其中，X 为合成后的综合指数，N 为下一级指标总数；W_i 为第 i 项指标的权重值。

第三步，基于指数排名数据的直观性和易读性，将计算出来的二级指标指数值乘以 100，从而将一级指标值与二级指标值处理为[0,100]取值区间内的数值。数值越大，表明该城市的文化活力程度越高。

（作者：梅燃）

第三章

长三角中小城市文化活力指数研究

一、长三角中小城市文化活力指数得分与排名

在文化政策指数、文化禀赋指数、文化产业指数、文化参与指数、文化包容指数均已得到的基础上,根据前述研究方法得到文化政策、文化禀赋、文化产业、文化参与、文化包容的权重值(见表3-1),加权求和得到长三角中小城市文化活力指数得分和相应的排名(见表3-2)。

表3-1　　　长三角中小城市文化活力指数一级指标权重

一级指标	权重
文化政策	0.2
文化禀赋	0.1
文化产业	0.3
文化参与	0.1
文化包容	0.3

表3-2　　　长三角中小城市文化活力指数排名(前30名)

省(直辖市)	地级市	县级市(区)	文化活力	排名	文化政策	文化禀赋	文化产业	文化参与	文化包容
上海		闵行区	71.03	1	52.44	22.47	88.50	43.81	91.22
上海		松江区	58.78	2	34.61	47.91	63.37	32.48	82.68
上海		嘉定区	52.52	3	33.41	19.77	48.70	53.21	79.75
上海		宝山区	51.12	4	39.63	23.60	60.62	36.59	63.31
江苏	苏州	昆山市	46.77	5	21.67	56.11	25.34	58.57	77.90
浙江	金华	义乌市	45.03	6	41.44	32.59	34.07	31.40	67.08
上海		青浦区	39.79	7	20.67	39.24	24.13	49.99	64.97
江苏	苏州	太仓市	39.75	8	55.69	35.75	14.98	45.61	53.29

续表

省 (直辖市)	地级市	县级市 (区)	文化活力	排名	文化政策	文化禀赋	文化产业	文化参与	文化包容
上海		奉贤区	39.00	9	38.89	20.53	38.56	40.73	45.09
上海		金山区	37.40	10	42.63	23.07	40.87	32.49	36.84
江苏	苏州	常熟市	37.05	11	46.43	55.66	23.06	46.89	35.30
浙江	嘉兴	嘉善县	36.93	12	36.28	17.07	32.62	64.52	39.10
江苏	苏州	吴江区	35.35	13	33.68	45.19	20.82	42.57	45.32
江苏	无锡	江阴市	35.11	14	37.72	42.48	23.31	49.01	38.09
江苏	苏州	张家港市	34.83	15	16.27	32.84	33.15	61.33	40.71
浙江	丽水	龙泉市	34.08	16	89.57	37.11	11.82	38.61	16.81
江苏	无锡	宜兴市	33.30	17	42.10	61.46	21.51	40.36	27.47
浙江	宁波	慈溪市	30.63	18	53.35	31.94	8.87	31.76	36.43
浙江	绍兴	诸暨市	29.26	19	29.73	36.51	33.04	43.02	18.16
浙江	嘉兴	平湖市	28.75	20	9.21	31.83	42.67	42.45	22.27
浙江	嘉兴	海宁市	28.52	21	19.91	43.13	18.40	41.21	35.28
浙江	台州	温岭市	27.87	22	39.01	20.51	23.54	36.37	24.38
浙江	温州	乐清市	27.22	23	28.22	44.40	19.05	35.69	26.17
浙江	杭州	建德市	26.66	24	47.92	23.16	12.53	52.29	19.23
浙江	嘉兴	桐乡市	25.87	25	10.11	29.00	17.60	49.12	35.86
上海		崇明区	25.80	26	43.16	39.47	15.12	49.16	12.58
浙江	台州	临海市	25.43	27	32.35	39.81	9.88	20.52	33.21
浙江	金华	东阳市	25.42	28	7.46	45.41	33.21	18.83	25.15
浙江	台州	玉环市	25.41	29	35.17	11.79	8.61	37.36	36.27
浙江	温州	瑞安市	24.41	30	27.06	33.20	11.50	32.36	29.97

二、长三角中小城市文化活力指数分析

1. 基于排名的地区综合比较

从省级区域来看,长三角中小城市文化活力指数排名前30位的城市(见图3—1)中,上海市共有8区(即闵行区、松江区、嘉定区、宝山区、青浦区、奉贤区、金山区、崇明区)入围,占比100%;江苏省共有7个城市(即昆山市、太仓市、常熟市、吴江区、江阴市、张家港市、宜兴市)入围,占比32%;浙江省共有15个城

市(即义乌市、嘉善县、龙泉市、慈溪市、诸暨市、平湖市、海宁市、温岭市、乐清市、建德市、桐乡市、临海市、东阳市、玉环市、瑞安市)入围,占比71%;安徽省没有城市入围。总体来看,上海(100%)>浙江(71%)>江苏(32%)>安徽(0%)。在文化活力指数方面,上海市全部入围前30,浙江省以39%的优势高于江苏省,安徽省的第一名在长三角地区仅排名第36位,无缘进入前30名(见图3-2)。

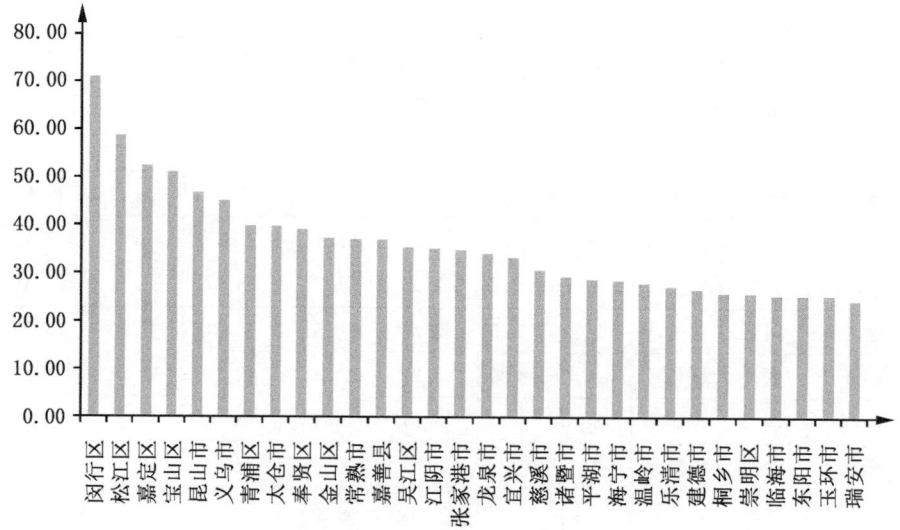

图3-1　文化活力指数前30名柱状图

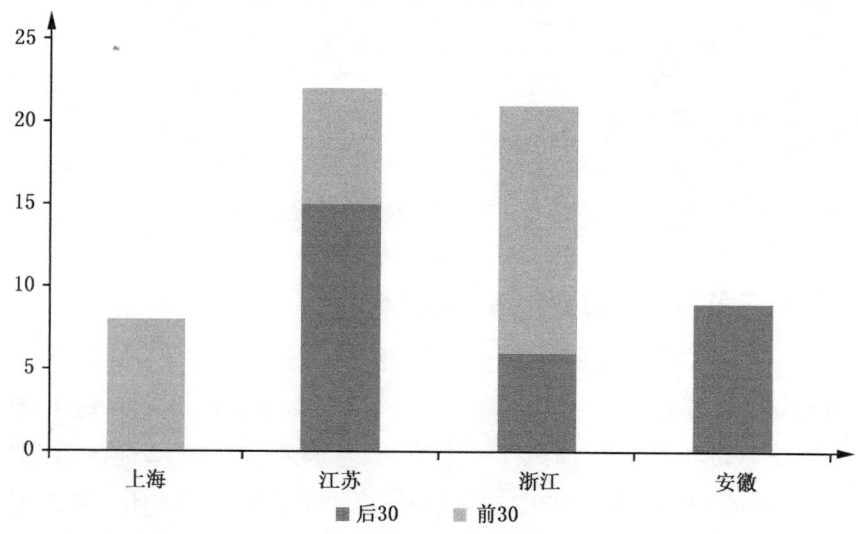

图3-2　文化活力指数前后30名分布

从长三角中小城市文化活力指数分析来看,60个城市文化活力指数平均值为26.32,有24个城市的文化活力高于平均值。文化活力得分最高的是闵行区,为71.03;文化活力得分最低的是界首市,为4.36,两者相差66.67。总体来看,长三角中小城市文化活力总体差距明显;同时,尾部城市与头部城市在文化活力方面具有显著差距。

2. 基于得分的地区综合比较

文化活力指数得分分地区描述性统计见表3—3。

表3—3　　　　　文化活力指数得分分地区描述性统计

省 (直辖市)	文化活力 指数	文化政策 指数	文化禀赋 指数	文化产业 指数	文化参与 指数	文化包容 指数
上海	46.93	38.18	29.51	47.49	42.30	59.56
江苏	24.08	27.37	31.26	13.42	40.64	24.62
浙江	26.25	29.08	31.83	17.29	34.97	28.57
安徽	13.63	26.48	17.85	5.33	24.84	8.22

文化活力指数得分均值地区比较见图3—3。

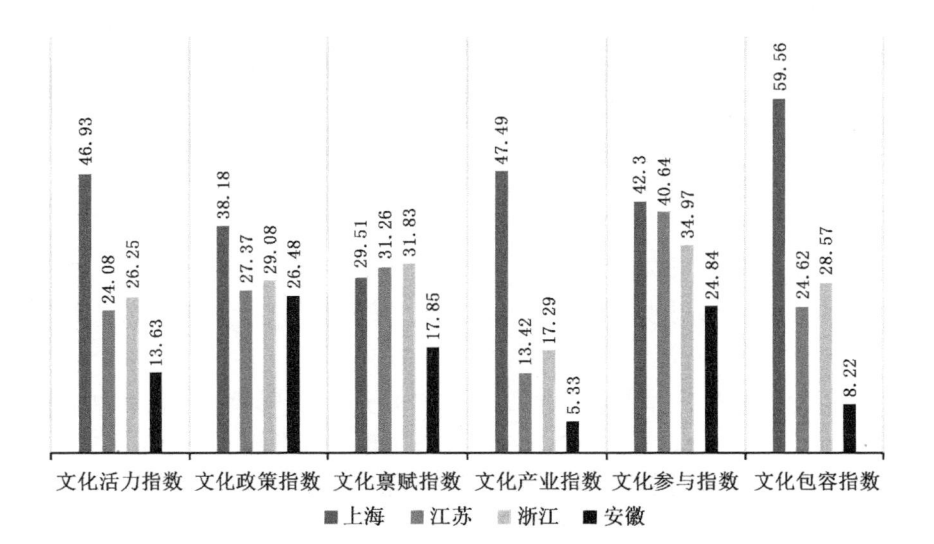

图3—3　文化活力指数得分均值地区比较

由此可见,上海在文化活力、文化政策、文化产业、文化参与、文化包容方面优势明显,尤其是在文化产业与文化包容方面遥遥领先于第二名的浙江省;在文化禀赋方面仅低于江苏省和浙江省。浙江省在文化活力、文化政策、文化禀赋、文化产业、文化包容方面以微弱优势高于江苏省,唯独在文化参与方面略低于江苏省。安徽省在文化活力、文化政策、文化禀赋、文化产业、文化参与、文化包容六方面均落后于其他地区。

3. 长三角中小城市文化活力指数分布态势

把长三角中小城市文化活力指数按优(≥50分)、良(26～50分)、一般(15～26分)、弱(≤15分)四个等级划分,得到长三角中小城市文化活力指数的分布态势(如表3—4所示)。

表3—4　　　　　　　长三角中小城市文化活力指数分布态势

文化活力指数等级划分	文化活力指数均值	城市个数	城市分布
优	58.36	4	闵行区、松江区、嘉定区、宝山区
良	34.66	20	昆山市、义乌市、青浦区、太仓市、奉贤区、金山区、常熟市、嘉善县、吴江区、江阴市、张家港市、龙泉市、宜兴市、慈溪市、诸暨市、平湖市、海宁市、温岭市、乐清市、建德市
一般	20.74	26	桐乡市、崇明区、临海市、东阳市、玉环市、瑞安市、如皋市、永康市、靖江市、余姚市、高邮市、宁国市、溧阳市、潜山市、句容市、启东市、扬中市、海安市、丹阳市、嵊州市、东台市、桐城市、仪征市、兰溪市、兴化市、江山市
弱	11.32	10	天长市、泰兴市、无为市、龙港市、巢湖市、广德市、新沂市、邳州市、明光市、界首市

60个长三角中小城市文化活力指数在优、良、一般、弱四个等级上,城市个数分布呈现正态分布态势(见图3—4)。四个等级的文化活力指数的城市个数分别为:4个城市文化活力指数为优,20个城市文化活力指数为良,26个城市文化活力指数为一般,10个城市文化活力指数为弱。四个等级的文化活力均值分别为58.36、34.66、20.74、11.32。60个城市文化活力指数主要分布在良、一般的等级水平上,有46个城市,占总数比重为76.67%。

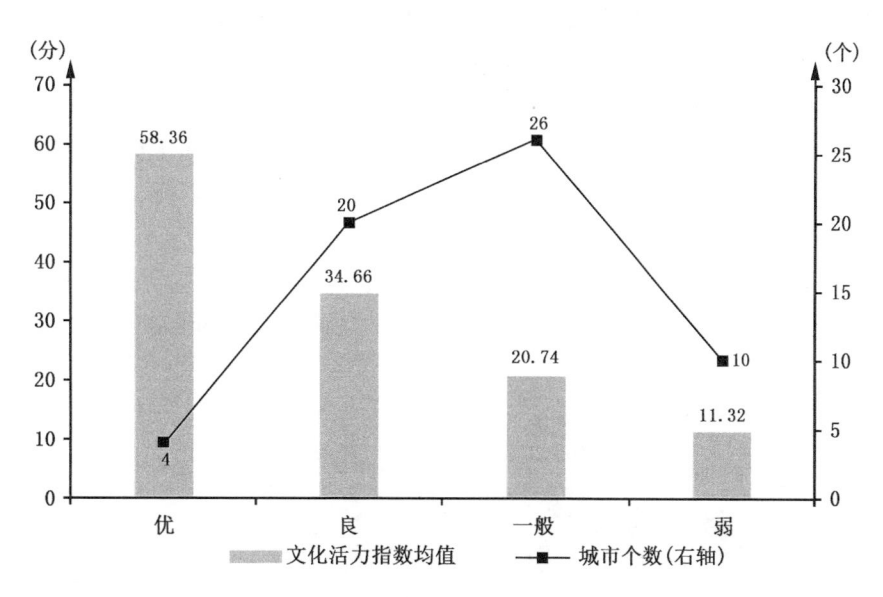

图 3—4　长三角中小城市文化活力指数分布态势

4. 相关性分析

从文化活力指数与文化政策指数相关性分析得出,二者呈中等程度正相关关系,相关系数 $r=0.47$,线性相关函数为 $y=0.588\,9x+13.778$(见图 3—5)。因此可以得出,文化活力与文化政策息息相关,只有提升文化政策的支持和引导,才能不断激发城市文化活力。

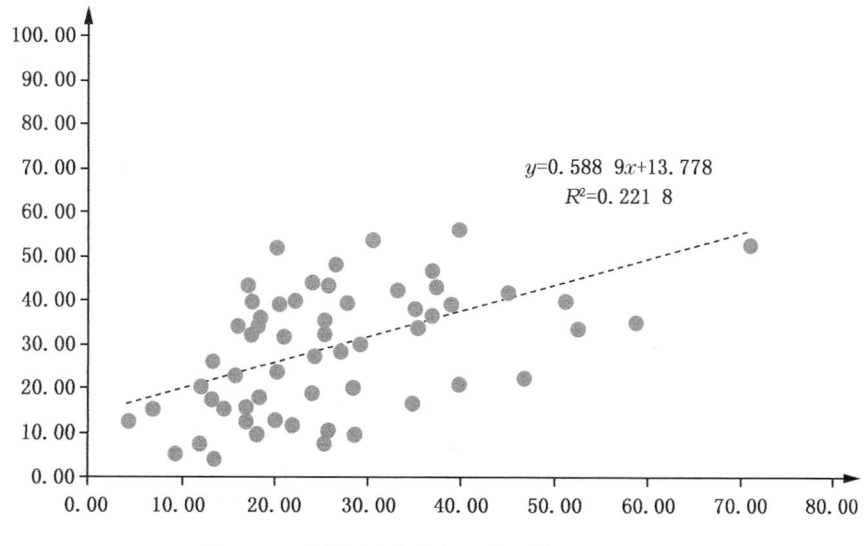

图 3—5　文化活力指数与文化政策指数相关性

从文化活力指数与文化禀赋指数相关性分析得出,二者接近中等程度正相关关系,相关系数 $r=0.37$,线性相关函数为 $y=0.4038x+18.588$(见图3—6)。因此可以得出,从长三角地区的中小城市来看,文化禀赋对文化活力来说至关重要,它为文化活力的发展提供了先天的基础条件和优势。文化禀赋越高的城市,其文化活力发展相对越好。

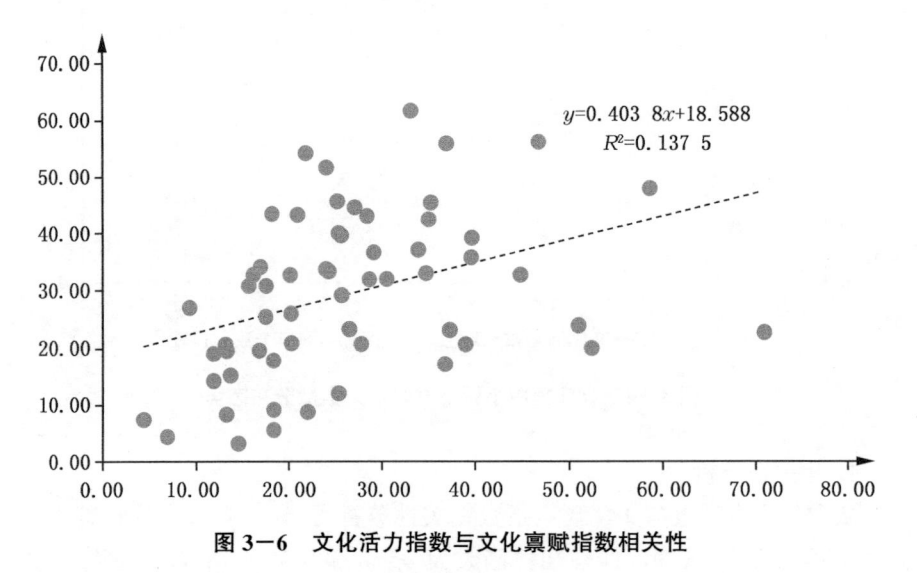

图3—6 文化活力指数与文化禀赋指数相关性

从文化活力指数与文化产业指数相关性分析得出,二者呈极强正相关关系,

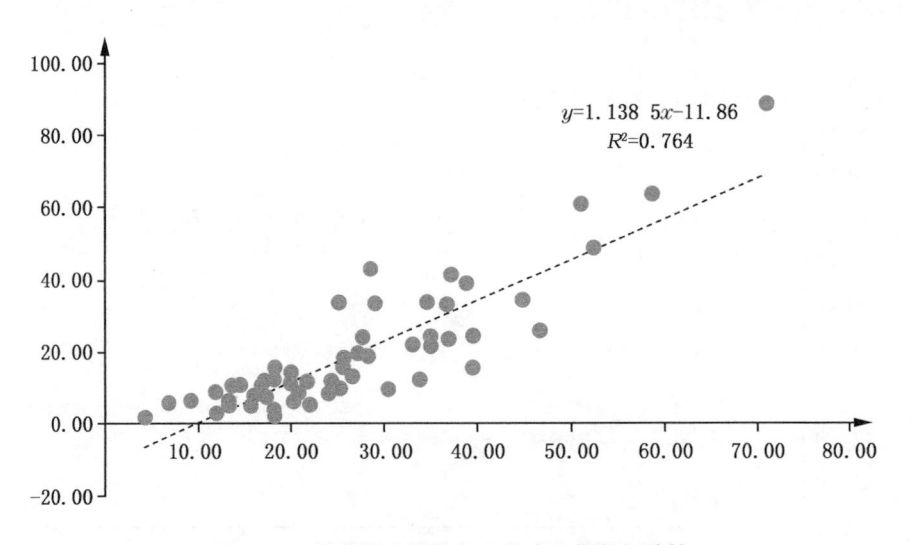

图3—7 文化活力指数与文化产业指数相关性

相关系数 $r=0.87$，线性相关函数为 $y=1.138\,5x-11.86$（见图 3-7）。因此可以得出，文化活力越高的城市，文化产业发展越好；文化产业发展越好的城市，其文化活力必定越强。

从文化活力指数与文化参与指数相关性分析得出，二者呈中等程度正相关关系，相关系数 $r=0.44$，线性相关函数为 $y=0.496\,6x+23.436$（见图 3-8）。因此可以得出，文化活力越高的城市，民众的文化参与越多；民众文化活动参与度越高的城市，其文化活力越强。

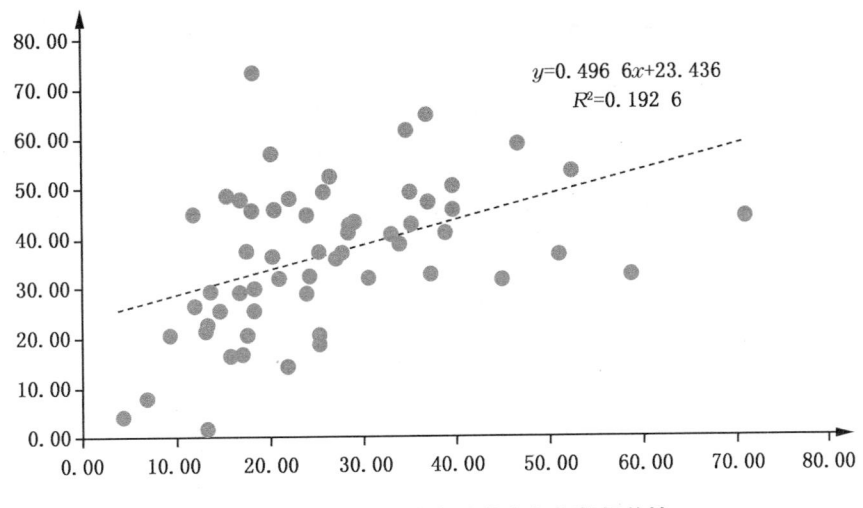

图 3-8 文化活力指数与文化参与指数相关性

从文化活力指数与文化包容指数相关性分析得出，二者呈极强正相关关系，相关系数 $r=0.91$，线性相关函数为 $y=1.502\,1x-11.333$（见图 3-9）。因此可以得出，文化活力越高的城市，文化包容性越强；文化包容性越强的城市，其文化活力必然越强。

综上所述，文化活力与五大核心要素的相关度如图 3-10 所示。圆圈越大、离文化活力越近，其相关度越高。

从文化产业指数与文化包容指数相关性分析得出，二者呈强正相关关系，相关系数 $r=0.77$，线性相关函数为 $y=0.975\,8x+10.532$（见图 3-11）。因此可以得出，文化产业越强的城市，文化包容性越强；文化包容性越强的城市，其文化产业越强。

$y=1.5021x-11.333$
$R^2=0.8203$

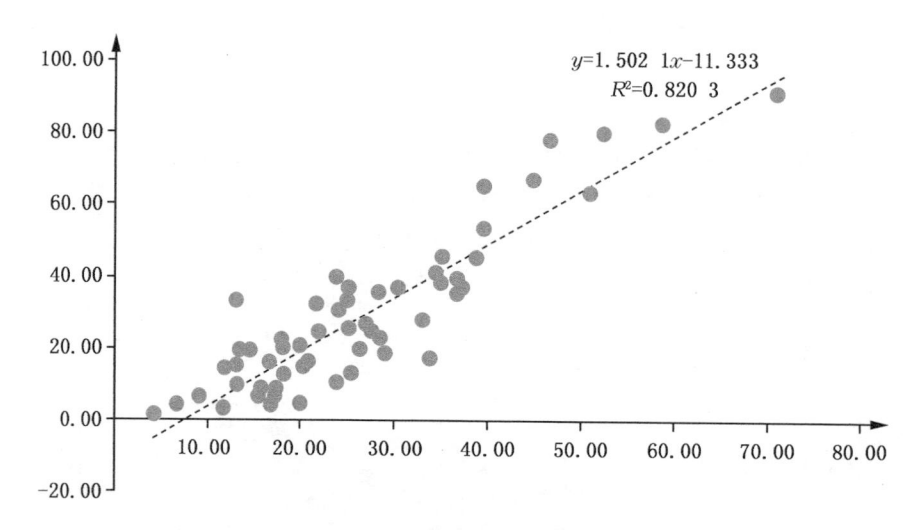

图 3-9　文化活力指数与文化包容指数相关性

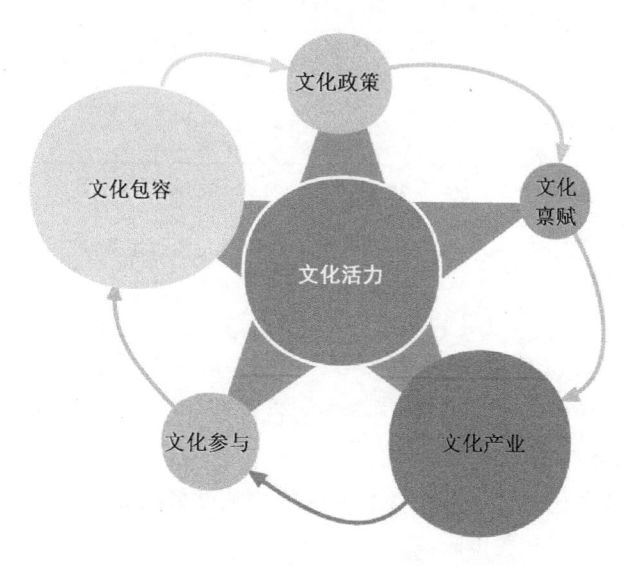

图 3-10　文化活力指数与五大核心要素关系

因此,文化产业、文化包容、文化活力三个指标,任意两者都呈现出强甚至极强相关性,由此可以得出一地域的文化产业、文化包容和文化活力紧密联系(见图 3-12)。

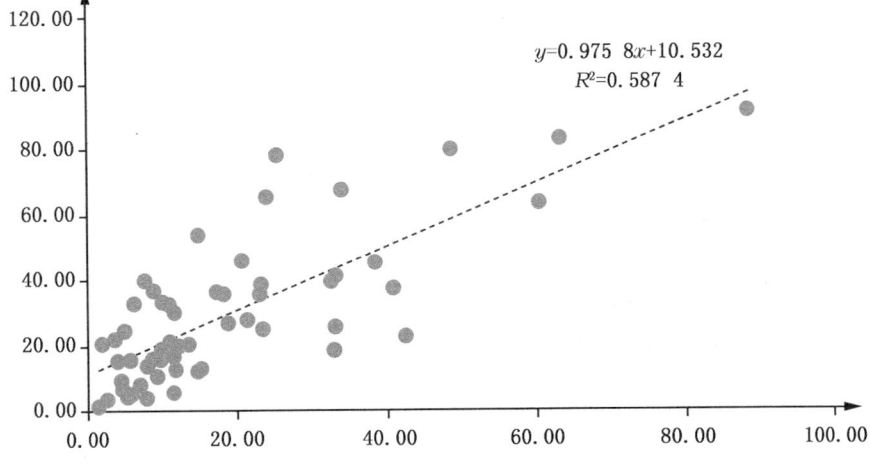

图 3—11　文化产业指数与文化包容指数相关性

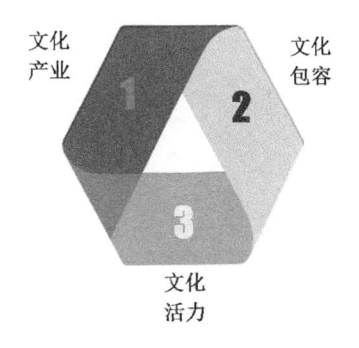

图 3—12　文化产业、文化包容、文化活力关系

从文化活力指数与地区文旅发展规划相关性分析得出,二者接近中等程度正相关关系,相关系数 $r=0.39$,线性相关函数为 $y=0.015\,1x+0.136\,1$(见图3—13)。因此可以得出,文化活力与一地域的文旅发展规划密不可分。制定符合当地特色的文旅发展规划,可促进文化活力的发展。

从文化活力指数与 4A 级及以上景区数的相关性分析得出,二者呈中等程度正相关关系,相关系数 $R=0.54$,线性相关函数为 $y=0.010\,2x+0.009\,3$(见图 3—14)。因此可以得出,4A 级及以上星级景区数量越多,文化活力越强;旅游的发展对当地的文化发展影响深远,旅游发展得越好,越能促进文化活力的发展。

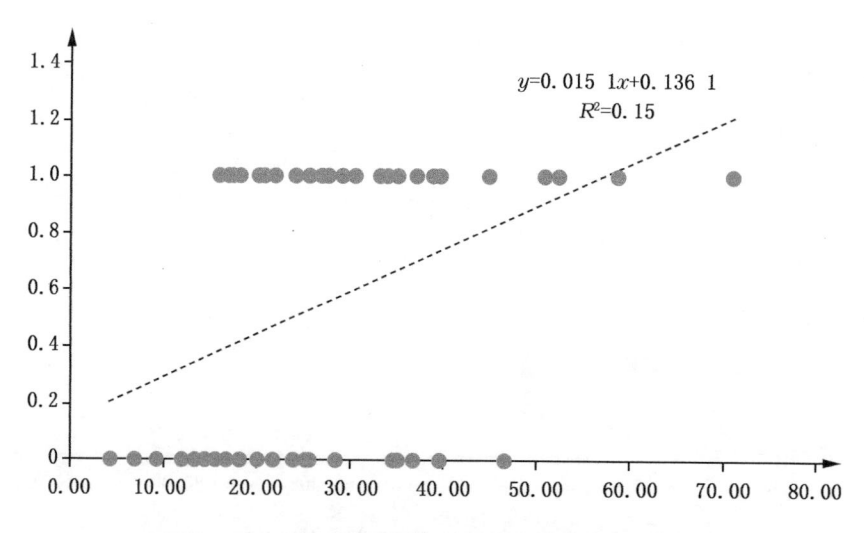

图3—13 文化活力指数与地区文旅发展规划相关性

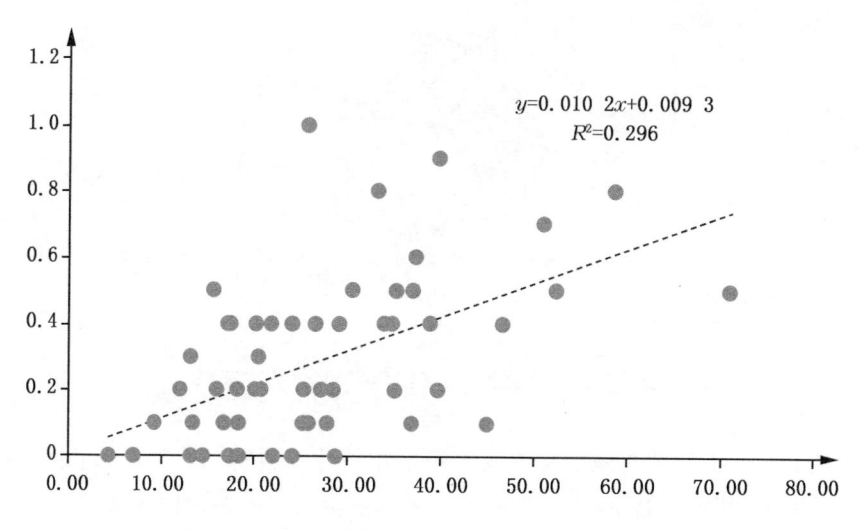

图3—14 文化活力指数与4A级及以上景区数相关性

从文化活力指数与文化产业园区数相关性分析得出,二者呈极强正相关关系,相关系数 $r=0.81$,线性相关函数为 $y=0.013\ 1x-0.225\ 7$(见图3-15)。因此可以得出,文化活力越强的城市,文化产业园区越多;文化产业园区越多的城市,文化活力也越强。

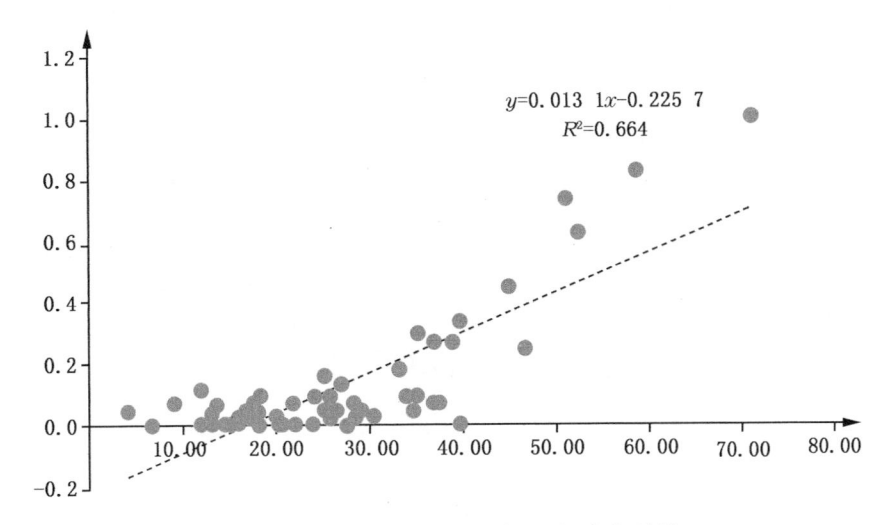

图3-15 文化活力指数与文化产业园区数相关性

从文化活力指数与文化上市公司数相关性分析得出,二者呈中等程度正相关关系,相关系数 $r=0.58$,线性相关函数为 $y=0.010\ 8x-0.184\ 5$(见图3-16)。因此可以得出,文化活力越强的城市,文化上市公司越多;当地文化

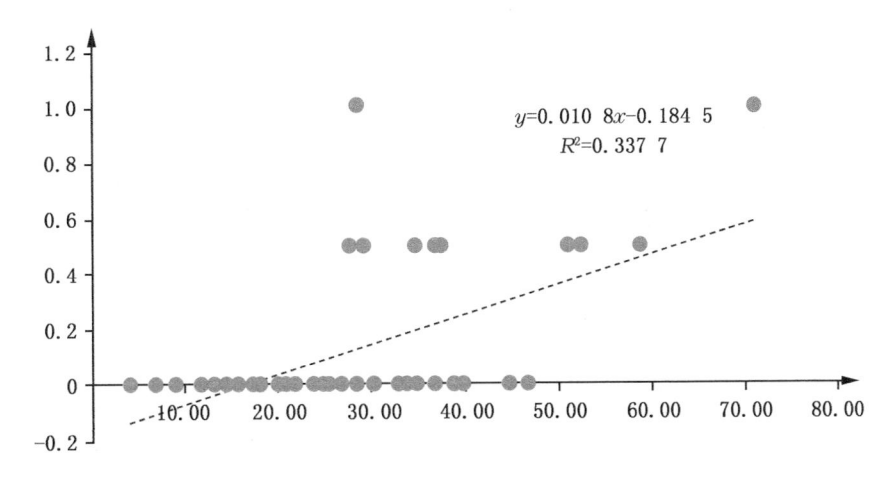

图3-16 文化活力指数与文化上市公司数相关性

上市公司越多,越能对文化活力产生积极的影响。

从文化活力指数与标志性文化企业数相关性分析得出,二者呈强正相关关系,相关系数 $r=0.75$,线性相关函数为 $y=0.013\,1x-0.107\,8$(见图3—17)。因此可以得出,文化活力越强的城市,标志性文化企业越多;当地标志性文化企业越多,文化活力必然越强。

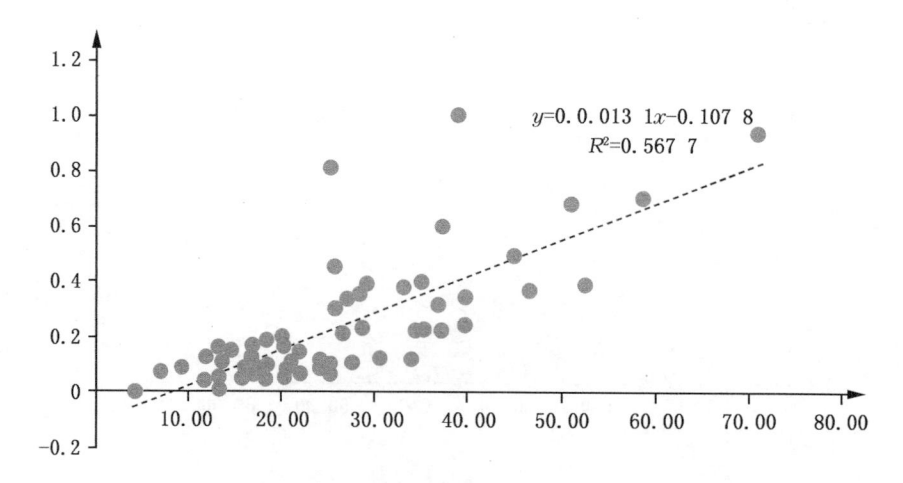

图3—17　文化活力指数与标志性文化企业数相关性

从文化活力指数与每万人电影院数的相关性分析得出,二者呈强正相关关系,相关系数 $r=0.66$,线性相关函数为 $y=0.012\,9x+0.187\,7$(见图3—18)。因此可以得出,文化活力越强的城市,每万人电影院数越多。在当今时代,看电

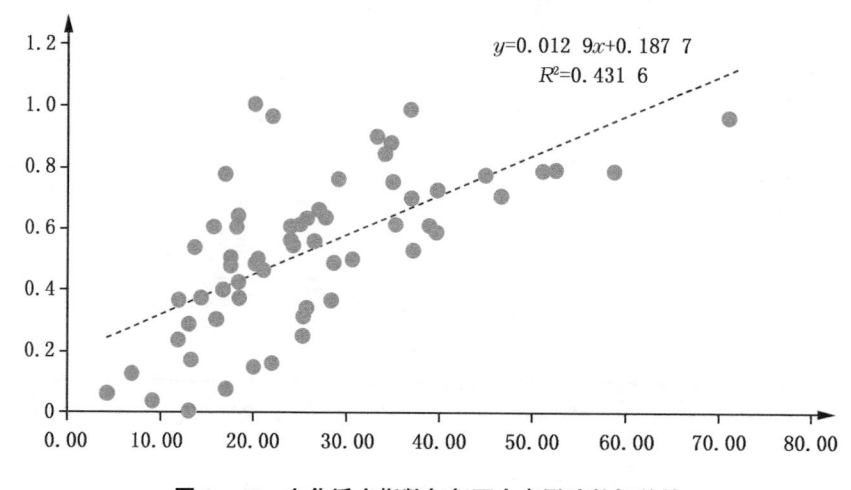

图3—18　文化活力指数与每万人电影院数相关性

影已经成为民众的重要生活方式,当地电影院越多,文化活力越强。

从文化活力指数与每百万人麦当劳数相关性分析得出,二者呈极强正相关关系,相关系数 $r=0.83$,线性相关函数为 $y=0.131x-0.1484$(见图3—19)。因此可以得出,文化活力越强的城市,每百万人麦当劳数越多。麦当劳已成为体现一座城市文化活力的不可忽视的标志。当地麦当劳数越多,反映出该城市的文化活力越强。

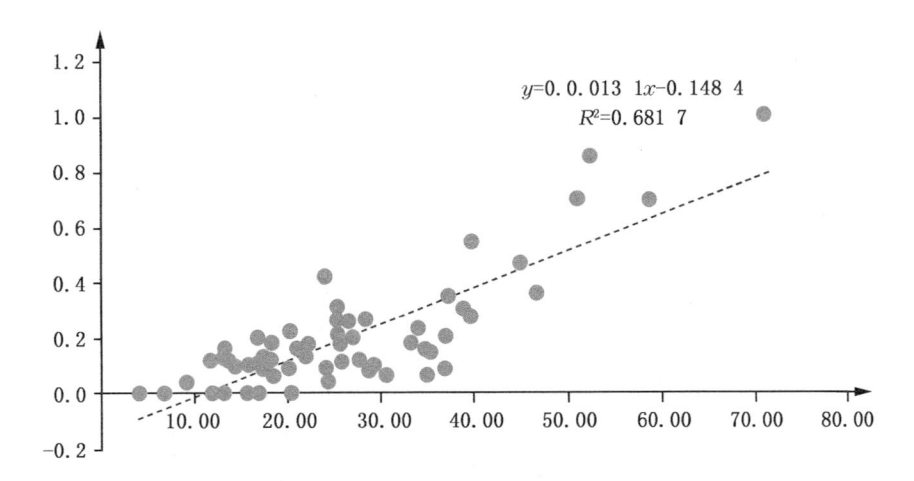

图3—19　文化活力指数与每百万人麦当劳数相关性

从文化活力与每十万人咖啡馆数的相关性分析得出,二者呈极强正相关关系,相关系数 $r=0.88$,线性相关函数为 $y=0.0158x-0.1322$(见图3—20)。

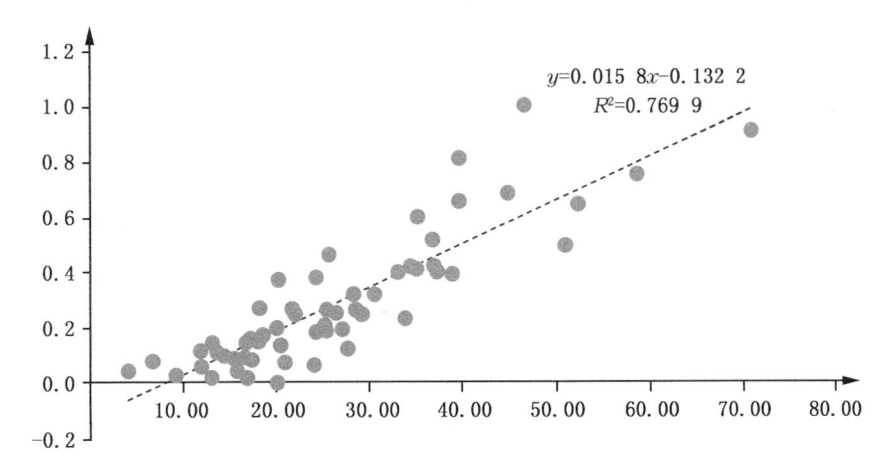

图3—20　文化活力指数与每十万人咖啡馆数相关性

因此可以得出，文化活力越强的城市，每十万人咖啡馆数越多。咖啡馆已成为体现城市包容性的重要标志。而城市包容性越强，城市文化活力越强。

从文化活力指数与每十万人英语培训机构数的相关性分析得出，二者呈中等程度正相关关系，相关系数 $r=0.58$，线性相关函数为 $y=0.010\ 2x+0.098\ 2$（见图3—21）。因此可以得出，文化活力越强的城市，每十万人英语培训机构数越多。英语为文化交流提供了机会和平台。英语培训机构数越多，证明当地与外来文化沟通的需求越多，其文化包容越强，文化活力也越强。

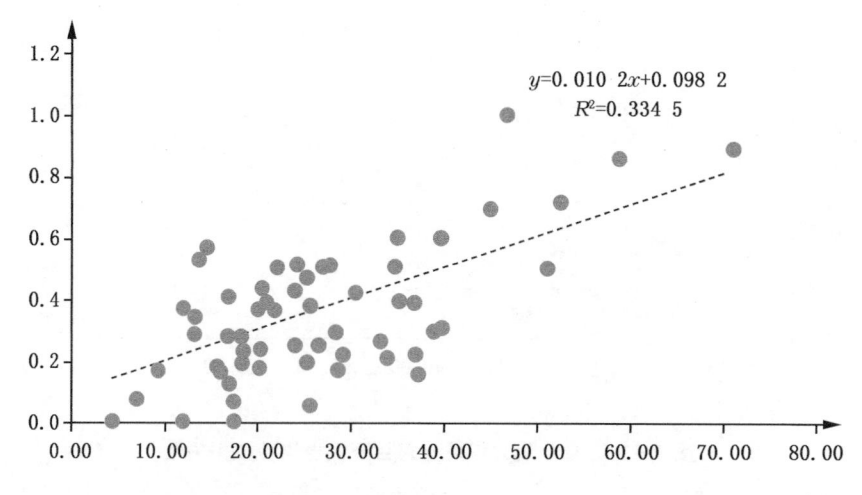

图3—21 文化活力指数与每十万人英语培训机构数相关性

从文化活力与外来人口占比相关性分析得出，二者呈极强正相关关系，相关系数 $r=0.84$，线性相关函数为 $y=0.021x-0.271$（见图3—22）。因此可以得出，文化活力越强的城市，外来人口占比越多；外来人口占比越多，当地的文化包容性越强，文化活力也越强。

综上所述，文化活力指数不仅与文化包容指数有极强的相关性，还与其细分的四个指标有非常强的相关性，具体关系见图3—23。

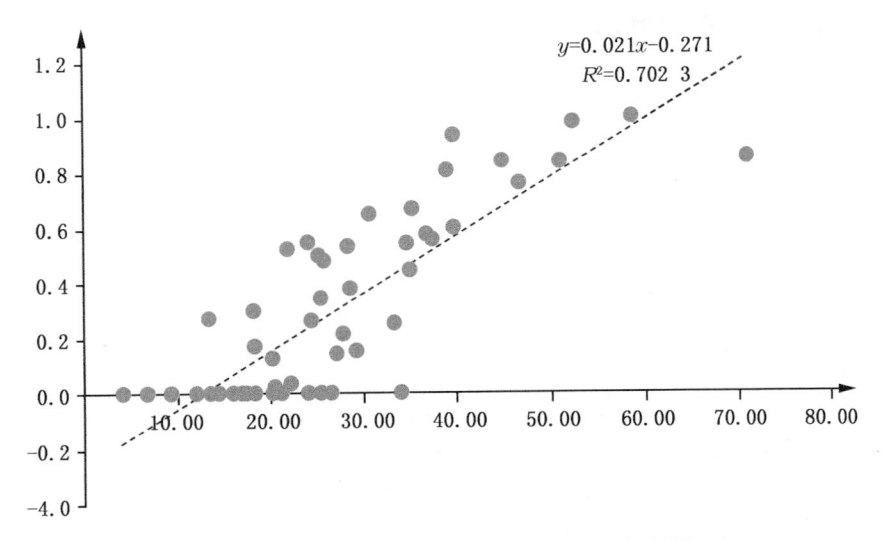

图 3—22 文化活力指数与外来人口占比相关性

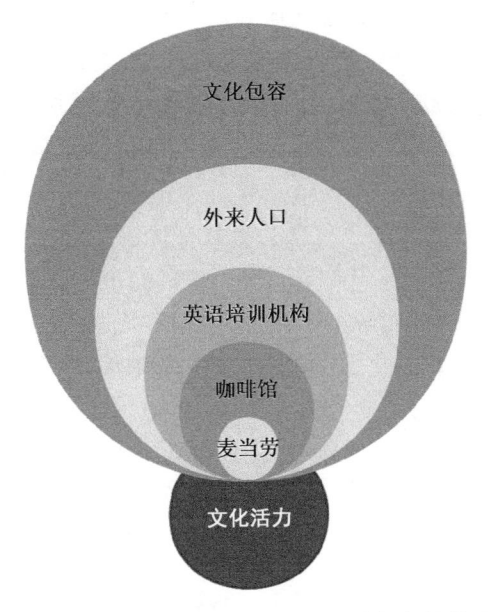

图 3—23 文化活力与文化包容及内部数据关系

三、长三角中小城市文化活力总报告结论与建议

(一)结论

通过数据排名与分析,可以得出:

(1)长三角中小城市文化活力指数排名前30位的城市中,上海市全部入围,江苏省共有7个城市入围,浙江省共有15个城市入围,安徽省没有城市入围。即上海(100%)＞浙江(71%)＞江苏(32%)＞安徽(0%)。上海表现最优,浙江省以39%的优势高于江苏省,安徽省的第一名在长三角地区仅排名36,无缘前30。

(2)长三角60个中小城市文化活力指数平均值为26.32,有24个城市的文化活力高于平均值。文化活力得分最高的是闵行区,为71.03;文化活力得分最低的是界首市,为4.36,两者相差66.67。总体来看,长三角中小城市文化活力总体差距明显,尤其尾部城市与头部城市差距最为突出。

(3)上海在文化活力、文化政策、文化产业、文化参与、文化包容等方面优势明显,尤其是文化产业与文化包容遥遥领先于第二名浙江省,文化禀赋仅以微弱差距略低于江苏省和浙江省。浙江省在文化活力、文化政策、文化禀赋、文化产业、文化包容方面以微弱优势高于江苏省,唯独在文化参与方面略低于江苏省。安徽省在文化活力、文化政策、文化禀赋、文化产业、文化参与、文化包容六方面均落后于其他地区。

(4)60个长三角中小城市文化活力指数在优、良、一般、弱四个等级上,城市个数分布呈现正态分布态势,其中有得分为优的城市有4个、良的城市有20个、一般的城市有26个、弱的城市有10个。相对应均值分别为58.36、34.66、20.74、11.32。60个城市文化活力指数主要分布在良、一般的等级水平上,共有46个城市,占总数的比重为76.67%。

(5)文化活力与文化政策息息相关,文化活力越强,越需要更多的政策支持和引导。不断加强文化政策支持,才能不断激发城市文化活力。城市文化活力与一地域的文旅发展规划更是密不可分,制定出符合当地文旅发展的合理规划,可不断促进文化活力的发展与提升。

一个城市文化政策指数是该城市以每万人文旅体育传媒支出(万元)、五年来文化政策发布条数、地区文旅发展规划发布等指标为基础,反映城市文化政策综合发展情况。政府通过出台乡村振兴、非遗保护、公共文化遗产保护等相关政策,并配合每万人文旅体育传媒支出,体现该城市所规划的文旅项目实际支出费用的使用情况。

长三角中小城市文化政策指数不高的城市普遍具有城市文化投入经费不高的问题,并且在其地级市中,未编制"城市文旅发展"规划。这些城市的文化建设和发展相对其他城市较晚。城市文化政策的落地与否与该城市是否具有长效的顶层设计息息相关,文化旅游体育传媒发展等政策与配套投入经费成正比。

(6)文化禀赋为文化活力的发展提供了先天的基础条件和优势,文化禀赋越高的城市,文化活力发展相对越好。文化禀赋中,尤其4A级及以上星级景区数量越多,文化活力越强。可见,旅游的发展对当地的文化发展影响深远,旅游发展越好,越能促进文化活力的大发展。值得一提的是,江苏省文化遗产保护利用形成了江苏经验,比如全面完成省级以上文物保护单位"四有"工作,全面推进"考古前置"。实施一批运河遗产展示利用、红色遗产、名人故居维修保护与展示提升的举措。进一步提升文物、非物质文化遗产保护传承利用水平,公共文化服务优质便捷度进一步提升。

(7)文化活力与文化产业关联度极高,文化活力与文化包容关联度最高。文化产业、文化包容、文化活力三个指标,任意两两都呈现出强甚至极强相关性,得出一地域的文化产业、文化包容和文化活力唇辅相连。文化活力越强的城市,文化产业发展越好,文化包容性越强;文化产业发展越好、文化包容度越高的城市,越能具有欣欣向荣的文化活力。同时,文化活力越强的城市,文化产业园区越多,文化上市公司越多,标志性文化企业数越多;反之,文化产业园区越多,文化上市公司越多,标志性文化企业数越多,越会对城市文化活力产生积极的影响。

(8)文化活力越高的城市,其民众的文化参与度越高;民众文化生活越丰富的城市,文化活力越强。文化活力越强的城市,每万人电影院数越多。说明在当今时代,看电影已经成为民众文化参与的重要生活方式,当地电影院越多,体现其文化活力越强。每万人电影放映机构数量的变化不仅反映出文化市场机制推动大众文化娱乐消费的释放,而且也反映出国家将电影放映机构作为提供公共文化主要普及方式的良性回馈。电影院依然是目前城市市民主要参与文化活动的场所之一。同时,长三角中小城市民众的文化参与活动有待进一步增加,基础设施建设有待进一步提升,民众文化活动参与的激情有待进一步激发。区域间的文化参与指数差异明显,具有显著的区域异质性。

(9)外来人口、外来文化都与文化活力相辅相成,外来人口越多,文化包容性越强,文化活力越强。同时,许多有代表性的外来文化已成为体现文化包容和文化活力的重要标志。文化活力越强的城市,如麦当劳、咖啡馆等的数量也越多。外来语言也为文化交流提供机会和平台,英语培训机构数越多,证明当地与外来文化沟通的需求越多,其文化活力越强。

(二)对策建议

针对上述结论,提出以下几点对策建议:

(1)上海可以在文化禀赋上再下功夫,深入挖掘当地传统文化和文化资源,深化旅游景区发展,尽快补齐短板,从而实现全面领先优势。一方面充分发挥红色基因、红色资源的影响,提高全国重点保护单位的数量以深挖文化内涵,打造超强文化强区,延续历史文化名城的"根";另一方面,要重视城区标志性人物对文化的传播和影响作用。

浙江省可以通过加强群众的文化参与,积极搭建更多的文化展示平台,举办一些吸引大众眼球的文化活动,让文化融入民众生活,进而全面提升民众的文化生活质量。

江苏省的昆山市排在上海城区之后,在60个中小城市中位列第5。江苏省内整体表现出极大的不平衡性,除了文化参与优于浙江省,其文化活力、文化政策、文化禀赋、文化包容四方面与浙江省平分秋色,需要提升文化产业以达到增强文化活力的目的。

安徽省虽然各项指标垫底,但是文化政策与浙江省、江苏省势均力敌,证明在政府出台政策方面还是表现良好,但是把行之有效的政策真正落地才是安徽省首当其冲应该解决的问题。如果将两个断崖式差距的指标提升上去,即加强文化产业建设,同时提升文化包容度,那么安徽省的整体文化活力将有质的飞越。

(2)实行更加积极、开放、有效的文化政策。政府的政策支持、引导与统筹更有针对性地投入更多人力、物力和财力,从宏观层面助力文化发展、激发文化活力。例如,制定出符合当地文旅发展的合理规划,不仅可以促进城市文化活力的发展与提升,还可对当地的经济、社会、城市形象、民众生活产生积极影响。

长三角地区不仅具有自然地理优势,还有丰富的文化资源,更加需要重视文化传承、文化价值的体现。在整个城市的文旅发展基础之上,同时配合乡村振兴政策,以文化引领产业,带动整个城市的文化建设、旅游事业,以及文化周边产业的发展。如果一个城市有好的地区文旅发展规划,相当于拥有可统筹该地区文化与旅游资源、推进地区文化政策落实的顶层设计,就可为将来实施地区文化和旅游产业的统筹发展打下扎实的基础。

同时,跨部门协作是为了更好地实施长三角地区一体化"文化活力"的发展,国家层面关乎"十四五"期间文化和旅游发展的相关顶层规划已陆续发布。旅游业、文化产业、公共文化服务体系建设、文化和旅游科技创新、文化和旅游市场、非物质文化遗产保护、艺术创作七个专项系列规划是"十四五"时期相关机构和部门开展工作的主要方向。基于此,在新的政策方向指引下,关于长三角地区一体化城市文化活力建设,更需要在新政策的不断迭代和不断完善中寻求提升中国文化软实力、凝聚长三角文化活力,形成以人民为中心的社会主义核心价值观,坚持中国特色社会主义文化自信。"十四五"时期的文化建设的核心任务,同时也是长三角地区一体化文化活力建设的根本遵循。有必要积极做好长三角中小城市"文化活力"建设,发挥中小城市的优势,连接中央与地方政策的贯彻执行,为搭建产品平台、金融平台等新兴业态发展做好政策沟通和建设。

(3)有先天优势的文化资源固然底蕴深厚,但也应对文化进行深入挖掘和创新性打造。深挖当地传统文化,不仅是对地域文化的传承,也为文化发展注入新的活力和勃勃生机。

当今消费者对辨识度高、有自身特色的地区和城市越来越感兴趣。一个城市要想在众多城市中脱颖而出,首要任务便是系统梳理和辨别其文化资源,从中提炼出具有唯一性的特色资源,形成一条文化精神主线,从而让游客形成记忆点,同时也为市民提供根深蒂固的核心价值观。

长三角各中小城市通过非遗以及文化遗产的项目拉动,对地区的风土人情以及建筑的风貌保护和提升,讲好当地的文化故事和树立属于当地的文化品牌IP,促进文化产业发展。

长三角各中小城市应进一步加强城市文化资源开发和利用,进一步开发文物、挖掘和传承非物质文化遗产项目。实践证明,只有保护好历史文化遗产,不让城市的文脉中断,城市的精神才能得以延续和发展。

(4)增强城市文化产业发展、提升城市文化包容度是发展文化活力的重中之重。在增强文化产业方面,可以建设更多的文化产业园区,为文化上市公司创造良好的营商环境,吸引更多的标志性文化企业入驻。在提升城市文化包容度方面,可以吸引麦当劳、咖啡馆等外来文化入驻,增强异文化之间的交流与融合,尤其注重对外来人口的吸纳,让其为当地的发展献计献策、贡献力量,从而持续提升文化活力。值得注意的是,地方政府部门应关注本地麦当劳店数和咖啡馆店数,借以判断当地有活力的商圈是否足够多,城市规划是否合理,城市文化是否足够包容,城市是否有活力。

(5)不断提升民众的文化参与,不断丰富民众的精神文化生活。从物质层面上讲,可以通过加强地区4A级及以上星级景区的打造,增加电影院、剧院、博物馆等文化展演场所的方式为民众的文化生活提供硬件设施和文化空间;从非物质层面来讲,可以举办文化节、艺术节、文化宣讲、文化赛事等,通过线上线下相结合的方式推动文化的传播,将文化悄无声息地融入民众的日常生活,让文化基因成为民众的生活底色,从而达到高质高量的民众文化参与,呈现出生意盎然的城市文化活力。

同时,建议影院建设者和城市规划者重点关注影院从硬件建设向演出内容建设升级,塑造城市文化形象和品牌,实现由"表"及"里"的突破。影院的内容供给、管理水准要跟得上硬件设施水平,从而真正发挥影院的应有价值。影院应本着挖掘和传承好本地的文化艺术,更好地丰富当地群众的精神生活,力求满足市民多元化的文化需求。

长三角中小城市需要进一步优化公共文化空间,推动公共文化设施的人本化建设,完善公共文化参与方式,以提高居民对公共文化空间满意度、公共文化供给内容满意度、公共文化参与满意度,进而满足居民日益增长的美好生活文化需求,提高人民的城市认同感和归属感。

值得注意的是,随着数字经济的发展,"互联网+""文旅+""数字文化+"的理念不断迭代,有必要通过互联网等手段,对国内外输出属于我国中小城市的文化品牌。

科技赋能可以产生前所未有的可能,未来的"长三角地区一体化中小城市"可以围绕5G、文旅融合、电商、社交、垂直领域、VR、IP、AI、整合营销等市场化运作的新热点展开探索。长三角各中小城市要积极通过文化与科技的融合,发挥出文化产业的强大带动力,进一步释放文化资源潜力,实现文化产业的高质量发展。

(作者:兰晓敏)

分项报告

江南好
风景旧曾谙

第四章

长三角中小城市文化政策指数报告

一、党的十八大以来城市文化政策发展沿革

党的十八大以来,我国的城市"文化政策"发展框架①已形成了较为体系化的政策格局,内容涵盖了"文化发展、公共文化服务保障、文化体制改革、文化遗产保护、文化产业政策、文化市场监管、文化对外交流与贸易、文化人才队伍"八个方面(本章不考虑法规内容)。

党的十九大报告中,习近平总书记提出"文化自信"的深刻内涵,并指出"文化是一个国家、一个民族的灵魂。文化兴国运兴,文化强民族强。没有高度的文化自信,没有文化的繁荣兴盛,就没有中华民族伟大复兴"。

截至 2021 年年底,国家层面关乎"十四五"期间文化和旅游发展的相关顶层规划已陆续发布(见图 4—1)。旅游业、文化产业、公共文化服务体系建设、文化和旅游科技创新、文化和旅游市场、非物质文化遗产保护、艺术创作七个专项系列规划,是"十四五"时期相关机构和部门开展工作的主要方向。

基于此,在新的政策导向的指引下,长三角地区一体化城市文化活力建设,更需要在新政策的不断迭代和完善中寻求如何进一步提升中国文化软实力,凝聚长三角地区文化活力,形成以人民为中心的社会主义核心价值观。坚持中国特色的社会主义文化自信是"十四五"时期文化建设的核心任务,也是长三角地区一体化文化活力建设需要遵循的根本原则。

因此,在建立长三角中小城市文化政策指数时,需要基于与城市文化活力建设相关的内容,从而使其成为文化政策发展的重要依据。

---

① 祁述裕,马治国,党雷,等. 十八大以来中国文化政策与法规研究[M]. 北京:社会科学文献出版社,2018:目录1—2.

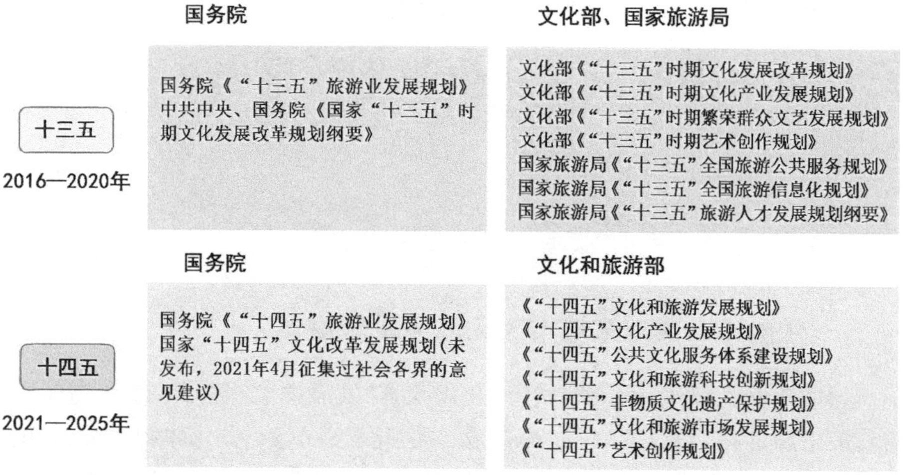

	国务院	文化部、国家旅游局
十三五 2016—2020年	国务院《"十三五"旅游业发展规划》 中共中央、国务院《国家"十三五"时期文化发展改革规划纲要》	文化部《"十三五"时期文化发展改革规划》 文化部《"十三五"时期文化产业发展规划》 文化部《"十三五"时期繁荣群众文艺发展规划》 文化部《"十三五"时期艺术创作规划》 国家旅游局《"十三五"全国旅游公共服务规划》 国家旅游局《"十三五"全国旅游信息化规划》 国家旅游局《"十三五"旅游人才发展规划纲要》
	国务院	文化和旅游部
十四五 2021—2025年	国务院《"十四五"旅游业发展规划》 国家"十四五"文化改革发展规划(未发布，2021年4月征集过社会各界的意见建议)	《"十四五"文化和旅游发展规划》 《"十四五"文化产业发展规划》 《"十四五"公共文化服务体系建设规划》 《"十四五"文化和旅游科技创新规划》 《"十四五"非物质文化遗产保护规划》 《"十四五"文化和旅游市场发展规划》 《"十四五"艺术创作规划》

资料来源："中国政府网""文化和旅游部"官网。

图4—1 国家层面"十三五""十四五"期间文化和旅游发展相关顶层规划

二、长三角中小城市文化政策指数指标体系

胡惠林对"文化政策"的定义是指国家在文化艺术、新闻出版、广播影视、文物博物等领域实现意识形态管理、行政管理和经济管理所采取的一套制度性规定、规范、原则和要求体系的总则，是有别于教育政策、科技政策的一种政策形态。[1]

祁述裕、马治国和党雷等提出的"文化政策"的定义是指国家为了实现一定的宏观文化目标乃至社会目标而在文化监管、文化服务和文化运营方面确定的行动方针和采取的各类措施。[2] 由于"文化政策"概念本身的复杂性，本书所指的"文化政策"特指从城市的角度和基本特征出发，基于地区和文化的整体性、系统性和普遍联系性的特点，由各城市政府部门颁布的与城市文化保护和文化发展直接或间接相关的内容。

熊澄宇对"文化产业政策"(Cultural Industries Policy)的定义指的是党和国家相关职能部门为应对国际国内形势，基于文化产业发展现状，提出的对产业发展进行规范、引导、协调的政策法规。它从属于中国的中长期发展战略和规划，

---

[1] 胡惠林. 文化政策学. 第2版[M]. 北京:清华大学出版社,2015:1—2.
[2] 祁述裕,马治国,党雷,等. 十八大以来中国文化政策与法规研究[M]. 北京:社会科学文献出版社,2018:17.

作为重要的政府调控工具为文化产业发展战略服务，在该领域实施政府干预，使发展战略得以细化和深化。从根本上看，其是当前中国政府相关职能部门引导文化产业资源配置、保持健康良性发展的手段和工具。[①]

詹一虹研究文化产业管理，明确了文化政策与文化产业政策的内涵上的区别[②]，其区别在于文化政策是与经济政策、社会政策并行的政策体系构成部分，更多体现为国家的文化战略和决策；而文化产业政策是立足于产业的政策，更多的是围绕着市场进行调节与干预的政策。

综上所述，本研究的文化政策作为构成长三角中小城市文化活力指标的一个一级指标，是指一个城市的文化政策对该城市的文化活力发展所做出的贡献，其中包括每万人文旅体育传媒支出（万元）、五年来文化政策发布条数、地区文旅发展规划发布数三个具体指标（见表4—1）。

表4—1　　　　　　　　城市文化政策指数指标体系

一级指标	二级指标
文化政策	每万人文旅体育传媒支出（万元）
	五年来文化政策发布条数
	地区文旅发展规划发布数

之所以选择城市文化政策作为构成长三角中小城市文化活力的一级指标，一方面是因为经过了多次专家论证，这些指标充分抓住了当前我国乃至长三角地区发展城市文化政策的主要方向与特征；另一方面，这些指标是该城市文化活力发展影响研究的成果，可以从城市的角度出发，展示文化政策发展状况。

三、长三角中小城市文化政策指数指标说明

1. 每万人文旅体育传媒支出（万元）

计算方法：每万人文旅体育传媒支出 $=\dfrac{\text{文旅体育传媒支出}}{\text{常住人口}}$

指标单位：万元/万人。

指标性质：正向。

数据周期：2019年。考虑到2020年新冠肺炎疫情发生，各级政府的文化经费投入预算并未能及时反映该年的真实情况，故选用2019年每万人文旅体育传

---

① 熊澄宇. 中国文化产业政策研究[M]. 北京：清华大学出版社，2017：4.
② 詹一虹. 文化产业管理概论[M]. 北京：中华书局，2017：47.

媒支出指标。

数据来源:长三角中小城市各级政府 2019 年年度部门决算表中文化体育旅游局公布的每万人文旅体育传媒支出数据。

2. 五年来文化政策发布条数

计算方法:五年来文化政策发布条数＝搜索各城市官网发布的文化相关政策条数

指标单位:条。

指标性质:正向。

数据周期:2017—2022 年。

数据来源:为各级政府官网,搜索近五年文化体育旅游局所公布的"文化政策"数量。以"文化政策"为关键词检索,得出公布政策数量的总和,最终得出各城市官网所发布的与文化相关的政策条数。

3. 五年来地区文旅发展规划发布

计算方法:五年来地区文旅发展规划发布＝搜索各城市发布的地区文旅规划

指标单位:条。明确中小城市是否制定了地区文旅发展规划。

指标性质:正向。

数据周期:2017—2022 年。搜索近 5 年的政策文本,若没有,则再向前追溯 5 年。

数据来源:长三角中小城市各级政府官网,以"地区文旅规划"为关键词检索。

四、长三角中小城市文化政策指数指标权重

1. 指数权重与文化政策指数模型

如前所述,一级指标和二级指标的权重见表 4—2。本报告采用主观赋权法为 3 个指标的权重赋值。在文化政策指标体系中,每万人文旅体育传媒支出与文化政策指标条数与发布与否是同等重要的存在,因此,将每万人文旅体育传媒支出指数的权重赋值为 0.5;将文化政策条数与发布与否的各指标的权重赋值为 0.25。

表 4—2　　　　　　　　　　文化政策指数权重

一级指标	二级指标	权重
文化政策	每万人文旅体育传媒支出(万元)	0.5
	五年来文化政策发布条数	0.25
	地区文旅发展规划发布	0.25

此外,五年来文化政策发布条数与地区文旅发展规划发布的有无,直接关系着长三角地区各级政府的政策统筹与指导能力的落实与否。所以,在赋值时,将五年来文化政策发布条数指数的权重定为 0.25,将地区文旅发展规划发布指数的权重定为 0.25。

本章需要做的是文化政策指数所属的 3 个二级指标的权重分配。根据权重构建出来的文化政策指数模型为:文化政策指数＝0.5×每万人文旅体育传媒支出指数＋0.25×五年来文化政策发布条数指数＋0.25×地区文旅发展规划发布指数。

五、长三角中小城市文化政策指数排名与分析

1. 长三角中小城市文化政策指数

(1)各指标数据描述性统计分析

在进行数据统计分析之前,对文化政策指数的 3 个数据进行描述性统计特征分析,结果见表 4—3。

表 4—3　　　城市文化政策指数 3 个指标描述性特征分析

变量名称	最大值	最小值	均值	中值	标准差
每万人文旅体育传媒支出(万元)	974.37	2.09	113.69	87.34	133.67
五年来文化政策发布条数	45	1	12.75	10	9.85
地区文旅发展规划发布	1	0	0.53	1	0.50

在文化政策指标体系中,二级指标包含了每万人文旅体育传媒支出(万元)、五年来文化政策发布条数、地区文旅发展规划发布三个指标。其中,每万人文旅体育传媒支出(万元)指标在 2019 年(疫情前)60 个中小城市的均值为 113.69(万元);五年来文化政策发布条数指标在 60 个中小城市的均值为 12.75 条;地区文旅发展规划在 60 个中小城市发布数为 0.53 条。

(2)长三角中小城市文化政策指数排名

①总体分布特征

长三角中小城市文化政策指数排名见表 4—4、图 4—2。通过对文化政策综合指数排名分析,2021 年,60 个长三角中小城市的文化政策综合指数均值为 29.28,中值为 31.69,标准差为 16.00,最大值为 89.57(浙江丽水龙泉市),最小值为 3.56(江苏泰州泰兴市),城市文化政策指数差异显著。

表 4—4　　　　　2021 年长三角中小城市政策指数前 30 名

省(直辖市)	地级市	县级市(区)	得分	排名
浙江	丽水	龙泉市	89.57	1
江苏	苏州	太仓市	55.69	2
浙江	宁波	慈溪市	53.35	3
上海		闵行区	52.44	4
安徽	安庆	潜山市	51.49	5
浙江	杭州	建德市	47.92	6
江苏	苏州	常熟市	46.43	7
江苏	南通	如皋市	43.79	8
上海		崇明区	43.16	9
安徽	安庆	桐城市	43.03	10
上海		金山区	42.63	11
江苏	无锡	宜兴市	42.10	12
浙江	金华	义乌市	41.44	13
上海		宝山区	39.63	14
江苏	盐城	东台市	39.56	15
江苏	泰州	靖江市	39.54	16
浙江	台州	温岭市	39.01	17
安徽	宣城	宁国市	38.95	18
上海		奉贤区	38.89	19
江苏	无锡	江阴市	37.72	20
浙江	嘉兴	嘉善县	36.28	21
江苏	南通	启东市	35.23	22
浙江	台州	玉环市	35.17	23
上海		松江区	34.61	24
江苏	南通	海安市	34.10	25
江苏	泰州	兴化市	33.92	26
江苏	苏州	吴江区	33.68	27
上海		嘉定区	33.41	28
浙江	台州	临海市	32.35	29
浙江	绍兴	嵊州市	32.01	30

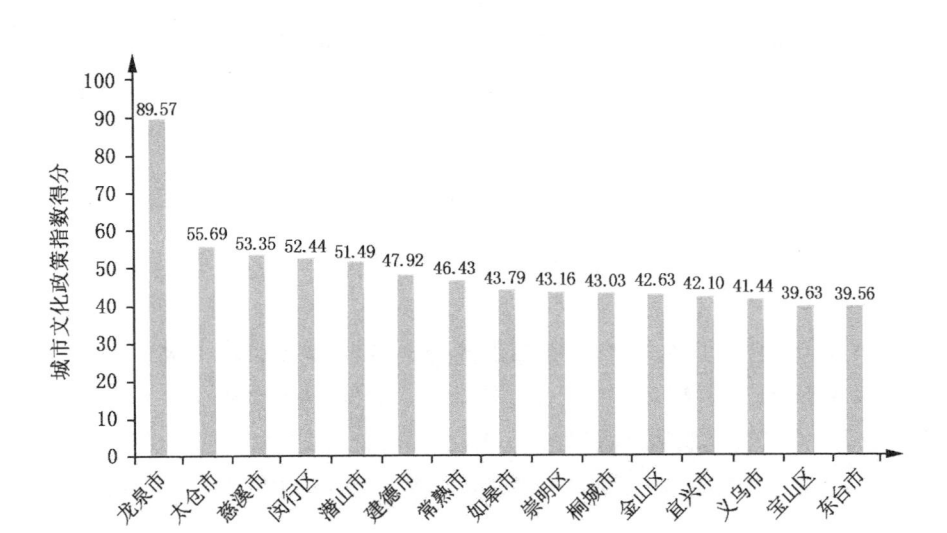

图 4—2　2021 年长三角中小城市的文化政策指数前 15 名

2021年长三角地区,中小城市文化政策综合指数排名前十五位的城市依次为浙江丽水龙泉市、江苏苏州太仓市、浙江宁波慈溪市、上海闵行区、安徽安庆潜山市、浙江杭州建德市、江苏苏州常熟市、江苏南通如皋市、上海崇明区、安徽安庆桐城市、上海金山区、江苏无锡宜兴市、浙江金华义乌市、上海宝山区、江苏盐城东台市。

其中,从排名前五位的地区来看,浙江省占两席,江苏省、上海市、安徽省各占一席。这五座城市在文化战略和决策上,均拥有打造多张国家级城市名片的特点,也说明了以城市文化名片为依托可增添城市的识别度和美誉度。换言之,通过制定城市文化政策,以提升城市竞争力和文化活力为目标,可实现城市文化活力建设的飞跃。这些城市文化的表现形式来自不同城市的特色,如城市历史文化、自然资源禀赋、自然港口与贸易、工商业等,逐步形成地区"文化＋产业"等特色 IP 的融合发展。

从城市文化特色来看,龙泉市作为国家历史文化名城,以青瓷文化、宝剑文化等为世人所熟知,是中国陶瓷文化历史名城和浙江省历史文化名城。[①]

太仓市拥有国家级太仓港经济技术开发区,是太仓港的直接经济腹地,区内

---

① 百度百科:龙泉[EB/OL]. (2022－04－27)[2022－07－15]. https://baike.baidu.com/item/%E9%BE%99%E6%B3%89/40463.

设有太仓港综合保税区、太仓港新能源产业园、太仓港国际商贸物流园等特色载体。① 太仓市拥有为众人所知的省级高新区、科教新城、长江口旅游度假区。昆曲起源于太仓,此外,太仓在全国还保有了"桥牌之乡""武术之乡""龙狮之乡""丝竹之乡""民乐之乡""舞蹈之乡"等多张驰名中外的城市名片,以文体融合的特色打造全市。②

慈溪市是长三角地区大上海经济圈南翼重要的工商名城,作为国家级沿海经济开放区之一,慈溪被誉为"家电之都"。③

闵行区相对于其他地区来说,自然资源不多,但其坐拥国家级开发区5个、市级园区3个、产业基地2个、产业区块5个。闵行区的"上海马桥A级创新区"和"闵行开发区智能制造产业基地"入围上海市首批26个特色产业园区。④ 闵行区越来越注重发展特色产业,打造产城融合、自然共生的工作、生活方式等城市名片。

潜山市历史文化资源丰富,境内天柱山为世界地质公园、国家首批风景名胜区、国家5A级旅游景区。辖区内有1个国家级风景名胜区、1个省级经济开发区和1个省级旅游度假区。⑤

龙泉市、太仓市、慈溪市距离上海较近,承担着服务上海乃至长三角城市的职责。这些城市以整装待发的态势,依托文化与产业融合的发展态势为国家经济做贡献。

②区域分布特征

从区域分布特征来看,根据长三角地区三省一市中小城市文化政策综合指数排名前十五位的省及直辖市的城市数量,江苏省略胜一筹,有5个城市进入文化政策综合排名前十五;接下来是上海市,有4个区进入文化政策综合排名前十五,浙江省有4座城市进入文化政策综合排名前十五;安徽省有2座城市进入文化政策综合排名前十五。

---

① 太仓市人民政府官网:太仓概览[EB/OL]. (2021-12-30)[2022-07-15]. http://www.taicang.gov.cn/taicang/tcgl/tcgl.shtml.
② 太仓市的特色文化你知道多少?[EB/OL]. (2022-04-30)[2022-07-15]. https://new.qq.com/omn/20220403/20220403A086TZ00.html.
③ 慈溪市人民政府官网:慈溪简介[EB/OL]. (2022-02-02)[2022-07-15]. http://www.cixi.gov.cn/col/col1229036004/index.html.
④ 上海市闵行区人民政府官网:园区建设[EB/OL]. (2021-05-24)[2022-07-15]. http://www.shmh.gov.cn/shmh/yqjj/20210524/520930.html.
⑤ 潜山市人民政府官网:潜山概况[EB/OL]. (2022-01-30)[2022-07-15]. https://www.qss.gov.cn/zjqs/qsgk/index.html.

上海有4个区进入文化政策综合排名前十五,即闵行区、崇明区、金山区、宝山区,得分分别为52.44、43.16、42.63、39.63;浙江省有4个县级市进入文化政策综合指数排名前十五位,即丽水龙泉市、宁波慈溪市、杭州建德市、金华义乌市,得分分别为89.57、53.35、47.92、41.44;江苏省有5个城市进入文化政策综合指数排名前十五位,即苏州太仓市、苏州常熟市、南通如皋市、无锡宜兴市、盐城东台市,得分分别为55.69、46.43、43.79、42.10、39.56;安徽省有2个城市进入文化政策综合指数排名前十五位,即安庆潜山市、安庆桐城市,得分分别为51.49、43.03。

从各区域文化政策的发展状况来看,浙江省和江苏省率先进行了文化体制改革的尝试,并积极布局文化服务体系的完善工作以及文化相关产业发展方向的引导工作。上海市的市场化意识强,积极发展文创等文化建设工作。安徽省文化建设工作较其他地区起步晚,随着近年来"文化+"风潮的发展,近期其加速发布了文化政策,以布局和支持地区文化新兴业态。各区域在每个时期发布的文化政策内容不同,旨在规划和指导本区域的文化发展。各区域制定文化政策的原因在于:一是为了提升某些地区的整体历史文化以及非物质文化遗产的保护和建设力度;二是某些地区资源禀赋丰富但缺乏整体的统筹发展;三是某些地区文化建筑历史悠久却没有结合地区特色做整体性的保护与发展;四是打造某些地区的城市名片。五是打造新的"文化+"等产业和事业的融合亮点等。城市文化政策发布的目的,是为了将文化特色融入城市建设与经济建设发展的规划和决策,具有前瞻性和引导性作用。城市文化政策既可以弥补现有文化建设的不足,又可以控制文化建设不良发展的趋势,从而提升区域文化活力。

2. 长三角中小城市文化政策与指数分布态势

把长三角中小城市文化政策与指数按:优(≥60分)、良(60～40分)、一般(40～20分)、弱(<20分),划分为四个等级。统计各城市的分布状况见表4—5。

表4—5　　　　　　长三角中小城市文化政策与指数分布态势

等级划分	指数均值	城市个数	城市分布
优	89.57	1	龙泉市
良	46.96	12	太仓市、慈溪市、闵行区、潜山市、建德市、常熟市、如皋市、崇明区、桐城市、金山区、宜兴市、义乌市
一般	32.01	27	宝山区、东台市、靖江市、温岭市、宁国市、奉贤区、江阴市、嘉善县、启东市、玉环市、松江区、海安市、兴化市、吴江区、嘉定区、临海市、嵊州市、高邮市、诸暨市、乐清市、瑞安市、无为市、溧阳市、江山市、昆山市、青浦区、广德市

续表

等级划分	指数均值	城市个数	城市分布
弱	11.96	20	海宁市、永康市、扬中市、巢湖市、张家港市、兰溪市、天长市、明光市、仪征市、句容市、界首市、余姚市、桐乡市、丹阳市、平湖市、东阳市、新沂市、邳州市、龙港市、泰兴市

60个长三角中小城市文化政策与指数分布在优、良、一般、弱的四个等级上城市个数分布呈现正态分布(见图4－3),1个城市文化政策与指数为优,12个城市文化政策与指数为良,27个城市文化政策与指数为一般,20个城市文化政策与指数为弱。其中,四个等级的文化政策与均值分别对应为89.57、46.96、32.01、11.96。60个城市中,有40个城市主要分布于一般水平以上,占比为66.67%。

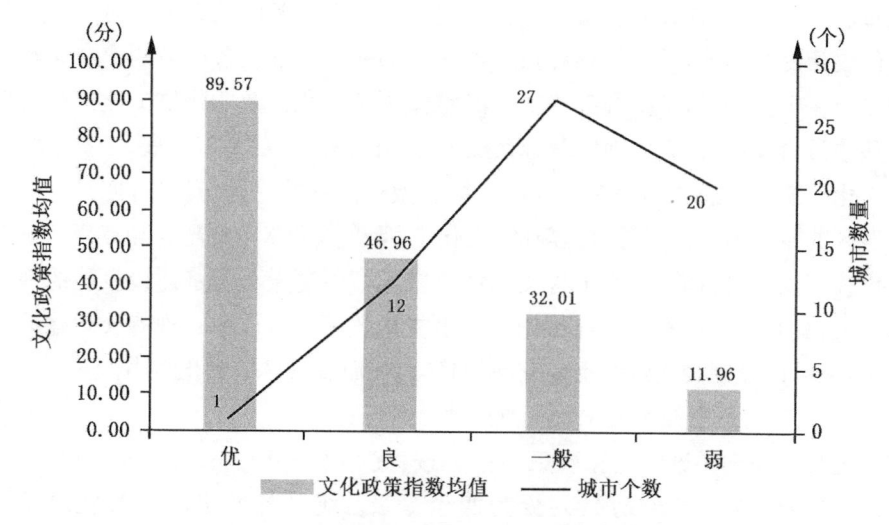

图4－3　长三角中小城市文化政策与指数分布态势

把上海的8个非中心城区、江苏省22个县级市、浙江省21个县级市、安徽省9个县级市的按照长三角地区三省一市区域值求出文化政策指数平均值,得出城市文化政策指数得分(见图4－4),即上海(38.18)＞浙江(29.08)＞江苏(27.37)＞安徽(26.48)。从三省一市整体文化政策指数均值得分来看,上海市的文化政策执行与传播能力远高于浙江省、江苏省以及安徽省的县级市(区)。

研究结果显示,长三角中小城市文化政策与指数分布为"弱"的城市普遍具有城市文化投入经费不高且未编制"城市文旅发展"规划的特点。虽然这些城市的文化建设和发展相对其他城市较晚,但正在以厚积薄发的态势,积极参与文化

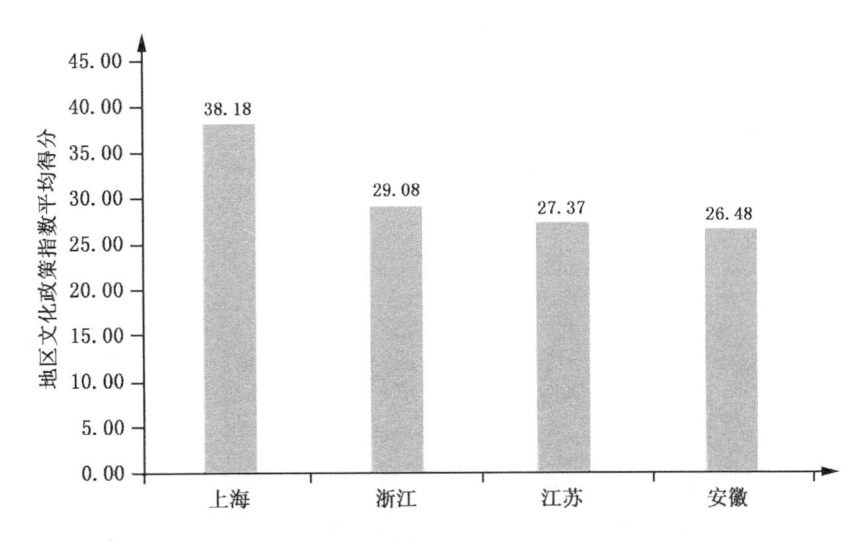

图 4-4 长三角地区三省一市整体文化政策指数均值对比

建设。城市文化政策的落地与否与该城市是否具有长效的顶层设计息息相关，文化旅游体育传媒发展等政策与配套投入经费成正比。

六、长三角中小城市文化政策指数各分指标排名分析

1. 每万人文旅体育传媒支出

每万人文旅体育传媒支出表现该城市对文化政策项目的执行力度，该支出经费越多，代表城市的文旅体育传媒建设越发达。本研究原本考虑采用每万人文化投入经费（万元），但是由于 2020 年新冠肺炎疫情影响，在采集数据时无法准确收集到正确的经费投入数，因此考虑使用 2019 年每万人文旅体育传媒支出真实数据来替代。2019 年每万人文旅体育传媒支出（万元）排名见表 4-6。

表 4-6 2019 年每万人文旅体育传媒支出前 30 名

省（直辖市）	地级市	县级市（区）	每万人文旅体育传媒支出（万元）	排名
浙江	丽水	龙泉市	974.37	1
江苏	苏州	太仓市	368.86	2
江苏	盐城	东台市	272.87	3
江苏	泰州	靖江市	228.03	4
江苏	苏州	常熟市	225.86	5

续表

省(直辖市)	地级市	县级市(区)	每万人文旅体育传媒支出(万元)	排名
浙江	嘉兴	嘉善县	221.53	6
江苏	镇江	扬中市	218.07	7
浙江	台州	温岭市	193.92	8
江苏	扬州	仪征市	179.34	9
江苏	苏州	吴江区	170.84	10
江苏	苏州	昆山市	169.51	11
江苏	常州	溧阳市	155.36	12
江苏	泰州	兴化市	147.20	13
江苏	镇江	句容市	142.13	14
浙江	金华	兰溪市	139.47	15
浙江	嘉兴	平湖市	138.69	16
江苏	苏州	张家港市	137.68	17
江苏	无锡	宜兴市	129.53	18
浙江	嘉兴	桐乡市	127.54	19
浙江	金华	义乌市	119.46	20
浙江	衢州	江山市	117.68	21
浙江	嘉兴	海宁市	117.66	22
江苏	镇江	丹阳市	114.48	23
江苏	扬州	高邮市	113.61	24
上海		崇明区	113.31	25
浙江	宁波	慈溪市	110.17	26
上海		青浦区	104.79	27
上海		宝山区	99.58	28
浙江	台州	玉环市	99.00	29
浙江	宁波	余姚市	93.97	30

60个长三角地区中小型城市每万人文旅体育传媒支出数据显示,排名前15名的城市(见图4—5),分别为龙泉市、太仓市、东台市、靖江市、常熟市、嘉善市、扬中市、温岭市、仪征市、吴江区、昆山市、溧阳市、兴化市、句容市、兰溪市。前15名中没有上海和安徽的县级市(区)。

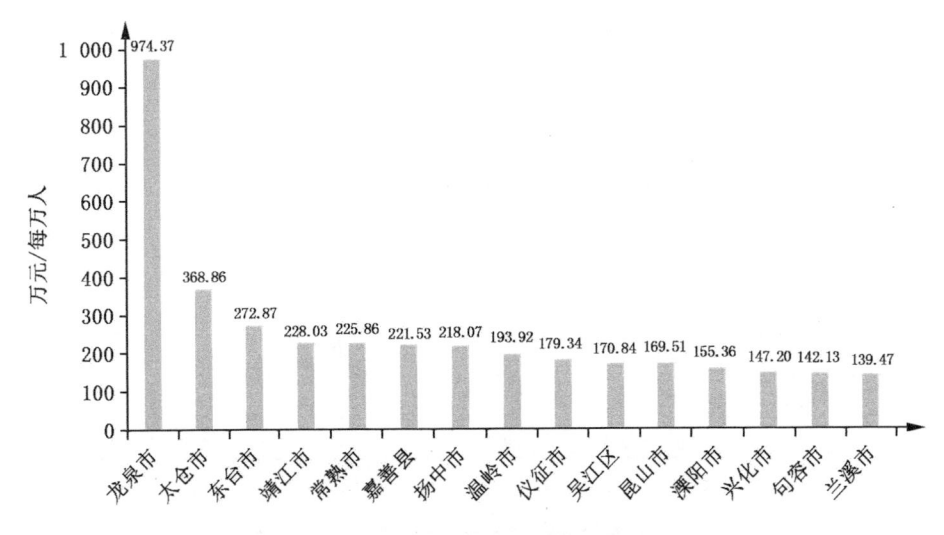

图 4-5　每万人文旅体育传媒支出前 15 名

浙江省早在 2001 年就出台了《关于建设文化大省若干文化政策的建议》,提出各级财政必须加大经常性文化投入、每年文化投入不低于政府经常性财政支出增幅等要求。[①] 这说明浙江省在文化投入方面具有先发优势,在 2021 年年末国家出台的文旅融合政策的指引下,浙江省开始了新一轮的文化与旅游的乡村资源的投资。

此外,长三角中小城市中,浙江省和江苏省地理位置优越,历史文化资源优势丰富。而从每万人文旅体育传媒支出(万元)排名看,江苏省的县级城市占 11 席,浙江省仅占 4 席。这也说明近年来江苏省内对文旅体育传媒建设较为重视,积极投入每万人文旅体育传媒经费用于城市文化建设,努力追赶,以缩小其在长三角地区三省一市中与浙江省和上海的差距。

长三角地区三省一市每万人文旅体育传媒支出(万元)平均值为 113.69 万元(见图 4-6),其中,江苏省在 2019 年支出的每万人文旅体育传媒经费为 141.62 万元;浙江省为 140.85 万元;上海市为 65.59 万元;安徽省为 24.79 万元。

长三角地区中小型城市文化的经费投入多少,与地级市曾经发布的地区文化产业政策有关。在颁布文化政策时,地区间存在差异,不仅表现在政策倾向和侧重点不同;而且表现为政策出来时的时序以及政策实施机制不同,从而对长三

---

① 陈希颜,陈立旭. 改革开放以来我国完善文化政策的实践与历程[J]. 观察与思考,2021(8):9.

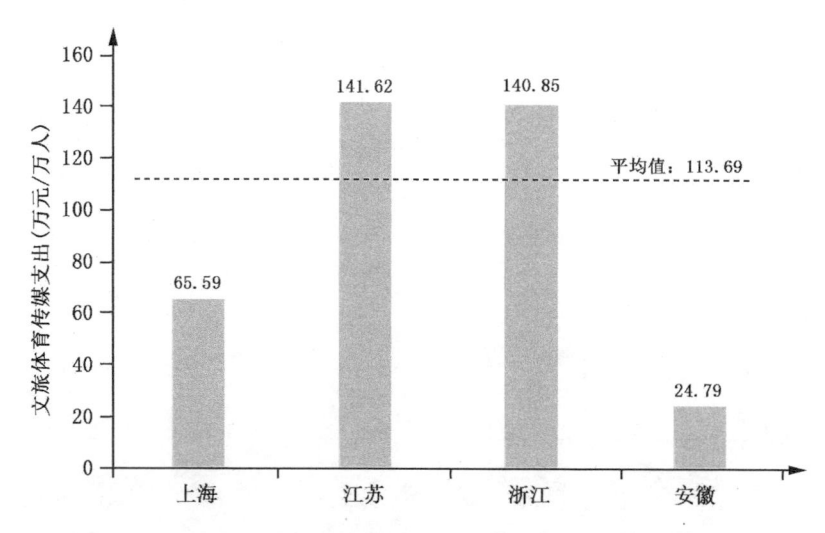

图 4—6　2019 年长三角地区三省一市每万人文旅体育传媒支出

角地区文化一体化建设产生了很大影响。①

因此,本研究尝试使用 2019 年每万人文旅体育传媒支出经费代替 2020 年每万人城市文化投入经费。这仅仅说明 2019 年,浙江省和江苏省在文旅体育传媒建设投入上的经费较为充裕,项目建设投入较为积极。但是,显示数据投入较少的上海市和安徽省,其文化产业政策存在差异,这并不能说明这两个地区对文化建设工程项目的关注度弱,或者文化政策较为落后。

2. 五年来文化政策发布条数

五年来文化政策发布的条数可以代表一座城市对文化发展的重视程度。文化发展越发达,城市文化政策的执行能力越强。60 个长三角中小型城市五年来文化政策发布条数排名见表 4—7。

表 4—7　60 个长三角中小型城市五年来文化政策发布条数前 30 名

省(直辖市)	地级市	县级市(区)	五年来文化政策发布条数	排名
上海		闵行区	45	1
江苏	苏州	吴江区	40	2
浙江	嘉兴	嘉善县	34	3
浙江	宁波	慈溪市	31	4

---

① 解学芳. 文化产业政策比较机理研究——以长江三角洲地区为例[J]. 长江论坛,2008(5):5.

续表

省(直辖市)	地级市	县级市(区)	五年来文化政策发布条数	排名
浙江	杭州	建德市	26	5
上海		金山区	26	6
江苏	常州	溧阳市	25	7
上海		青浦区	25	8
安徽	芜湖	无为市	24	9
江苏	南通	如皋市	22	10
江苏	苏州	昆山市	21	11
上海		崇明区	20	12
上海		奉贤区	20	13
江苏	苏州	太仓市	19	14
浙江	嘉兴	海宁市	19	15
江苏	无锡	宜兴市	17	16
江苏	苏州	常熟市	16	17
浙江	衢州	江山市	16	18
上海		宝山区	16	19
江苏	无锡	江阴市	16	20
江苏	苏州	张家港市	15	21
浙江	金华	永康市	15	22
安徽	安庆	潜山市	15	23
安徽	合肥	巢湖市	15	24
浙江	丽水	龙泉市	14	25
上海		松江区	14	26
安徽	滁州	天长市	14	27
安徽	滁州	明光市	14	28
安徽	阜阳	界首市	11	29
浙江	金华	义乌市	10	30

60个长三角中小城市五年来文化政策发布条数数据显示，排名前15的城市为闵行区、吴江区、嘉善县、慈溪市、建德市、金山区、溧阳市、青浦区、无为市、如皋市、昆山市、崇明区、奉贤区、太仓市、海宁市（见图4—7）。这说明近五年这些城市对文化建设的重视程度较高，近期趋向城市建设，并以文化为主轴，推进新一代的城市发展规划建设。这些城市不仅在文化硬件基础设施上下功夫，还进一步构建城市公共文化体系，同时不断充实、完善文化产业结构中求发展，从

而提升整个城市乃至区域的文化软实力。

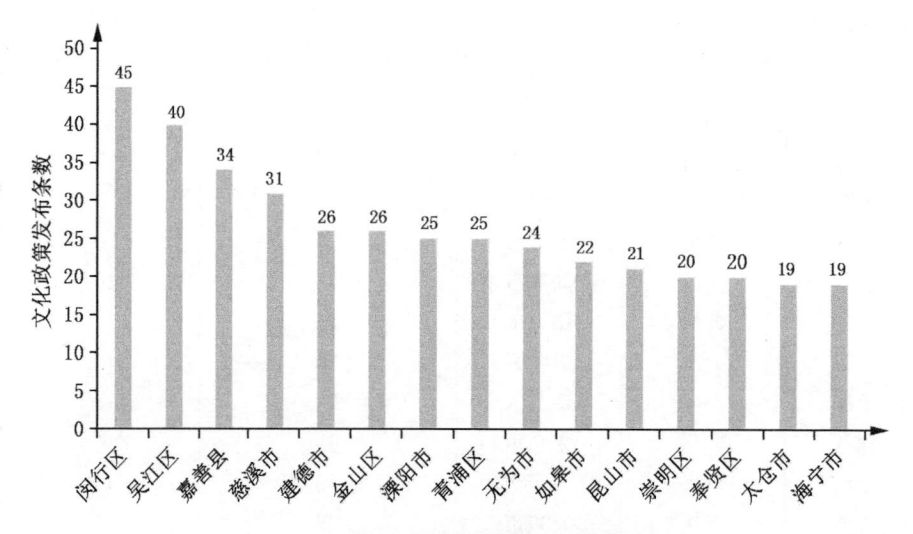

图4—7 五年来文化政策发布条数前15名

近五年来,长三角地区三省一市平均政策发布条数为 12.75 条(见图 4—8)。其中,上海平均政策发布值最多,为 21.88 条,安徽省平均政策发布条数为 12.44 条,江苏省平均政策条数为 11.82 条,浙江省平均政策发布条数为 10.38 条。

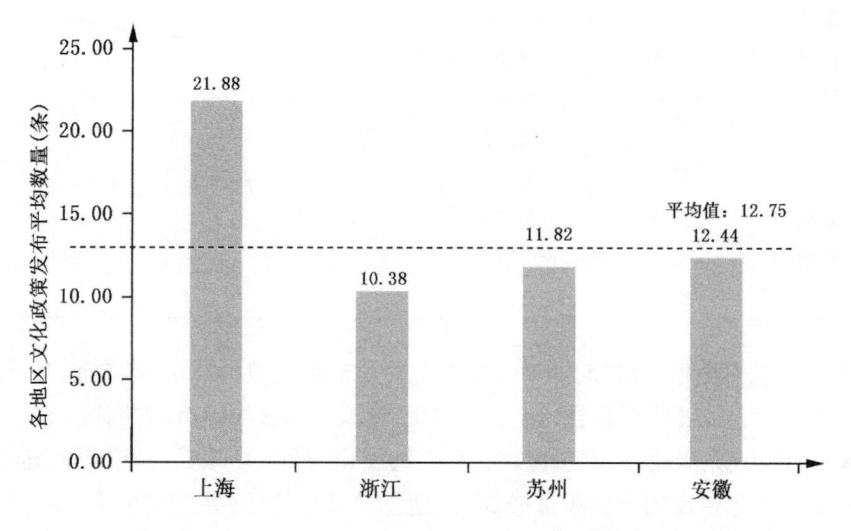

图4—8 长三角三省一市近5年城市文化政策发布平均数量

此外，在长三角地区文化政策形成的过程中，中央政策与地方政策在内在肌理上存在非兼容性。地方政府的庞大与城市转型期的权利配置和信息沟通方面的障碍，使得中央与地方之间或者地方与地方之间存在"政策冲突"现象，或者在执行手段中出现"政策断面"。①

本研究发现，城市文化政策的形成与地域文化发展相关。浙江省和江苏省早在 2001 年时，就以政府主导率先发展了城市文化，并发布了不少助力文化事业和文化产业发展的政策，从而形成了城市文化核心价值观和地区文化特色。

上海的城市文化发展从步入"十三五"时期开始。在大力发展城市文化的同时，上海不断注入文化的核心价值，并以形成国际文化大都市为城市文化发展目标，积极对标全球卓越城市。

关于安徽省的城市发展，还要追溯到安徽省纳入长三角地区一体化建设开始。近年来，安徽省大力提倡发展城市文化与旅游。相对长三角地区其他省市而言，安徽的城市文化建设起步较晚，并在国家文旅规划融合的方针指导下，将城市文化兴市发展战略思路贯彻在城市建设当中。

3. 长三角中小城市地区文旅发展规划数据排名

(1)"十四五"时期主要国家地区文旅发展与新兴业态和产业政策

2020 年 7 月，国家发改委等 13 部门联合印发《关于支持新业态新模式健康发展激活消费市场带动扩大就业的意见》，提出推动 15 种数字经济新业态发展，重点涵盖线上服务模式、产业数字化、个体经济、共享经济等领域，进一步为新兴文化产业培育提供发展的土壤。《中华人民共和国国民经济和社会发展第十四个五年规划和 2035 年远景目标纲要》中也明确提出要"实施文化产业数字化战略"，对未来数字化和智能领域率提出了更高要求。

2021 年 12 月文化和旅游部发布《"十四五"文化和旅游发展规划》，提出文化和旅游既要在展示国家形象、促进对外交往、增进合作共赢等方面发挥作用，也要注意防范逆全球化影响以及新冠肺炎疫情带来的风险。要积极推动高质量发展，加快转变文化和旅游发展方式，促进提档升级、提质增效，更好实现文化赋能、旅游带动，实现发展质量、结构、规模、速度、效益、安全相统一。构建新发展格局，文化和旅游既是拉动内需、繁荣市场、扩大就业、畅通国内大循环的重要内容，也是促进国内国际双循环的重要桥梁和纽带，需要用好国内国际两个市场、两种资源，满足人民日益增长的美好生活需要。需要顺应数字化、网络化、智能化发展趋势，提供更多优秀文艺作品、优秀文化产品和优质旅游产品，强化价值

---

① 解学芳. 文化产业政策比较机理研究——以长江三角洲地区为例[J]. 长江论坛，2008(5):5.

引领,改善民生福祉。

2022年4月,文化和旅游部等六部门印发《关于推动文化产业赋能乡村振兴的意见》,提出以社会主义核心价值观为引领,统筹优秀传统乡土文化保护传承和创新发展,充分发挥文化赋能作用,推动文化产业人才、资金、项目、消费下乡,促进创意、设计、音乐、美术、动漫、科技等融入乡村经济社会发展,挖掘提升乡村人文价值,增强乡村审美韵味,丰富农民精神文化生活,推动人的全面发展,焕发乡村文明新气象,培育乡村发展新动能。

城市政策形成肌理中,为了排除来自中央与地方、地方与地方间的政策壁垒,近年来基于多方政策的联合发力,体现不断迭代更新理念的"地区文化发展规划"推出,通过重塑城市的文化基因、文化产业以及文化周边产品,以实现区域文化的多元化发展。

(2)"十四五"时期长三角地区三省一市的"文化政策"方向

①浙江省

浙江省加快打造新时代文化高地。[①] "十四五"时期,浙江将打造思想理论高地,展现"红色根脉"的守护和传承,充分彰显新气象;打造精神力量高地,展现人文精神标识鲜明、人民精神昂扬奋进的新气象;打造文明和谐高地,展现崇尚美美与共、自信开放包容的新气象;打造文艺精品高地,展现流派高峰涌现、创造活力充沛的新气象;打造文化创新高地,展现文化引领驱动、形神融合兼备的新气象。

浙江省要求高质量打造具有代表性的重要文化符号,并使之成为引领高质量发展、建设共同富裕示范区的强大精神动力。到2025年,浙江将基本建成新时代文化高地、中国最佳旅游目的地、全国文化和旅游融合发展样板地,探索形成文化和旅游高质量发展模式和推动共同富裕的有效路径,数字化改革撬动文化和旅游体制机制创新将成为城市文化建设的重要建设方向。

②江苏省

江苏省"1+4"政策文件勾勒了文化产业高质量发展路径[②],即确立"两中心三高地"战略愿景,打造文化科技融合中心和文化创意设计中心,建设有竞争力的省内生产高地、文化装备制造高地、文旅融合发展高地,打造中国乃至世界文化产业之林中的"江苏名片"。

---

① 浙江加快打造新时代文化高地[EB/OL].(2021-09-10)[2022-07-15]. https://www.mct.gov.cn/whzx/qgwhxxlb/zj/202109/t20210910_927681.htm.
② 江苏"1+4"政策文件勾勒文化产业高质量发展路径[EB/OL].(2022-04-22)[2022-07-15]. http://www.jiangsu.gov.cn/art/2022/4/22/art_60085_10423054.html.

江苏省提出了新的文化产业竞争力提升四年行动计划、扬子江创意城市群建设实施方案、世界级运河文化遗产旅游廊道实施方案、推进长三角地区文化产业一体化发展江苏行动方案、沿海特色文化产业集聚区建设实施方案。

③安徽省

安徽省推动创新型文化和旅游强省建设。[①]"十四五"时期,安徽省文化和旅游发展的战略任务是围绕"1+7"目标体系,以"五个一批"为抓手,实施六大重点工程和五大行动计划,打造六大特色板块,力争到2025年,文化和旅游业国民经济战略性支柱产业地位更加巩固,创新型文化和旅游强省建设取得重大进展,文化和旅游治理体系和治理能力现代化水平显著提高,文化铸魂、文化赋能和旅游为民,旅游带动作用全面凸显,文化和旅游成为全省经济社会发展的强大动力和重要支撑。

安徽省文化和旅游系统坚持以高质量发展为主题,以满足人民文化需求和增强人民精神力量为着力点,统筹做好疫情常态化精准防控和行业复苏振兴,唱响文艺舞台主旋律,加快公共文化服务体系建设,加强文化遗产保护利用,致力于提升安徽文化和旅游品牌影响力,优化文化和旅游市场环境,强化发展能力建设,努力提供更多优质文化和旅游产品,助力构建新发展格局。

④上海市

上海市为全力打响"上海文化"品牌,全面提升上海城市软实力,编制《上海市社会主义国际文化大都市建设"十四五"规划》(以下简称《规划》)。[②]《规划》提出了以下总体目标:"到2025年,城市文化创造力、传播力、影响力持续提升,市民文化参与感、获得感、幸福感不断增强,传承优秀传统文化、吸收世界文化精华、彰显都市文化精彩、发展社会主义先进文化的城市文化特质更加凸显,加快建设成为更加开放包容、更富创新活力、更显人文关怀、更具时代魅力、更有世界影响力的社会主义国际文化大都市。"

此外,围绕总体目标,《规划》从文化品牌标识度、城市精神品格、文化生活、文化竞争力、文化交流中心地位5方面提出细化分项目标。

总体来看,"十四五"时期,长三角地区三省一市的"文化政策"旨在打造彰显各城市特色文化,形成差异化"地区文旅"城市品牌,积极探索形成文化和旅游高质量发展模式;不断更新迭代城市的文化基因、文化产业以及文化周边产品,从

---

① 安徽推动创新型文化和旅游强省建设[EB/OL].(2021-01-25)[2022-07-15].https://mct.gov.cn/whzx/qgwhxxlb/ah/202101/t20210125_920981.htm.

② 上海市社会主义国际文化大都市建设"十四五"规划[EB/OL].(2021-09-02)[2022-07-15].https://www.shanghai.gov.cn/nw12344/20210902/167294c60727444f8ac1d84b65fbbb70.html.

而实现区域文化的多元化发展。

(3)拥有地区文旅发展规划的长三角中小城市

如表4—8所示,在60个长三角中小城市中,有32个县级市(区)的城市制定过地区文旅发展规划。研究结果显示,上海的8个非中心城区中只有青浦区未制定区级文旅发展规划。然而,青浦区在"十四五"期间,充分意识到发展文旅事业与产业的重要性,制定了《青浦区文化事业和产业发展"十四五"规划》[1],加快扶持区内的文化事业和产业的融合发展,致力于打响青浦"文化旅游品牌"。浙江省的21个县级市中有11个城市制定了地区文旅发展规划,分别为慈溪市、建德市、龙泉市、义乌市、玉环市、温岭市、临海市、乐清市、嵊州市、瑞安市、诸暨市。江苏省22个县级市中有11个城市制定了地区文旅发展规划,其中以县级市为单位制定"地区文旅规划"的城市为太仓市、常熟市、靖江市、兴化市、东台市、高邮市;以地级市范围分别制定了《无锡市"十四五"旅游发展规划》[2]《南通市"十四五"文化和旅游发展规划》[3];特别指出南通下辖的县级市如皋市在2021年7月制定了《如皋市文旅产业规划》[4],对当地的文旅事业、产业融合进行了政策引导。近年来,"文旅融合"是城市文化政策、文化产业政策的主导方向。如皋市在2021年制定的"十四五"文旅规划发展思路[5]中拟发展成南通历史文化副中心,从此开启了全域旅游规划发展的新征程。其致力于"以文促旅、以旅彰文"来提升城市核心竞争力,推进城市文化的高质量发展。安徽省9个县级市中有3个城市制定了地区文旅发展规划,分别为潜山市、桐城市、宁国市。研究发现,如果一个城市拥有良好的地区文旅发展规划,相当于拥有可统筹该地区文化与旅游资源,更有利于推进地区文化政策落实的顶层设计。

---

[1] 关于印发《青浦区文化事业和产业发展"十四五"规划》的通知[EB/OL].(2022-03-21)[2022-07-15].https://www.shqp.gov.cn/shqp/zwgk/ghqj/zxjh/20220607/921881.html.

[2] 无锡市"十四五"旅游发展规划[EB/OL].(2020-09-24)[2022-07-15].http://crtt.wuxi.gov.cn/doc/2022/02/08/3595853.shtml.

[3] 市政府办公室关于印发南通市"十四五"文化和旅游发展规划的通知[EB/OL].(2022-04-28)[2022-07-15].http://www.nantong.gov.cn/ntsrmzf/sswzxgh/content/446f4ada-c196-496b-b657-c33622e65615.html.

[4] 《2021—2030年如皋市文旅产业发展规划》(2021-07-01)[2022-07-15]http://www.rugao.gov.cn/rgswgxj/upload/4de3a4ef-267a-49a0-9d4e-fcec1e8f173e.pdf.

[5] 如皋市"十四五"文体旅发展规划思路—工作规划(2021-11-27)[2022-07-15]http://www.rugao.gov.cn/rgswgxj/gzgh/content/c5b472f4-69ca-448d-9932-bca8895a54a3.html.

表 4-8　　　　　　　　拥有地区文旅规划的长三角中小城市

序号	省(直辖市)	地级市	县级市(区)	地区文旅发展规划
1	上海		闵行区	有
2	浙江	宁波	慈溪市	有
3	浙江	杭州	建德市	有
4	上海		金山区	有
5	江苏	南通	如皋市	有
6	上海		崇明区	有
7	上海		奉贤区	有
8	江苏	苏州	太仓市	有
9	江苏	无锡	宜兴市	有
10	江苏	苏州	常熟市	有
11	上海		宝山区	有
12	江苏	无锡	江阴市	有
13	安徽	安庆	潜山市	有
14	浙江	丽水	龙泉市	有
15	上海		松江区	有
16	浙江	金华	义乌市	有
17	江苏	南通	启东市	有
18	上海		嘉定区	有
19	安徽	安庆	桐城市	有
20	江苏	南通	海安市	有
21	安徽	宣城	宁国市	有
22	浙江	台州	玉环市	有
23	江苏	泰州	靖江市	有
24	浙江	台州	温岭市	有
25	浙江	台州	临海市	有
26	浙江	温州	乐清市	有
27	浙江	绍兴	嵊州市	有
28	江苏	泰州	兴化市	有

续表

序号	省（直辖市）	地级市	县级市（区）	地区文旅发展规划
29	浙江	温州	瑞安市	有
30	江苏	盐城	东台市	有
31	江苏	扬州	高邮市	有
32	浙江	绍兴	诸暨市	有

七、长三角中小城市文化政策指数分报告结论与建议

1. 主要结论

研究结果显示，2021年长三角地区中小城市文化政策综合指数排名前15位的城市依次为：浙江丽水龙泉市、江苏苏州太仓市、浙江宁波慈溪市、上海闵行区、安徽安庆潜山市、浙江杭州建德市、江苏苏州常熟市、江苏南通如皋市、上海崇明区、安徽安庆桐城市、上海金山区、江苏无锡宜兴市、浙江金华义乌市、上海宝山区、江苏盐城东台市。

其中，从排名前五位的地区来看，浙江省占两席，江苏省、上海市、安徽省各占一席。以城市文化名片为依托可增添城市的识别度和美誉度。制定城市文化政策，以提升城市竞争力和文化活力为目标，可实现城市文化活力建设的飞跃。这些城市文化的表现形式来自不同城市的特色，如城市历史文化、自然资源禀赋、自然港口与贸易、工商业等，逐步形成地区"文化+产业"等特色IP的融合发展。

60个长三角中小城市文化政策指数分布在优、良、一般和弱的四个等级上城市个数分布呈正态分布，1个城市文化政策指数为优，12个城市文化政策指数为良，27个城市文化政策指数为一般，20个城市文化政策指数为弱。其中，四个等级的文化政策指数均值分别对应89.57、46.96、32.01、11.96。60个城市中，有40个城市主要分布于一般水平以上，占比为66.67%。

从各区域文化政策的发展状况来看，浙江省和江苏省率先进行了文化体制改革的尝试，并积极布局文化服务体系的完善工作以及文化相关产业发展方向的引导工作。上海市的市场化意识强，积极发展文创等文化建设工作。安徽省文化建设工作较其他省市起步晚，随着近年来"文化+"风潮的兴起，其近期加速发布了文化政策，以布局和支持地区文化新兴业态。各区域在每个时期发布文化政策是为了指导本区域的文化决策。各区域因地制宜地制定文化政策的原因如下：其一，为了提升某些地区非物质文化遗产的保护和建设力度；其二，某些地

区资源禀赋丰富但并未实现整体的统筹发展;其三,某些地区文化建筑历史悠久,却没有结合地区特色做整体性的保护;其四,为了突出某些地区的城市名片;其五,打造新的"文化＋"等产业和事业融合亮点等。城市文化政策发布更大的目的,是为了将文化特色融入城市建设与经济建设发展的规划。这些政策具有前瞻性和引导性,既可提升现有不足之处,又能控制不良发展趋势,从而起到提升区域文化活力的作用。

上海市8个非中心城区、江苏省22个县级市、浙江省21个县级市、安徽省9个县级市的城市文化政策指数得分为:上海(38.18)＞浙江(29.08)＞江苏(27.37)＞安徽(26.48)。从三省一市整体文化政策指数均值得分来看,上海市的文化政策执行与传播能力远高于浙江省、江苏省以及安徽省。

长三角中小城市文化政策指数分布为"弱"的城市普遍具有城市文化投入经费不高的特点,如是地级市,则没有编制"城市文旅发展"规划。换言之,这些城市的文化建设和发展相对其他城市较晚,正在以厚积薄发的态势,积极参与到文化建设当中。

通过分析可知,一个城市以每万人文旅体育传媒支出(万元)、五年来文化政策发布条数、地区文旅发展规划发布数为基础的综合指标,是反映城市文化政策综合发展影响因素的根源所在。换言之,城市文化政策的落地与否与该城市是否具有长效的顶层设计息息相关,文化旅游体育传媒发展政策与配套投入经费成正比。

2021年12月文化和旅游部印发《"十四五"文化和旅游发展规划》。2022年4月,文化和旅游部等六部门印发《关于推动文化产业赋能乡村振兴的意见》。上述政策为城市文化建设建立了新的框架。这说明"十四五"期间,我国在"文化和旅游发展"上要下新功夫,尤其是长三角地区文化资源丰富,更加需要重视文化传承、文化价值体现。各地方政府应在整个城市的文化和旅游发展的基础上,配合乡村振兴的政策,促进整个城市的文旅事业及文化周边产业的发展。研究发现,如果一个城市拥有良好的地区文旅发展规划,就相当于拥有可统筹该地区文化与旅游资源、推进地区文化政策落实的顶层设计,这就为将来实施地区文化和旅游产业和事业的统筹发展打下了扎实的基础。

跨部门协作是为了更好地形成长三角地区一体化的"文化活力","十四五"期间文化和旅游发展的相关顶层规划已陆续发布。旅游业、文化产业、公共文化服务体系建设、文化和旅游科技创新、文化和旅游市场、非物质文化遗产保护、艺术创作七个专项系列规划,成为"十四五"时期相关机构和部门开展工作的主要方向。基于此,在新的政策方向的指引下,长三角地区需要在新政策的不断迭代和完善中提升中国文化软实力,凝聚长三角文化活力,形成以人民为中心的社会主义核心价值观,坚持中国特色的社会主义文化自信。长三角中小型城市"文化活力"建设,在遵循"十四五"时期的文化建设核心任务的同时,还要激发区域内城市"文化活力"的联动机制,发挥中小型城市的优势,以促进新兴业态发展。

2. 建议

(1) 率先形成长三角地区各级城市的文化主线

当今消费者对辨识度高、有自身特色的城市和地区越来越感兴趣。一座城市若想要在众多城市中脱颖而出,首要任务便是系统梳理和辨别城市文化资源,从中提炼出具有唯一性的特色资源,形成一条文化精神主线,让游客形成记忆。

非遗最好的传承是创新和转化其IP内核。习近平总书记指出,要努力实现传统文化的创造性转化、创新性发展,使之与现实文化相融相通,共同服务以文化人的时代任务。长三角地区各级城市可申请非遗以及文化遗产的项目,保护和提升当地的风土人情以及建筑风貌,讲好当地的文化故事,树立属于当地的文化品牌IP,以推动整个城市的文化产业发展;举办国内外大型赛事和活动,扩大城市文化的影响力,打造城市自己的品牌,构筑城市的软实力。

关注人类精神层次的感受,城市文化软实力具有文化育人的作用。长三角地区三省一市的"城市文化政策"形成肌理不同,可以先以市场化需求为导向,成立长三角地区一体化"中小型城市文化"建设战略联盟,加强中小型城市文化建设、社会文化服务体系以及"文化产业和事业"建设,率先探索以市场化需求为导向的"中小型城市文化"市场协调机制,形成全生命周期的"城市文化活力"规划、建设、管理、监督的闭环"文化主线"建设。

(2) 对国内外输出城市品牌以激发文化价值潜力

一个城市的文化特色越是明显,越能吸引外来资源的青睐。良好的城市品位和环境是促进资本、人才、技术等生产要素流入"中小型城市"的主要源泉。增强城市的国际化吸引力与辐射力,可达到提升城市竞争力的目标。基于此,在形成文化主线后,需要更坚定地讲好"中国故事",向外输出"中小型城市"的品牌价值,持续有效地释放文化价值潜力。打造文旅IP是未来中小型城市文化建设发展的选择,而如何借助当地自然资源,建筑历史文化资源、公共文化资源,在基于这些资源之上打造城市文旅融合的产业发展,形成长三角地区一体化中小型城市"产业链"集群、"产业平台"交互是重中之重。随着数字经济的发展,"互联网+""文旅+""数字文化+"的理念不断迭代,有必要通过互联网等手段,对外输出属于我国自己的中小城市的文化品牌。

(3) 科技赋能文化发展以实现文化产业的高质量发展

长三角地区应围绕"十四五"规划,制定跨领域和跨部门的城市文化政策,培育新兴业态和新兴产业,通过"中小型城市"文化政策创新,推动文化产业和事业的融合,进一步向更高质量方向发展。

未来的"长三角地区一体化中小型城市"可以围绕5G、文旅融合、电商、社交、垂直领域、VR、IP、AI、整合营销等新热点展开探索。要积极通过文化与科技的融合,发挥出文化产业的强大带动力,进一步释放文化资源的潜力,实现文化产业的高质量发展。

(作者:励莹)

第五章

长三角中小城市文化禀赋指数报告

一、长三角中小城市文化禀赋指数指标体系

文化禀赋指的是城市文化资源,是一个城市文化的基因、基础,是文化产业开发和公共文化建设最基础的部分,因此是整个文化活力的能量起点。文化禀赋主要表现为历史文化资源和区域文化资源,历史文化资源包括物质文化遗产和非物质文化遗产。这里采用全国重点文物保护单位数和4A级及以上景区数量表征城市物质文化资源,采用非物质文化遗产数和标志性人物数表征城市非物质文化资源的特征。

依据长三角中小城市特征以及数据可获取性,本报告主要采用全国重点文物保护单位数、4A级及以上景区数、非物质文化遗产数、标志性人物数四个指标来表征长三角中小城市文化禀赋。深厚的文化底蕴,正如美好的生态环境一样,是打造建设历史文化名城的良好本底。良好的文化底蕴可以提高城市文化品位,增强文化气息。长三角中小城市文化禀赋指标体系(见图5-1)。

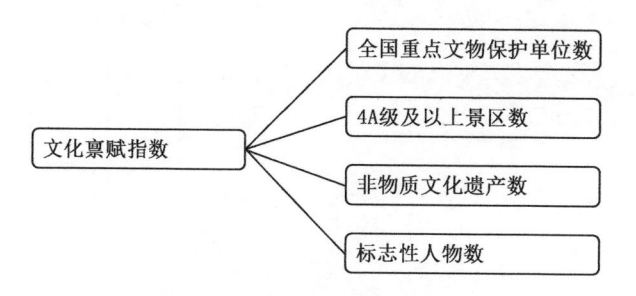

图5-1 文化禀赋指标体系框架

二、长三角中小城市文化禀赋指数指标说明

(一)全国重点文物保护单位数

全国重点文物保护单位由国家文物局在省、市、县级文物保护单位中,选择

具有重大历史、艺术和科学价值者来确定,或者直接确定,并报国务院核定公布。可通过让文物"活"起来带动旅游"火"起来,让文化资源禀赋转变成财富。首先要做好文化资源的保护,其次要在保护的基础上深挖文化内涵,延续历史文化名城的"根"。因此,全国重点文物保护单位数量在一定程度上反映了中小城市文化资源的丰富程度。

计算方法:统计累加。

指标单位:个。

指标性质:正向。

数据周期:2020 年。

数据来源:全国重点文物保护单位名单公布数(1~8 批),网址 https://www.maigoo.com/goomai/151573.html。

(二)4A 级及以上景区数

旅游景区包括红色旅游景区、风景区、寺庙观堂、文博院馆、旅游度假区、名胜古迹、自然保护区、主题公园、森林公园、旅游度假村、地质公园、湿地公园、游乐园、植物园、动物园等。旅游景区可划分为五个等级,从高到低依次为 AAAAA、AAAA、AAA、AA、A 级旅游景区。这里用 4A 级及以上景区数来反映该地区旅游资源的丰富程度。

计算方法:统计累加。

指标单位:个。

指标性质:正向。

数据周期:2020 年。

数据来源:江苏省的中小城市 4A 级及以上景区数来源于江苏省 5 星和 4 星景区官网;浙江省的中小城市 4A 级及以上景区数来源于浙江省 5 星和 4 星景区官网;安徽省中小城市景区数来源于安徽省 5 星和 4 星景区官网;上海市八大非中心城区的 4A 级及以上景区数来源于上海市 5 星和 4 星景区官网。

(三)非物质文化遗产数

非物质文化遗产是中华优秀传统文化的重要组成部分,保护好、传承好、弘扬好非物质文化遗产,对于延续历史文脉、坚定文化自信、推动文明交流互鉴、建设社会主义文化强国具有重大意义。因此把长三角中小城市非物质文化遗产数纳入城市文化禀赋指标,用来表征城市文化底蕴,体现城市文化水平。

计算方法:统计累加。

指标单位:个。

指标性质：正向。

数据周期：2020年。

数据来源：包括国家级非物质文化遗产数和省级文化遗产数之和，上海市八大非中心城区的非物质文化遗产数为国家级、上海市级非物质文化遗产数的总合。国家级非物质文化遗产数主要来源于中国非物质文化遗产网·中国非物质文化遗产数字博物馆。江苏省级非物质文化遗产数主要来源于江苏非物质文化遗产网——江苏非遗。浙江非物质文化遗产数主要来源于浙江省非物质文化遗产网；上海市级非物质文化遗产数主要来源于上海非物质遗产网。

(四)标志性人物数

标志性人物指的是对社会具有突出贡献并具有一定影响力的人物，这里剔除偶像性人物，比如歌手、主持人等。

计算方法：统计累加。

指标单位：人。

指标性质：正向。

数据周期：2020年。

数据来源：百度百科＞＞著名人物，截至2022年5月19日删减偶像人物（歌手、主持人等）的著名人物数量。综合各城市百度百科著名人物板块、今日头条代表人物板块、城市政府官方网站名人介绍板块的内容，遴选出历史人物和近现代人物名录，考虑到本报告侧重于城市文化影响力，既要注重代表人物所产生的文化积淀，又要注重文化传承与创新，因此删除了年轻影视歌手和主持人等。各城市详细的人物列表附后。

三、长三角中小城市文化禀赋指数指标权重

本报告采用全国重点文物保护单位数、4A级及以上景区数、非物质文化遗产数和标志性人物数四个指标，来表征长三角中小城市文化禀赋指数，分别体现城市的物质文化资源和非物质文化资源。报告采用主观赋权的方法对四个指标权重赋权。考虑到各个指标对长三角中小城市文化禀赋的影响都非常大，因此各指标权重采用等权赋值法。

长三角中小城市文化禀赋指标体系的四个分指数的权重分别赋值为0.25（见表5-1）。

表 5-1　　　　　　　　　　指标权重表

指标	权重	指标	权重
全国重点文物保护单位	0.25	非物质文化遗产数	0.25
4A 级以上景区数	0.25	标志性人物数	0.25

四、长三角中小城市文化禀赋指数排名分析

(一)长三角中小城市文化禀赋指数排名

基于全国重点文化保护单位数、4A 级及以上景区数、非物质文化遗产数和标志性人物数四个表征指标的数据，经过严格数据前期处理之后，首先对文化禀赋指标体系下四个三级指标数据进行标准化处理，然后依据文化禀赋指标权重值，计算出长三角中小城市文化禀赋指数。长三角中小城市文化禀赋指数排名表 5-2。

表 5-2　　　　　长三角中小城市文化禀赋指数前 30 名

省（直辖市）	地级市	县级市（区）	文化禀赋指数	排名
江苏	无锡	宜兴市	61.46	1
江苏	苏州	昆山市	56.11	2
江苏	苏州	常熟市	55.66	3
浙江	宁波	余姚市	54.00	4
江苏	南通	如皋市	51.44	5
上海		松江区	47.91	6
浙江	金华	东阳市	45.41	7
江苏	苏州	吴江区	45.19	8
浙江	温州	乐清市	44.40	9
江苏	镇江	丹阳市	43.27	10
江苏	扬州	高邮市	43.20	11
浙江	嘉兴	海宁市	43.13	12
江苏	无锡	江阴市	42.48	13
浙江	台州	临海市	39.81	14
上海		崇明区	39.47	15

续表

省（直辖市）	地级市	县级市(区)	文化禀赋指数	排名
上海		青浦区	39.24	16
浙江	丽水	龙泉市	37.11	17
浙江	绍兴	诸暨市	36.51	18
江苏	苏州	太仓市	35.75	19
浙江	金华	兰溪市	33.94	20
安徽	安庆	桐城市	33.77	21
浙江	金华	永康市	33.46	22
浙江	温州	瑞安市	33.20	23
江苏	苏州	张家港市	32.84	24
安徽	安庆	潜山市	32.60	25
浙江	金华	义乌市	32.59	26
江苏	泰州	兴化市	32.55	27
浙江	宁波	慈溪市	31.94	28
浙江	嘉兴	平湖市	31.83	29
浙江	衢州	江山市	31.01	30

依据长三角中小城市文化禀赋指数，挤进前15名的有宜兴市、昆山市、常熟市、余姚市、如皋市、松江区、东阳市、吴江区、乐清市、丹阳市、高邮市、海宁市、江阴市、临海市、崇明区(见图5-2)。其中宜兴得分最高，为61.46分。宜兴市有7个全国重点保护单位、8个4A级及以上景区、20个非物质文化遗产项目和11个标志性人物，这些文化资源奠定了宜兴的文化禀赋基础。第二名为昆山市，文化禀赋指数为56.11，主要是因为昆山市有6个全国重点文物保护单位、4个4A级及以上景区、10个非物质文化遗产项目(国家级和省级)、88个标志性人物。文化禀赋指数排名第三位的是常熟市，得分为55.66，这是因为常熟市有6个全国重点保护单位、5个4A级及以上景区、12个非物质文化遗产项目、115个标志性人物。区域城市间文化禀赋指数差异显著，60个长三角中小城市文化禀赋指数的均值得分只有29.22，其中有9个城市没有4A级及以上景区，10个城市没有全国重点文物保护单位；总体文化资源有待进一步开发。

长三角中小城市文化禀赋指数前30的名数据显示，上海松江区、崇明区、青

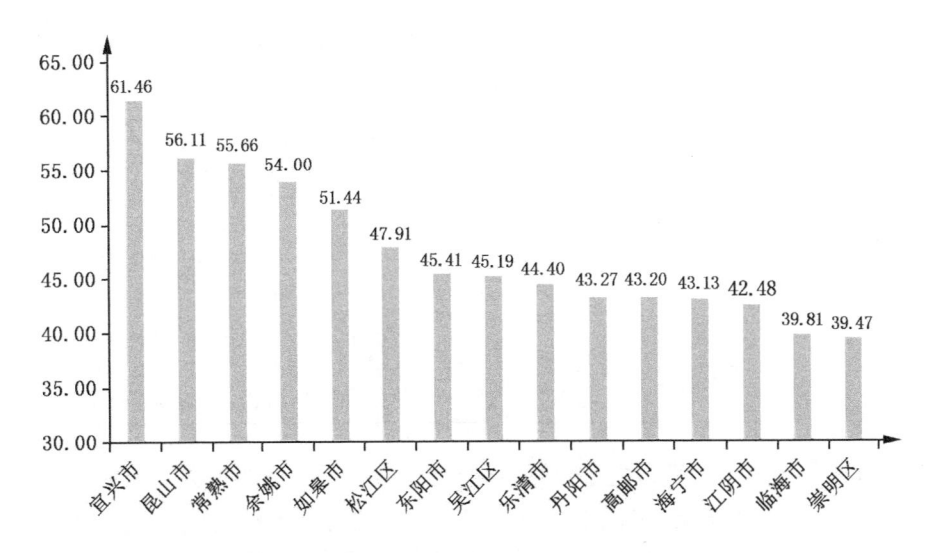

图5-2 长三角中小城市文化禀赋指数前15名

浦区入围前30名,占比为37.5%。江苏省11个中小城市入围前30名,占比为59.09%。浙江省有14个中小城市入围前30名,占比为66.67%。安徽省有2个城市入围前30名,占比为22.22%。根据前30名的入围情况,可以看出浙江省的比重最大。

2. 长三角中小城市文化禀赋指数分布态势

把长三角中小城市文化禀赋指数按优(≥50分)、良(50~30)、一般(30~15)、弱(≤15)四个等级划分,得到长三角中小城市文化禀赋指数的分布态势(见表5-3)。

表5-3 长三角中小城市文化禀赋指数分布态势

文化禀赋指数	文化禀赋指数等级划分	文化禀赋指数均值	城市个数	城市分布
≥50	优	55.73	5	江苏:宜兴市、昆山市、常熟市、如皋市 浙江:余姚市
50~30	良	37.43	26	上海:松江区、崇明区、青浦区 江苏:吴江区、高邮市、丹阳市、江阴市、太仓市、张家港市、兴化市 浙江:东阳市、乐清市、海宁市、临海市、龙泉市、诸暨市、兰溪市、永康市、瑞安市、义乌市、慈溪市、平湖市、江山市、嵊州市 安徽:桐城市、潜山市

续表

文化禀赋指数	文化禀赋指数等级划分	文化禀赋指数均值	城市个数	城市分布
30~15	一般	21.49	20	上海:金山区、闵行区、嘉定区、宝山区、奉贤区 江苏:邳州市、溧阳市、东台市、句容市、仪征市、海安市、泰兴市 浙江:桐乡市、建德市、温岭市、嘉善县 安徽:宁国市、巢湖市、广德市、无为市
≤15	弱	7.92	9	江苏:新沂市、扬中市、靖江市、启东市 浙江:玉环市、龙港市 安徽:界首市、明光市、天长市

60个长三角中小城市文化禀赋指数在优、良、一般、弱四个等级上城市个数分布呈现正态分布态势(见图5—3)。四个等级的文化禀赋指数的城市个数分别为5个、26个、20个和9个。四个等级的文化禀赋均值分别对应为55.73、37.43、21.49、7.92。60个城市文化禀赋指数主要分布在良、一般的等级水平上,占总数的比重为76.67%。

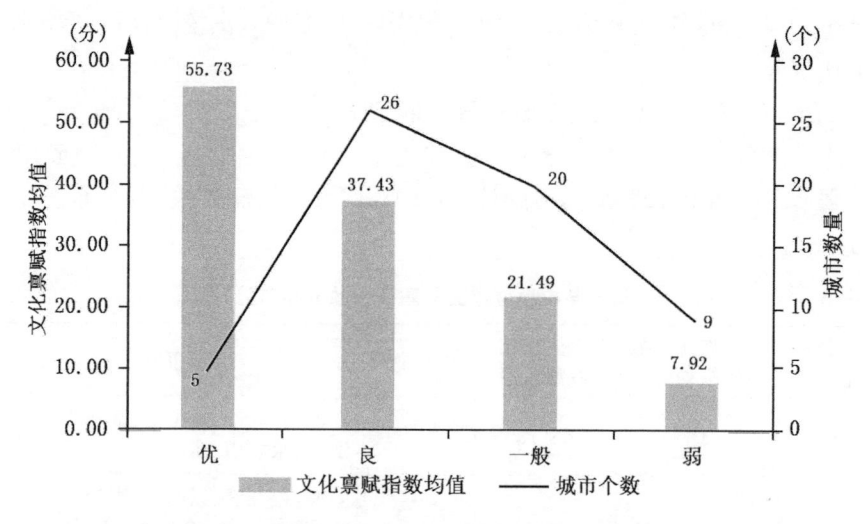

图5—3 长三角中小城市文化禀赋指数分布态势

3. 三省一市文化禀赋指数对比分析

对三省一市的中小城市的文化禀赋指数求均值,分析得出三省一市文化禀赋指数排名:浙江省(31.83)＞江苏省(31.26)＞上海市(29.51)＞安徽省(17.85)(见图5—4)。浙江省、江苏省、上海市显著高于安徽省,浙江省和江苏省略高于上海市。

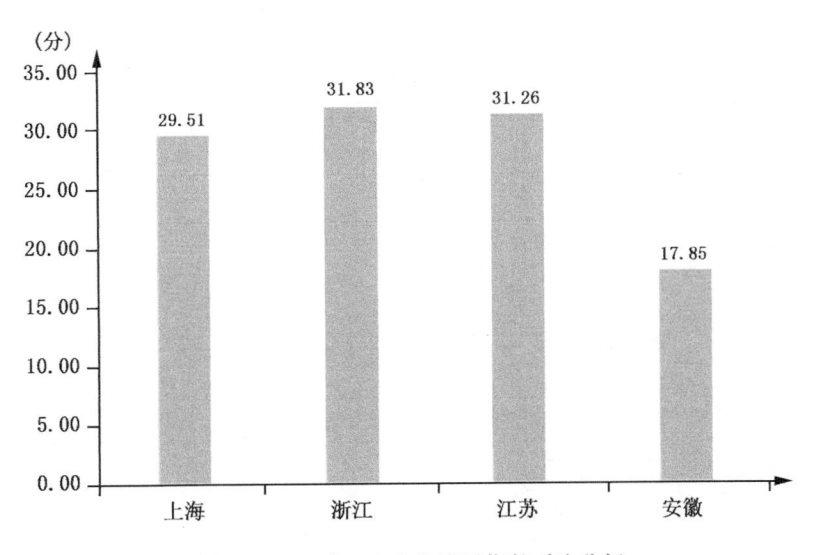

```
(分)
35.00
30.00    29.51        31.83        31.26
25.00
20.00                                          17.85
15.00
10.00
 5.00
 0.00
        上海          浙江          江苏          安徽
```

图 5—4　三省一市文化禀赋指数对比分析

浙江省在文化禀赋指数上表现最佳,主要原因是浙江省中小城市在全国重点文物保护单位数量和非物质文化遗产项目数量方面遥遥领先,均值分别为 4 个和 11.24 个。这得益于浙江省非常重视非物质文化遗产的传承与保护。

江苏省在文化禀赋指数方面比浙江省低 0.57,这主要得益于其文化遗产保护利用形成了江苏经验,比如全面完成省级以上文物保护单位"四有"工作,全面推进"考古前置";展示利用一批运河遗产,维修保护红色遗产、名人故居;进一步提升文物、非物质文化遗产保护利用水平,公共文化服务优质便捷度进一步提升。

上海市在文化禀赋指数方面比浙江低 2.32,表现较好。上海市在文化禀赋方面主要体现在 4A 级及以上景区数占有优势,8 个非中心城区平均 4A 级及以上景区数为 6.75 个,远远高于其他三个省份的均值;但上海 8 个非中心城区在标志性人物数量方面表现较弱。

五、长三角中小城市文化禀赋各分指标排名分析

(一)全国重点文物保护单位数

通过让文物"活"起来带动旅游"火"起来,长三角各地区可以让文化资源禀赋转变成财富。从长三角中小城市重点文物保护单位数据可以得出,江阴市、吴

江区、兰溪市的全国重点文物保护单位数量最高,有8个,三个城市并列第一(见表5—4)。其次为宜兴市、海宁市和义乌市,有7个全国重点文物保护单位。

表5—4　　　　　　　　长三角中小城市重点文化保护单位数分析

省（直辖市）	地级市	县级市（区）	全国重点文物保护单位数（个）	排名
江苏	无锡	江阴市	8	1
江苏	苏州	吴江区	8	1
浙江	金华	兰溪市	8	1
江苏	无锡	宜兴市	7	4
浙江	嘉兴	海宁市	7	4
浙江	金华	义乌市	7	4
江苏	苏州	常熟市	6	7
江苏	苏州	昆山市	6	7
浙江	宁波	余姚市	6	7
浙江	温州	瑞安市	6	7
浙江	金华	东阳市	6	7
浙江	温州	乐清市	5	12
上海		松江区	4	13
江苏	苏州	太仓市	4	13
浙江	杭州	建德市	4	13
浙江	宁波	慈溪市	4	13
浙江	嘉兴	桐乡市	4	13
浙江	绍兴	嵊州市	4	13
浙江	台州	温岭市	4	13
浙江	台州	临海市	4	13
安徽	安庆	桐城市	4	13
安徽	安庆	潜山市	4	13
上海		青浦区	3	23
江苏	徐州	邳州市	3	23
江苏	苏州	张家港市	3	23

续表

省（直辖市）	地级市	县级市（区）	全国重点文物保护单位数（个）	排名
江苏	扬州	高邮市	3	23
江苏	镇江	句容市	3	23
江苏	泰州	兴化市	3	23
浙江	嘉兴	平湖市	3	23
浙江	衢州	江山市	3	23
浙江	丽水	龙泉市	3	23
安徽	合肥	巢湖市	3	23
安徽	宣城	宁国市	3	23
江苏	常州	溧阳市	2	34
江苏	南通	如皋市	2	34
江苏	南通	海安市	2	34
江苏	镇江	丹阳市	2	34
浙江	绍兴	诸暨市	2	34
浙江	金华	永康市	2	34
安徽	宣城	广德市	2	34
上海		闵行区	1	41
上海		嘉定区	1	41
上海		奉贤区	1	41
江苏	徐州	新沂市	1	41
江苏	盐城	东台市	1	41
江苏	扬州	仪征市	1	41
江苏	泰州	泰兴市	1	41
浙江	嘉兴	嘉善县	1	41
浙江	台州	玉环市	1	41
安徽	芜湖	无为市	1	41

60个长三角中小城市全国重点文物保护单位数量排名前22位的有江阴市、吴江区、兰溪市、宜兴市、海宁市、义乌市、常熟市、昆山市、余姚市、瑞安市、东

阳市、乐清市、松江区、太仓市、建德市、慈溪市、桐乡市、嵊州市、温岭市、临海市、桐城市、潜山市(见图5-5)。江阴市、吴江区和兰溪市并列第一。上海市只有松江区上榜。从入围排行榜前22名可以看出,浙江省和江苏省的全国重点文物保护单位数量显著高于上海和安徽。

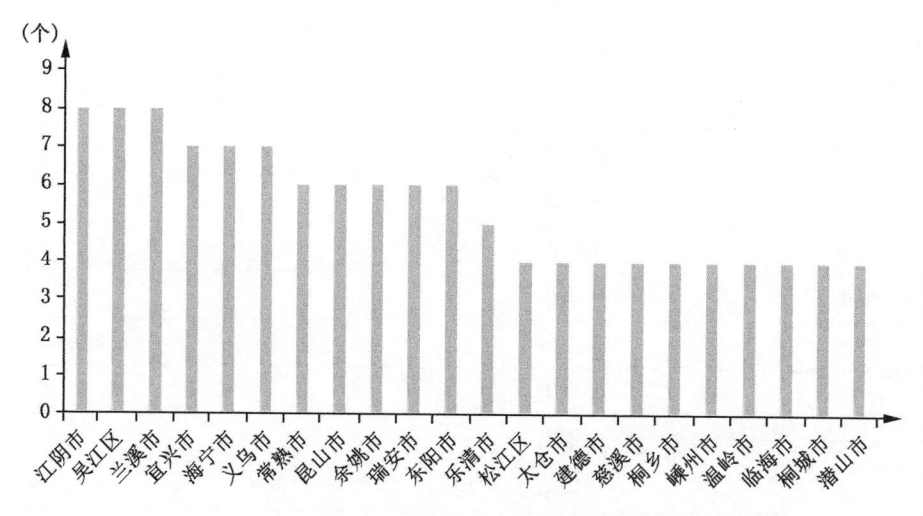

图5-5 长三角中小城市全国重点文物保护单位数量前22名

此外,长三角中小城市三省一市重点文物保护单位数的对比分析见图5-6。浙江、江苏、安徽、上海的重点文物保护单位数均值分别为4个、3个、1.89个

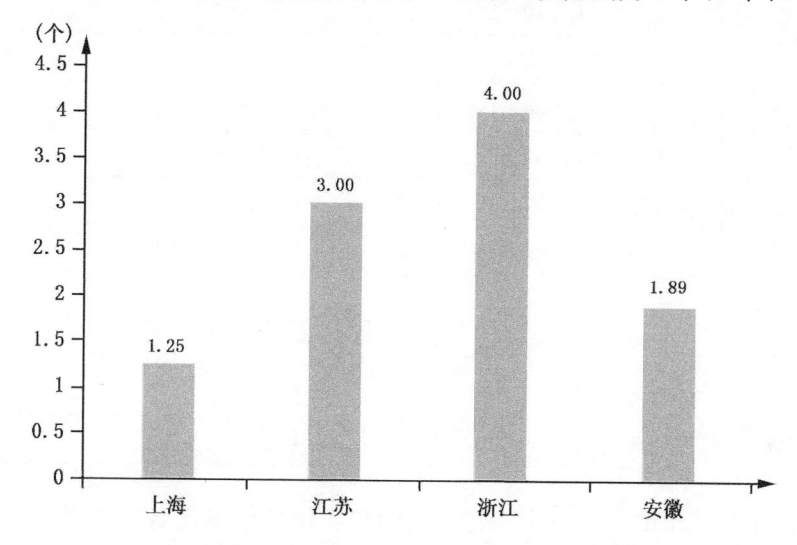

图5-6 长三角中小城市三省一市重点文物保护单位数(均值)对比分析

和1.25个。浙江省中小城市的城市平均全国重点文物保护单位数量表现突出,显著高于上海和安徽。

对比分析60个中小城市的文化禀赋指数与全国重点文物保护单位数量分布状况,通过二者的散点图发现,全国重点文物保护单位数量越多的地方,文化禀赋指数越高,基本上呈现直线上线趋势(见图5-7)。

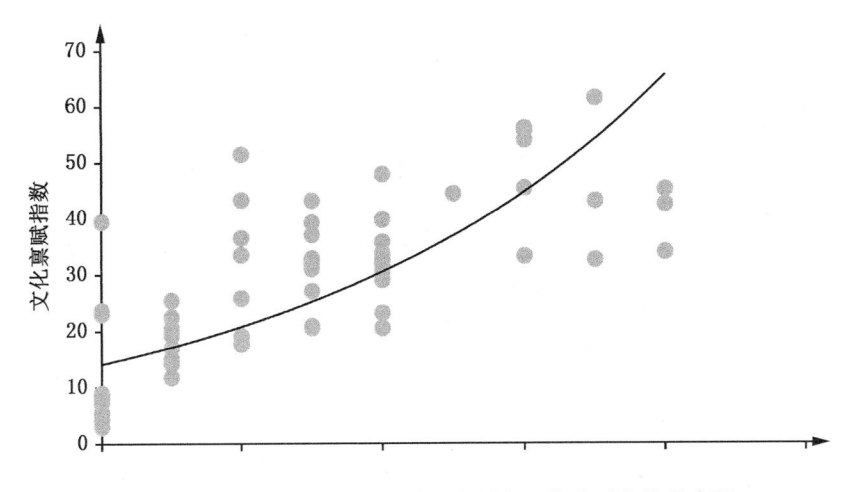

图5-7 全国重点文物保护单位数量与文化禀赋指数散点图

(二)4A级以上景区数

国家AAAA(4A)级旅游景区包括红色旅游景区、风景区、寺庙观堂、文博院馆、旅游度假区、名胜古迹、自然保护区、主题公园、森林公园、旅游度假村、地质公园、湿地公园、游乐园、植物园、动物园及工业等各类旅游景区,是人们旅游的圣地。4A级及以上景区的多少很可能直接影响旅游人次,进而影响城市文化对外的传播力度和广度。

依据长三角中小城市4A级及以上景区数量的数据(见表5-5),上海崇明区的4A级及以上景区数量最多,有10个。接下来是青浦区,有9个。松江区和宜兴市有8个。宝山区有7个,金山区有6个,闵行区有5个,嘉定区有5个,奉贤区有4个。数据显示上海的旅游景区资源非常丰富。8个非中心城区全部排名前13位(有并列情况存在)。

表 5-5　　　　　　　长三角中小城市 4A 级及以上景区分布

省（直辖市）	地级市	县级市（区）	4A 级及以上景区数（个）	排名
上海		崇明区	10	1
上海		青浦区	9	2
上海		松江区	8	3
江苏	无锡	宜兴市	8	3
上海		宝山区	7	5
上海		金山区	6	6
上海		闵行区	5	7
上海		嘉定区	5	7
江苏	苏州	常熟市	5	7
江苏	苏州	吴江区	5	7
浙江	宁波	慈溪市	5	7
浙江	衢州	江山市	5	7
上海		奉贤区	4	13
江苏	苏州	张家港市	4	13
江苏	苏州	昆山市	4	13
江苏	南通	如皋市	4	13
江苏	盐城	东台市	4	13
浙江	杭州	建德市	4	13
浙江	宁波	余姚市	4	13
浙江	绍兴	诸暨市	4	13
浙江	丽水	龙泉市	4	13
安徽	安庆	桐城市	4	13
安徽	安庆	潜山市	4	13
安徽	合肥	巢湖市	3	24
安徽	宣城	宁国市	3	24
江苏	无锡	江阴市	2	26
江苏	徐州	新沂市	2	26

续表

省 (直辖市)	地级市	县级市 (区)	4A级及以上景区数 (个)	排名
江苏	常州	溧阳市	2	26
江苏	苏州	太仓市	2	26
江苏	南通	海安市	2	26
江苏	扬州	高邮市	2	26
江苏	镇江	句容市	2	26
江苏	泰州	兴化市	2	26
浙江	温州	乐清市	2	26
浙江	嘉兴	海宁市	2	26
浙江	金华	东阳市	2	26
浙江	台州	玉环市	2	26
安徽	宣城	广德市	2	26
江苏	徐州	邳州市	1	39
江苏	南通	启东市	1	39
江苏	扬州	仪征市	1	39
江苏	镇江	丹阳市	1	39
江苏	泰州	泰兴市	1	39
浙江	嘉兴	桐乡市	1	39
浙江	嘉兴	嘉善县	1	39
浙江	金华	兰溪市	1	39
浙江	金华	义乌市	1	39
浙江	台州	温岭市	1	39
浙江	台州	临海市	1	39
安徽	芜湖	无为市	1	39

60个城市中排名前23位的分别为崇明区、青浦区、松江区、宜兴市、宝山区、金山区、闵行区、嘉定区、常熟市、吴江区、慈溪市、江山市、奉贤区、张家港市、昆山市、如皋市、东台市、建德市、余姚市、诸暨市、龙泉市、桐城市、潜山市。从前13名中可以看出,上海市占优势。

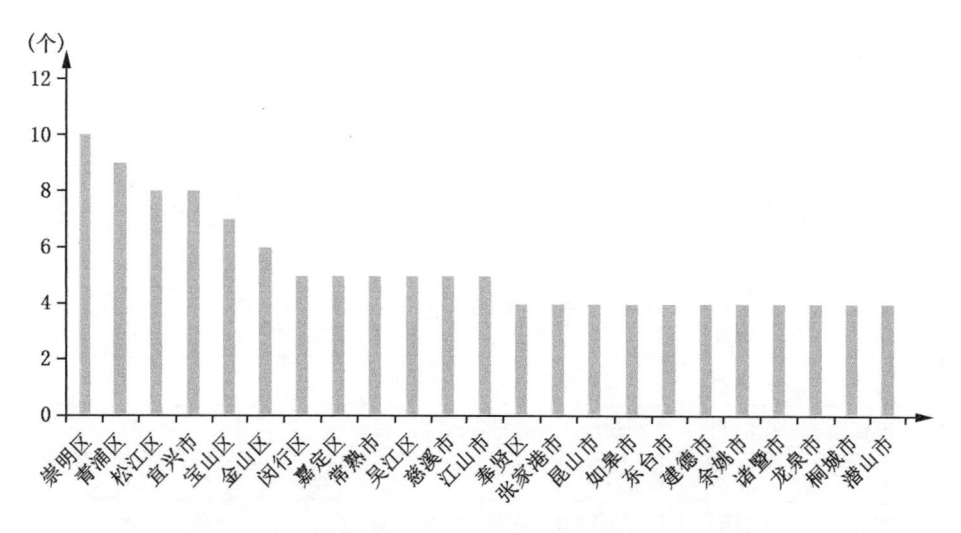

图5-8　长三角中小城市4A级及以上景区数排名(前13名)

通过对比分析三省一市中小城市(区)的4A级及以上景区数量,发现四者的排名为上海、江苏、浙江、安徽。其中,上海在该指数显示独有的优势,八大非中心城区的4A级及以上景区数量遥遥领先,明显高于其他三个省市(见图5-9)。

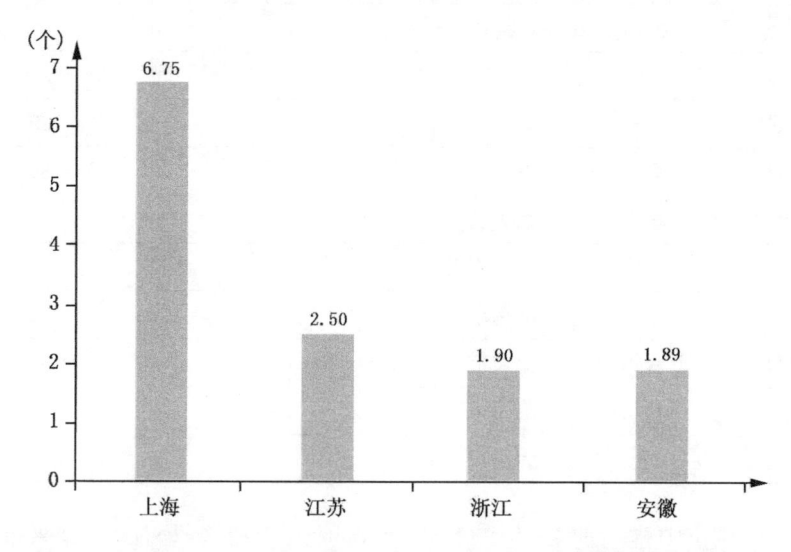

图5-9　长三角中小城市三省一市4A级及以上景区数(均值)对比分析

对比分析60个中小城市文化禀赋指数与4A级及以上景区数量的分布状况,依据二者的散点图发现,4A级及以上景区数量越高的城市,文化禀赋指数越高,呈直线分布态势(见图5—10)。

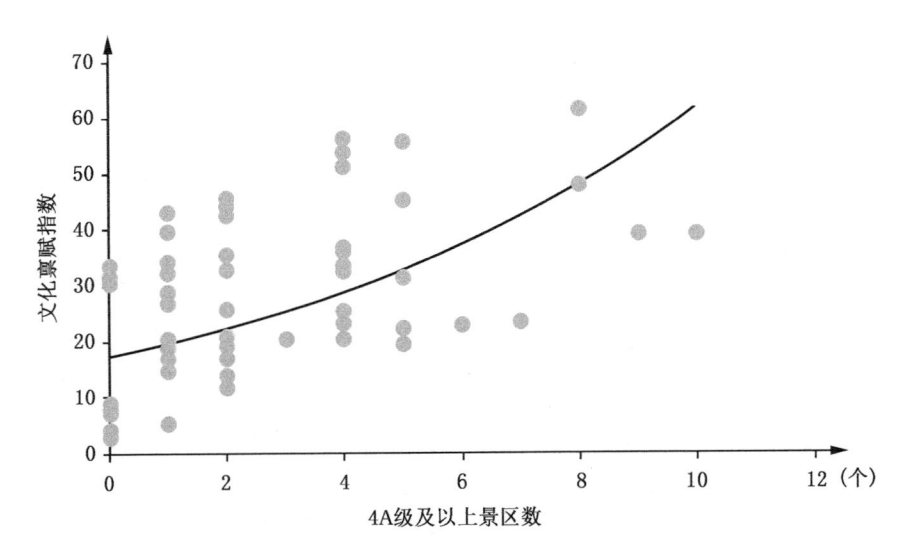

图5—10 4A级及以上景区数与文化禀赋指数散点图

(三)非物质文化遗产

从长三角中小型城市国家级非物质文化遗产数可看出,国家级非物质文化遗产数总量为103,其中上海8大非中心城区的国家级非物质文化遗产数为14个(见表5—6)。浙江省永康市的非物质文化遗产数量最多,为7个。并列第二的有温州乐清市、兰溪市、东阳市,国家级非物质文化遗产数有4个。闵行区、嘉定区、松江区、宜兴市、兴化市、瑞安市、桐乡市、海宁市、义乌市、潜山市的国家级非物质文化遗产项目有3个。

表5—6　　　　长三角中小城市国家级非物质文化遗产数　　　　单位:个

省(直辖市)	地级市	县级市(区)	国家级非物质文化遗产数
上海		闵行区	3
上海		宝山区	1
上海		嘉定区	3
上海		松江区	3
上海		金山区	1
上海		青浦区	1
上海		奉贤区	2

续表

省(直辖市)	地级市	县级市(区)	国家级非物质文化遗产数
上海		崇明区	2
江苏	无锡	江阴市	1
江苏	无锡	宜兴市	3
江苏	徐州	新沂市	0
江苏	徐州	邳州市	2
江苏	常州	溧阳市	1
江苏	苏州	常熟市	1
江苏	苏州	张家港市	1
江苏	苏州	昆山市	1
江苏	苏州	太仓市	1
江苏	苏州	吴江区	0
江苏	南通	启东市	0
江苏	南通	如皋市	2
江苏	南通	海安市	0
江苏	盐城	东台市	2
江苏	扬州	仪征市	0
江苏	扬州	高邮市	1
江苏	镇江	丹阳市	2
江苏	镇江	扬中市	0
江苏	镇江	句容市	2
江苏	泰州	兴化市	3
江苏	泰州	靖江市	1
江苏	泰州	泰兴市	1
浙江	杭州	建德市	1
浙江	宁波	余姚市	2
浙江	宁波	慈溪市	2
浙江	温州	瑞安市	3
浙江	温州	乐清市	4

续表

省(直辖市)	地级市	县级市(区)	国家级非物质文化遗产数
浙江	温州	龙港市	1
浙江	嘉兴	海宁市	3
浙江	嘉兴	平湖市	2
浙江	嘉兴	桐乡市	3
浙江	嘉兴	嘉善县	1
浙江	绍兴	诸暨市	2
浙江	绍兴	嵊州市	2
浙江	金华	兰溪市	4
浙江	金华	义乌市	3
浙江	金华	东阳市	4
浙江	金华	永康市	7
浙江	衢州	江山市	2
浙江	台州	玉环市	1
浙江	台州	温岭市	2
浙江	台州	临海市	2
浙江	丽水	龙泉市	2
安徽	合肥	巢湖市	2
安徽	阜阳	界首市	2
安徽	滁州	天长市	0
安徽	滁州	明光市	0
安徽	芜湖	无为市	1
安徽	宣城	宁国市	0
安徽	宣城	广德市	1
安徽	安庆	桐城市	0
安徽	安庆	潜山市	3

省级非物质文化遗产数见表5—7。乐清市、永康市的省级非物质文化遗产项目数最多,为21个。

表 5—7　　　　长三角中小城市各省级非物质文化遗产数　　　　单位:个

省(直辖市)	地级市	县级市(区)	省/市级非物质文化遗产数
上海		闵行区	3
上海		宝山区	3
上海		嘉定区	2
上海		松江区	7
上海		金山区	8
上海		青浦区	7
上海		奉贤区	7
上海		崇明区	12
江苏	无锡	江阴市	13
江苏	无锡	宜兴市	17
江苏	徐州	新沂市	7
江苏	徐州	邳州市	12
江苏	常州	溧阳市	10
江苏	苏州	常熟市	18
江苏	苏州	张家港市	10
江苏	苏州	昆山市	9
江苏	苏州	太仓市	8
江苏	苏州	吴江区	5
江苏	南通	启东市	4
江苏	南通	如皋市	10
江苏	南通	海安市	7
江苏	盐城	东台市	6
江苏	扬州	仪征市	3
江苏	扬州	高邮市	7
江苏	镇江	丹阳市	10
江苏	镇江	扬中市	3
江苏	镇江	句容市	5
江苏	泰州	兴化市	15

续表

省(直辖市)	地级市	县级市(区)	省/市级非物质文化遗产数
江苏	泰州	靖江市	4
江苏	泰州	泰兴市	4
浙江	杭州	建德市	
浙江	宁波	余姚市	5
浙江	宁波	慈溪市	1
浙江	温州	瑞安市	5
浙江	温州	乐清市	21
浙江	温州	龙港市	8
浙江	嘉兴	海宁市	6
浙江	嘉兴	平湖市	18
浙江	嘉兴	桐乡市	5
浙江	嘉兴	嘉善县	4
浙江	绍兴	诸暨市	2
浙江	绍兴	嵊州市	17
浙江	金华	兰溪市	3
浙江	金华	义乌市	4
浙江	金华	东阳市	18
浙江	金华	永康市	21
浙江	衢州	江山市	6
浙江	台州	玉环市	3
浙江	台州	温岭市	4
浙江	台州	临海市	16
浙江	丽水	龙泉市	16
安徽	合肥	巢湖市	2
安徽	阜阳	界首市	6
安徽	滁州	天长市	2
安徽	滁州	明光市	2
安徽	芜湖	无为市	5

续表

省(直辖市)	地级市	县级市(区)	省/市级非物质文化遗产数
安徽	宣城	宁国市	5
安徽	宣城	广德市	7
安徽	安庆	桐城市	6
安徽	安庆	潜山市	7

国家级和省级的非物质文化遗产项目总和见表5－8。数据显示，永康市国家级和省级非物质文化遗产项目总数最多，共28个。

表5－8　长三角中小城市国家级和省级非物质文化遗产项目总数

省(直辖市)	地级市	县级市(区)	非物质文化遗产项目(个)	排名
浙江	金华	永康市	28	1
浙江	温州	乐清市	25	2
浙江	金华	东阳市	22	3
江苏	无锡	宜兴市	20	4
浙江	嘉兴	平湖市	20	4
江苏	苏州	常熟市	19	6
浙江	绍兴	嵊州市	19	6
江苏	泰州	兴化市	18	8
浙江	台州	临海市	18	8
浙江	丽水	龙泉市	18	8
上海		崇明区	14	11
江苏	无锡	江阴市	14	11
江苏	徐州	邳州市	14	11
江苏	南通	如皋市	12	14
江苏	镇江	丹阳市	12	14
江苏	常州	溧阳市	11	16
江苏	苏州	张家港市	11	16
上海		松江区	10	18
江苏	苏州	昆山市	10	18

续表

省（直辖市）	地级市	县级市(区)	非物质文化遗产项目（个）	排名
安徽	安庆	潜山市	10	18
上海		金山区	9	21
上海		奉贤区	9	21
江苏	苏州	太仓市	9	21
浙江	温州	龙港市	9	21
浙江	嘉兴	海宁市	9	21
上海		青浦区	8	26
江苏	盐城	东台市	8	26
江苏	扬州	高邮市	8	26
浙江	温州	瑞安市	8	26
浙江	嘉兴	桐乡市	8	26
浙江	衢州	江山市	8	26
安徽	阜阳	界首市	8	26
安徽	宣城	广德市	8	26
江苏	徐州	新沂市	7	34
江苏	南通	海安市	7	34
江苏	镇江	句容市	7	34
浙江	宁波	余姚市	7	34
浙江	金华	兰溪市	7	34
浙江	金华	义乌市	7	34
上海		闵行区	6	40
浙江	台州	温岭市	6	40
安徽	芜湖	无为市	6	40
安徽	安庆	桐城市	6	40
上海		嘉定区	5	44
江苏	苏州	吴江区	5	44
江苏	泰州	靖江市	5	44

续表

省（直辖市）	地级市	县级市(区)	非物质文化遗产项目（个）	排名
江苏	泰州	泰兴市	5	44
浙江	嘉兴	嘉善县	5	44
安徽	宣城	宁国市	5	44
上海		宝山区	4	50
江苏	南通	启东市	4	50
浙江	绍兴	诸暨市	4	50
浙江	台州	玉环市	4	50
安徽	合肥	巢湖市	4	50
江苏	扬州	仪征市	3	55
江苏	镇江	扬中市	3	55
浙江	宁波	慈溪市	3	55
安徽	滁州	天长市	2	58
安徽	滁州	明光市	2	58
浙江	杭州	建德市	1	60

通过长三角中小城市非物质文化遗产项目数量前14名的城市分布看出，浙江省在非物质文化遗产项目上具有显著的优势，排名前14的城市中有7个是浙江省县级市，江苏省有6个城市进入前14名，上海市只有崇明区排名进入前14名，安徽省没有城市进入前14名（见图5—11）。

对比三省一市中小城市的非物质文化遗产数，三省一市在非物质文化遗产数指标的排名为：浙江、江苏、上海、安徽（见图5—12）。浙江在非物质文化遗产数指标上表现突出，得分遥遥领先，这与浙江省注重文化保护、重视非物质文化遗产开发和挖掘有着重要关系。

对比60个中小城市非物质文化遗产数量与文化禀赋指数二者的分布状况，通过二者的散点图可发现非物质文化遗产数量越高的城市，文化禀赋指数越好（见图5—13）。二者的分布保持高度一致，呈直线上升趋势。

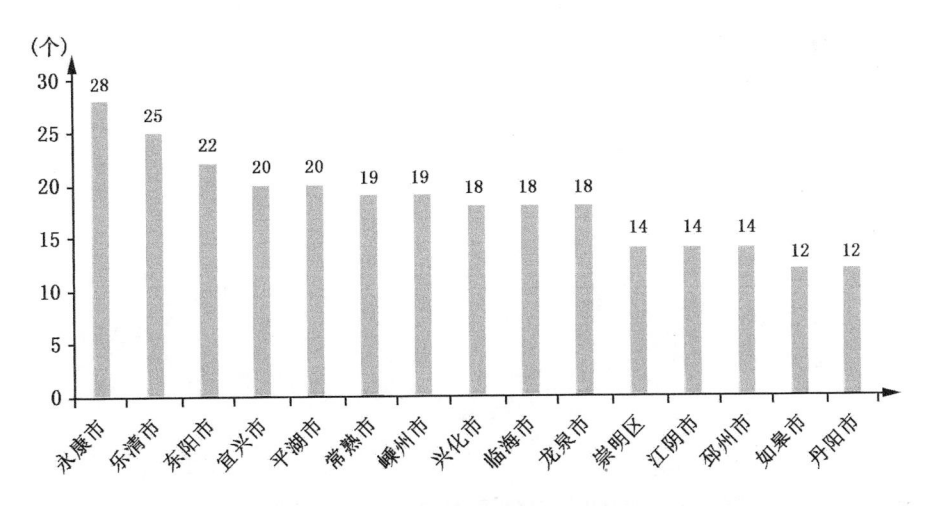

图 5—11　长三角中小城市非物质文化遗产数前 14 名

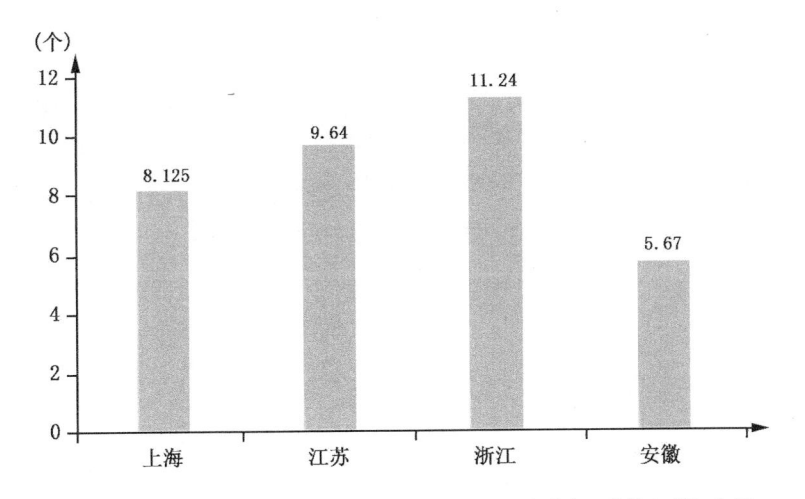

图 5—12　长三角中小城市三省一市非物质文化遗产数(均值)对比分析

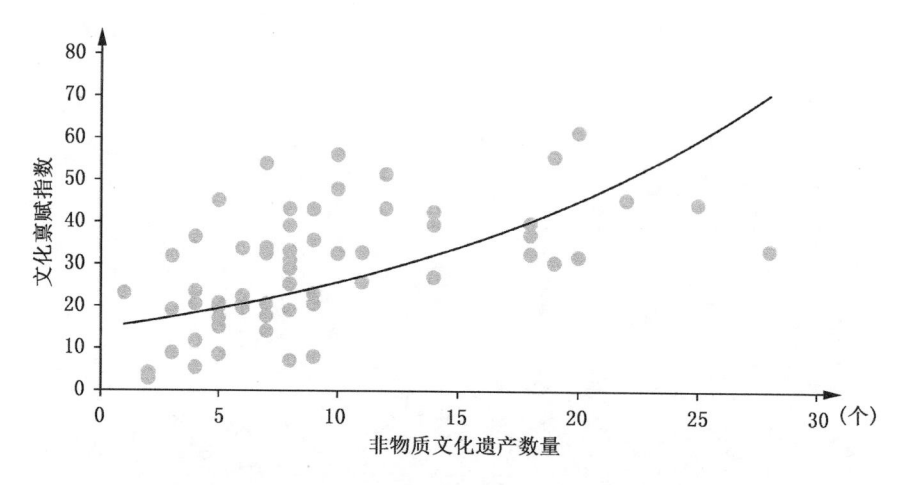

图 5-13　非物质文化遗产数量与文化禀赋指数散点图

(四)标志性人物数

标志性人物指的是著名人物,即对社会具有突出贡献并具有一定影响力的人物,这里剔除偶像性人物,比如歌手、主持人等。依据收集的 60 个城市的标志性人物数的数据分析得出,江苏省如皋市的标志性人物数量最多,达 115 个。长三角中小城市标志性人物数量排名前 10 的分别为如皋市、丹阳市、高邮市、余姚市、昆山市、诸暨市、仪征市、太仓市、无为市、临海市(见图 5-14)。

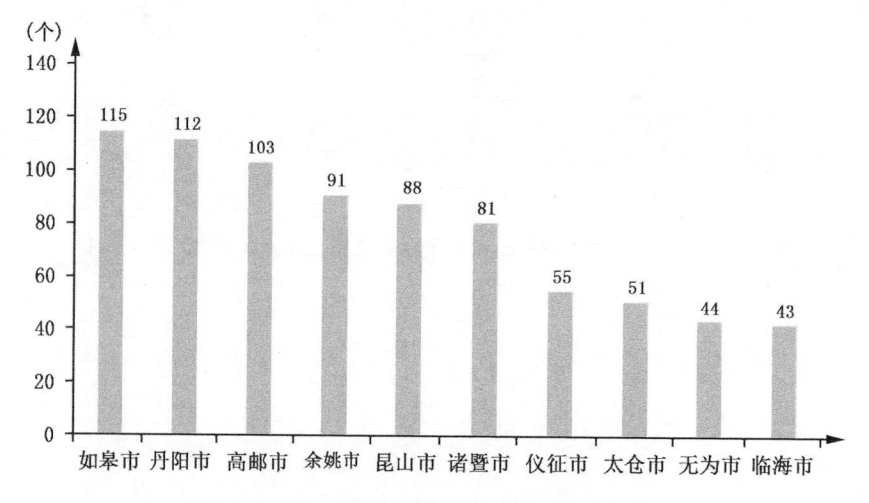

图 5-14　长三角中小城市标志性人物数前 10 名

依据长三角中小城市标志性人物数前 30 名的数据(见表 5—9),江苏省表现最好,得分遥遥领先,上海市的非中心城区表现欠佳。另外,三省一市中小城市标志性人物数均值情况的对比分析显示,三省一市的排名为江苏、浙江、安徽、上海,江苏省的表现遥遥领先,而上海市的非中心城区表现欠佳(见图 5—15)。

表 5—9　　　　　　　　长三角中小城市标志性人物数

省 (直辖市)	地级市	县级市(区)	标志性人物数 (个)	排名
江苏	南通	如皋市	115	1
江苏	镇江	丹阳市	112	2
江苏	扬州	高邮市	103	3
浙江	宁波	余姚市	91	4
江苏	苏州	昆山市	88	5
浙江	绍兴	诸暨市	81	6
江苏	扬州	仪征市	55	7
江苏	苏州	太仓市	51	8
安徽	芜湖	无为市	44	9
浙江	台州	临海市	43	10
浙江	嘉兴	海宁市	42	11
浙江	温州	瑞安市	38	12
江苏	苏州	常熟市	37	13
浙江	嘉兴	嘉善县	37	13
浙江	嘉兴	桐乡市	36	15
上海		松江区	34	16
江苏	镇江	扬中市	34	16
安徽	安庆	桐城市	32	18
江苏	盐城	东台市	28	19
江苏	泰州	泰兴市	28	19
江苏	常州	溧阳市	26	21
浙江	宁波	慈溪市	25	22
江苏	泰州	靖江市	24	23

续表

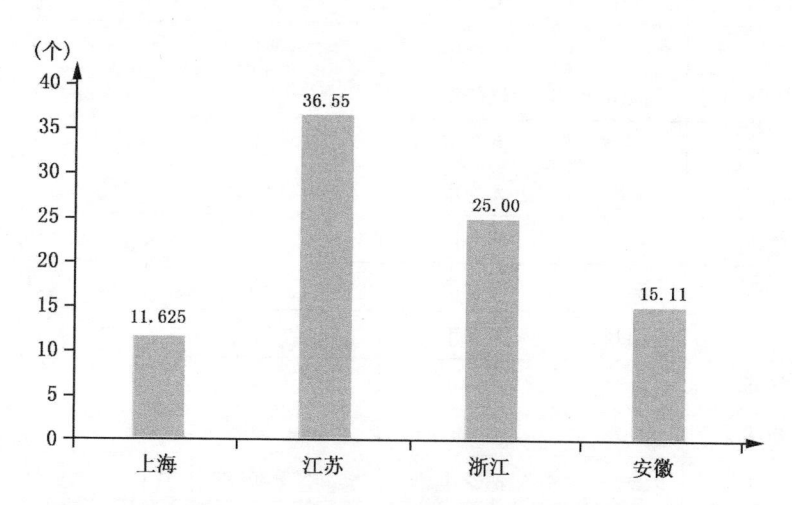

省 （直辖市）	地级市	县级市(区)	标志性人物数 （个）	排名
浙江	嘉兴	平湖市	24	23
江苏	苏州	张家港市	21	25
江苏	苏州	吴江区	20	26
上海		宝山区	17	27
安徽	滁州	明光市	17	27
江苏	徐州	邳州市	16	29
浙江	金华	义乌市	14	30
浙江	衢州	江山市	14	30

图 5－15　长三角中小城市三省一市标志性人物数(均值)对比分析

分析标志性人物数与文化禀赋指数二者的分布状况，二者的散点图(见图5－16)显示，标志性人物数越高的地方，文化禀赋指数越高，文化资源越丰富，这说明标志性人物对区域文化资源具有显著的影响。

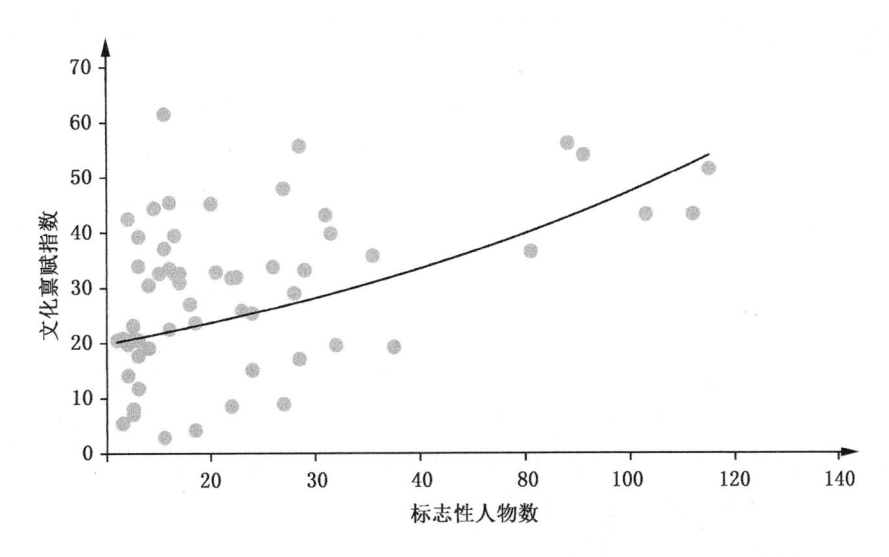

图 5—16　长三角中小城市三省一市标志性人物数与文化禀赋指数散点图

六、长三角中小城市文化禀赋指数分报告结论与建议

基于文化禀赋指数的排名及其各分指数排名,结合长三角中小城市文化禀赋指数的分布态势,我们总结长三角中小城市的文化禀赋状况,并提出相应的对策意见。

(一)结论

(1)60 个长三角中小城市文化禀赋指数均值为 29.22,总体文化资源有待进一步开发与挖掘,其中有 9 个城市没有 4A 级及以上景区,有 10 个城市没有全国重点文物保护单位,这表明长三角中小城市在文化禀赋方面还有发展和挖掘的空间。

(2)长三角中小城市 60 个城市文化禀赋指数间差异显著,其主要原因是各地区文化资源,尤其是全国重点文物保护单位数量和 4A 级及以上景区数量参差不齐,比如崇明区的 4A 级及以上景区数量达到 10 个,而有 9 个城市都没有 4A 级及以上景区。

(3)对比分析三省一市的文化禀赋指数,可发现三省一市文化禀赋指数排名为:浙江省(31.83)＞江苏省(31.26)＞上海市(29.51)＞安徽省(17.85)。浙江省在文化禀赋指数上表现最佳。其主要原因是,从具体分指标来看,浙江省中小城市在全国重点文物保护单位数量和非物质文化遗产项目数量方面遥遥领先,均值分别为4个和11.24个,显著高于其他三个省市。江苏省在文化禀赋指数方面仅比浙江省低0.57,这一方面主要得益于其文化遗产保护利用形成了江苏经验,另一方面是因为江苏省在标志性人物数指标上表现尤其突出,平均标志性人物数为36.55个,高于浙江省11.55个,是安徽的2倍多,是上海的3倍多。

上海市在文化禀赋指数方面仅比浙江低2.32,表现较好。上海市4A级及以上景区数独占鳌头,8个非中心城区4A级及以上景区平均数为6.75个,远远高于其他三个省份的均值。上海8个非中心城区在标志性人物数量方面表现较弱。

(4)依据文化禀赋指数与四个分指数的散点图可以看出:全国重点文物保护单位数越多,文化禀赋指数越高;4A级及以上景区数量越多,文化禀赋越好;非物质文化遗产数量越多,文化禀赋越好;标志性人物数量越多,文化禀赋指数值越大。文化禀赋指数与四个指标在分布上呈现高度一致。

(二)建议

(1)建议各中小城市进一步加强城市文化资源开发和利用,开发文物,挖掘和传承非物质文化遗产项目。实践证明,只有保护好历史文化遗产,不让城市的文脉中断,城市的精神才能得以延续和发展。

(2)建议上海八大非中心城区一方面充分发挥红色资源优势,提高全国重点文物保护单位数量,深挖文化内涵,延续历史文化名城的"根";另一方面,重视城区标志性人物对文化的影响。

(3)各中小城市需要在做好文化遗产保护和传承的基础上,完善软硬件设施,为文化资源转化为发展优势提供良好的环境。

总之,长三角区域拥有悠久的历史和灿烂的文化,这些宝贵文化资源是城市发展的源泉和不竭动力。

(作者:王桂林)

第六章

长三角中小城市文化产业指数报告

一、城市文化活力与文化产业指标体系的关系解析

文化活力来自文化产业实力,文化产业实力体现了文化活力。[1] 文化产业的发展是对文化产业结构、文化消费模式和文化活力等要素的综合升级。[2] 发展文化产业是提升城市文化活力、推动公共文化服务均等化的重要途径[3],也是城市经济文化活力的外在体现[4]。

首先,文化产业以增强文化活力和竞争力,满足人民群众多层次文化需求为主要内容,主要体现在文化对经济发展的贡献率上[5],而文化产业的经济贡献率很能体现一个城市的文化特色和文化活力。[6] 因此,发展文化产业有助于增强城市文化活力,推动文化创新,增强城市的软实力。[7] 其次,城市的文化活力以及与文化产业诸要素之间的连通性也构成了文化产业发展的"软环境"。[8] 城市文化活力是文化产业实现经济价值、吸引消费群体以及文化企业聚集的重要基

---

[1] 胡劲军. 上海文化改革发展的探索与实践[J]. 上海文化,2014(12):22—41.
[2] 郭锴. 从生态文明视角谈文化产业园区发展路径创新[J]. 环境保护与循环经济,2014,34(11):51—53.
[3] 袁晓宁. 促进文化发展 构建和谐城市——世界历史文化名城市长论坛南京宣言[J]. 中国翻译,2007(6):89—90.
[4] 本报评论员. 为城市汇聚更多文化元素[N]. 宝鸡日报,2020—10—26(001).
[5] 陈君. 繁荣发展西部新农村文化的困境与对策探析[J]. 改革与开放,2015(12):113,115.
[6] 白志刚. 北京与上海及世界城市的文化比较:城市国际化论坛——世界城市:规律、趋势与战略选择论[C]. 北京:中国经济出版社,2014:158—167.
[7] 陈满. 中国特色社会主义文化软实力的提升路径[J]. 学习月刊,2016(12):23—25.
[8] 《重庆社会科学》服务重庆市委决策系列选题研究小组,王佳宁. 中国特色社会主义文化软实力的提升路径[J]. 重庆社会科学,2016(5):17—25.

础。[1] 同时,城市文化活力也体现在丰富的文化活动和城市的文化产业发展当中。[2] 文化产业的发展,特别是新型业态文化产业的发展对于提升城市的文化活力具有重要的意义。[3]

长三角中小城市文化产业指数报告指标分为4个,分别是文化产业园区数量、文化上市公司数量、人均旅游收入以及标志性文化企业数量。文化产业作为城市文化活力的集中体现[4],通过文化产业的融合和资源创新性开发,城市文化活力得以激发,城市文化竞争力相应得到提升。[5] 文化产业集中形成的文化产业园区,特别是运营良好的文化产业园区能够提升城市文化活力,增强城市的魅力。[6] 文化企业和文化产业园区作为文化产业发展的主体,决定了一个地区文化产业的发展水平。[7] 一方面,文化产业园作为文化企业发展的重要载体,为文化企业提供了较好的发展环境,有利于提升地区文化产业的创新水平,进而实现地区文化产业的扩张。[8] 同时,文化产业园区也吸引了优质文化企业的落户,促进了文化企业发展所需高端要素的积聚,催生了地区兼具较强影响力和竞争性的领军文化企业的诞生[9],加快地区高质量文化企业的上市步伐,由此带动整个地区文化产业积聚发展。另一方面,文化企业聚集所带来的聚集效应和专业化特质又倒逼文化产业园区提质增速,从而使文化产业聚集促进地区经济高质量增长效应得以再次显现。[10] 此外,文化企业的创新发展路径也为文化产业园区的可持续发展和地区文化产业的升级提供了借鉴和参考。[11] 旅游业作为文化产

---

[1] 郭素萍,郭宁宁,王玮. 工业遗产保护背景下的文化创意产业园发展研究——以南京1865创意产业园为例:规划60年:成就与挑战——2016中国城市规划年会论文集[C]. 北京:中国建筑工业出版社,2016:1—12.

[2] 春燕. 民族地区中心城市参与国家战略策略研究——呼和浩特市民族文化交流中心城市建设构想[J]. 城市发展研究,2016,23(8):76—81.

[3] 言唱. 新时代背景下国家文化中心建设的路径:两岸创意经济研究报告(2019)[C]. 北京:社会科学文献出版社,2019:167—178.

[4] 王付婷. 汉英翻译的语篇连贯及实现策略[D]. 上海:上海外国语大学,2020:17.

[5] 王雅婷. 城市文化竞争力影响因素与提升策略研究[D]. 扬州:扬州大学,2020:55—56.

[6] 王紫竹. 从产业集群视角探析重庆文化产业园区发展战略[D]. 重庆:重庆大学,2018:3,47.

[7] 周建新,胡鹏林. 中国文化产业研究2021年度学术报告[J]. 深圳大学学报(人文社会科学版),2021,39(1):69—83.

[8] 熊萌之. 江西文化产业发展中的政府作用:理论、评价与对策[D]. 南昌:江西财经大学,2022:85.

[9] 郭新茹,沈佳,陈天宇. 文旅融合背景下我国文化产业园区高质量发展路径研究——以江苏为例[J]. 艺术百家,2021,37(5):52—58,75.

[10] 郭新茹,陈天宇. 文化产业集聚、空间溢出与经济高质量发展[J]. 现代经济探讨,2021(2):79—87.

[11] 杨秀云,李敏,李扬子. 文化产业集聚、空间溢出与经济高质量发展[J]. 当代经济科学,2021,43(1):118—134.

业里很重要的一个部分,也反映了文化企业的竞争力和创新力。[①] 中国旅游业综合占比连续增长,从 2014 年的 10.39% 增加到 2019 年的 11.05%,已经成为衡量国家经济增长和产业结构的重要指标(见图 6-1)。

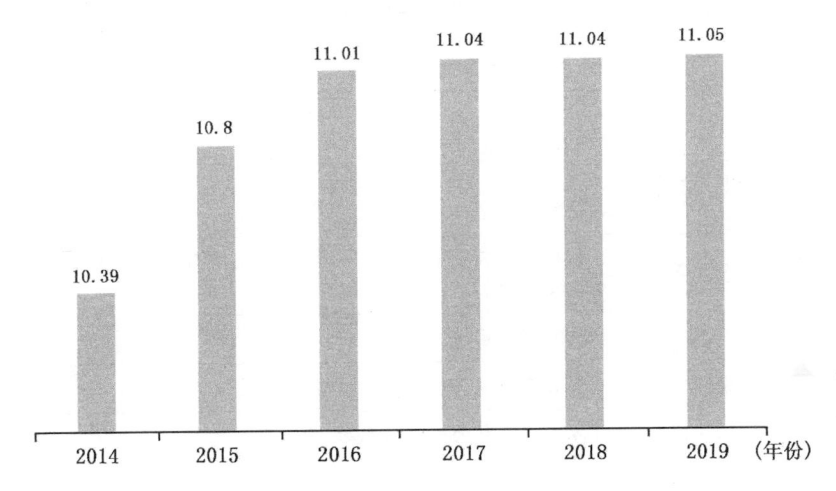

数据来源:中国旅游研究院。

图 6-1 中国旅游业综合贡献占 GDP 总量比例(%)

二、长三角中小城市文化产业指数指标分析

(一)长三角中小城市文化产业指数指标数据来源

长三角中小城市文化产业划分标准依照国家统计局 2018 年 4 月 2 日发布的《文化及相关产业分类(2018)》,总计涵盖 9 个大类、43 个中类以及 146 个小类,文化产业相关指标数据也依此标准采集。

本部分指数报告指标数据以 2022 年 5 月底采集的数据为基准,只有人均旅游收入这一项指标采用 2019 年的统计数据。采取上述时间节点有以下几点原因:第一,文化产业的发展是一个动态、连续的过程,受宏观经济整体影响较大,因此采用最新的指标数据更能准确反映文化产业的发展现状。第二,相对于其他经济指标,反映文化产业发展的统计指标缺失较多,而且统计口径也不统一。同时,受限于数据的可得性,部分年份静态数据较难获得。第三,由于受 2019 年年底开始的新冠肺炎疫情影响,全国各地旅游收入在这两年波动较大,不能客观反映当地旅游产业发展状况,因此人均旅游收入这一项指标仍旧采用疫情前的

[①] 王述芬. 推动文化产业成为新疆国民经济特色产业研究[D]. 乌鲁木齐:新疆大学,2016:63,168.

2019年统计数据。而在人均旅游收入具体数据上,由于界首市、丹阳市、龙港市统计数据缺失,故用住宿业和餐饮业总和或第三产业增加值与上级代管市同一指标占比推算出具体数值。

长三角中小城市文化产业各指标数据来源见表6—1。

表6—1　　　　长三角中小城市文化产业各指标数据来源

指　标	数据来源
文化产业园区数量	前瞻产业园区库
	百度地图
文化上市公司数量	大智慧365[证监会行业、申万行业、申万行业(2021)、大智慧行业(经典)]
人均旅游收入	城市统计年鉴
	各市国民经济和社会发展统计公报
	各市文旅局公开统计数据
标志性文化企业数量	爱企查
	国家企业信用信息公示系统
	信用中国、中国裁判文书网
	中国执行信息公开网

(二)长三角中小城市文化产业指数指标排名分析

对采集的60个中小城市文化产业指标数据进行统计性分析,结果见表6—2。

表6—2　　　　长三角中小城市文化产业指标描述性统计

指标名称	个数	均值	标准差	众数	中位数	最小值	最大值
文化产业园区数量	60	5.33	9.32	0	2	0	45
文化上市公司数量	60	0.20	0.48	0	0	0	2
人均旅游收入(元)	60	932.16	439.34	47.43*	1 007.62	47.43	2 042.37
标志性文化企业数量	60	27.03	24.66	13	17.50	1	111

* 存在多个众数,显示最小的值。

1. 文化产业园区数量

从统计数据来看,在文化产业园区数量排名前35位的长三角中小城县市(区)中,上海市非中心城区占据除崇明区以外的全部7席,占比为87.5%(7/8);浙江省占据14席,占比为66.67%(14/21);江苏占据12席,占比为54.55%(12/22);安徽占据2席,占比为22.22%(2/9)(见图6—2)。总体来看,上海市非中心城区占据绝对优势;浙江省和江苏省紧随其后,均稍落后于上海市,且两省水平差距不大;安徽省排在最后,与江、浙、沪差距较大。浙江省在上榜城市数量上占据优势地位,显示出浙江中小城市文化产业发展的活力迸发。文化和旅游部、浙江省政府在《关于高质量打造新时代文化高地 推进共同富裕示范区建设行动方案(2021—2025年)》中就提出优化文化产业结构,大力发展数字文化产业;深化文化和旅游融合发展,促进城乡一体化发展;建立文化和旅游领域长三角一体化工作推进机制,建设合作平台。[①] 这表明浙江省在积极推进中小城市、城乡间的文化协调发展的同时,也积极融入长三角文化一体化发展。

就具体数量来看,上海市上榜所有非中心城区、浙江的义乌市、苏州市吴江区、常熟市、昆山市在文化园区数量上比较有优势,数量均超过10,特别是上海市在文化产业园区数量上拥有绝对优势。然而,同样存在的现象是,大量的长三角中小城市文化产业园区数量为个位数,甚至多达16个长三角中小城市文化产业园区数量为0,因此个案数据过大和过小现象同时存在。由于上海市在长三角区域一体化中的龙头地位以及定位建成具有世界影响力的国际文化大都市的目标,上海在文化产业发展上拥有很强实力,闵行区以45个文化产业园区数量排名第一。浙江的义乌市也凭借世界小商品之都的地位,在文化产业上拥有较强的国际影响力,文化产业园区数量高达20个。值得一提的是,苏州市的吴江区通过长三角生态绿色一体化发展示范区的战略契机,坚持绿色发展理念,扩展水乡魅力,重塑江南文化,推动文化产业多元发展,文化产业数量也达到了13个。总体来看,虽然长三角中小城市文化产业园区数量均值为5.33,但是中位数为2和众数为0,这说明长三角中小城市间文化产业发展严重不均衡,差距较大。

2. 文化上市公司数量

在考察的长三角中小城市全部60个县市(区)中,文化上市公司数量总共为12家(见图6—3),其中上海市共6家,数量占比为75%(6/8),分别是闵行区2

[①] 文化和旅游部 浙江省人民政府关于印发《关于高质量打造新时代文化高地 推进共同富裕示范区建设行动方案(2021—2025年)》的通知[EB/OL].(2020-09-24)[2021-11-103]. http://zwgk.mct.gov.cn/zfxxgkml/qt/202111/t20211124_929222.html.

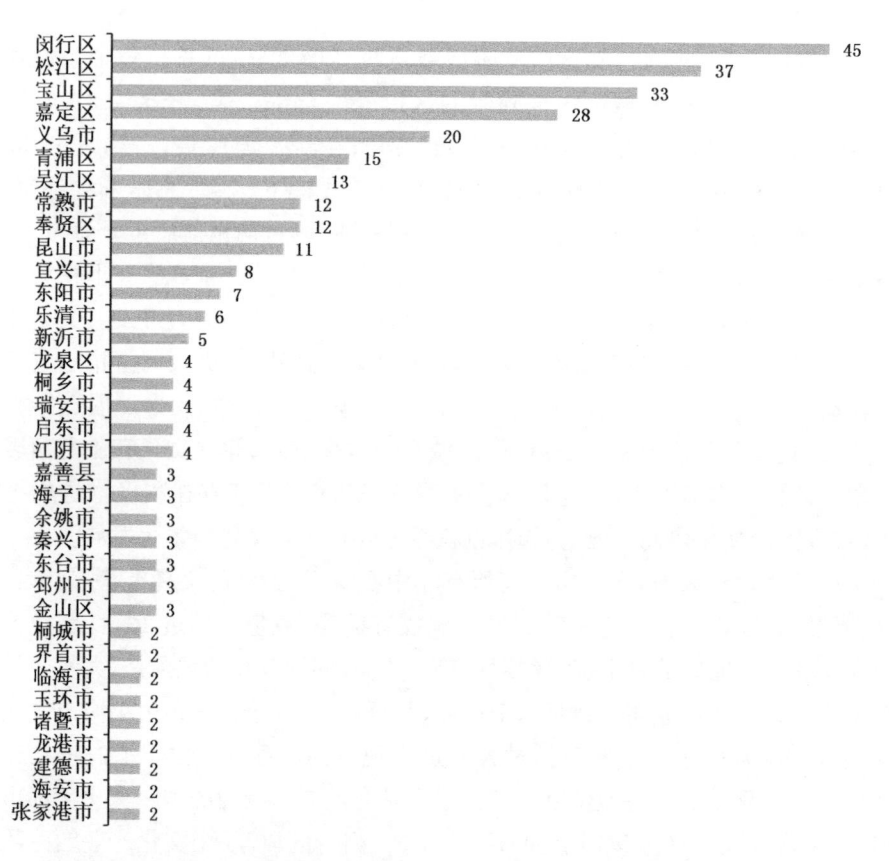

区域	数量
闵行区	45
松江区	37
宝山区	33
嘉定区	28
义乌市	20
青浦区	15
吴江区	13
常熟市	12
奉贤区	12
昆山市	11
宜兴市	8
东阳市	7
乐清市	6
新沂市	5
龙泉区	4
桐乡市	4
瑞安市	4
启东市	4
江阴市	4
嘉善县	3
海宁市	3
余姚市	3
泰兴市	3
东台市	3
邳州市	3
金山区	3
桐城市	2
界首市	2
临海市	2
玉环市	2
诸暨市	2
龙港市	2
建德市	2
海安市	2
张家港市	2

数据来源：前瞻产业园区库、百度地图。

图6—2　长三角中小城市文化产业园区数量前35名

家,宝山区、嘉定区、松江区、金山区均各有1家；浙江省共5家,数量占比为23.81%(5/21),分别是平湖市2家、嘉善县1家、诸暨市1家、温岭市1家；江苏省1家,为张家港市,数量占比为4.55%(1/22)；安徽省中小城市没有文化上市公司。总体来看,上海市文化上市公司数量占据绝对优势,显示了上海市文化产业发展质量很高。紧随其后的是浙江省,值得一提的是,浙江省平湖市拥有2家文化上市公司,显示当地对发展文化产业的重视。"十三五"以来,平湖市文化产业增加值年均增长10.29%；培育规上文化企业69家；引进各类文化企业800余家,年均增长35.42%,其中引进文创企业500余家,占比超过六成。[①] 2022年

---

① 打造百亿级产业！12个高质量文创项目落户平湖[EB/OL].(2020—09—24)[2022—06—17].https://zj.zjol.com.cn/news/1530810.html.

3月平湖市政府又印发《平湖市促进文化产业高质量发展若干政策意见》[①],同时推出"平湖市文化产业发展专项资金扶持项目"[②],这些举措都显示了平湖市政府引领文化产业高质量发展的决心和信心。江苏省和安徽省在文化上市公司数量上表现相对落后,与上海市和浙江省相差巨大,显示长三角中小城市文化产业发展水平不均衡。

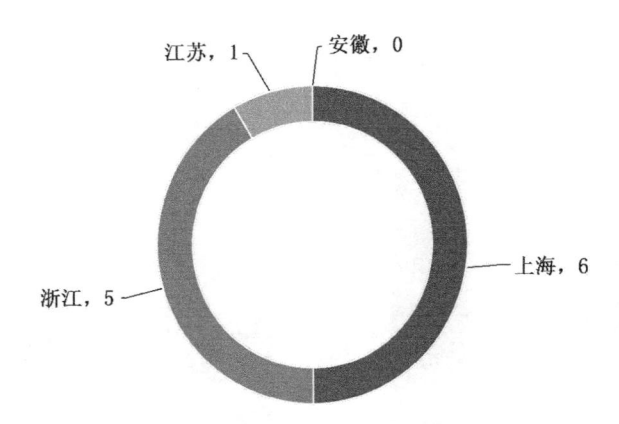

数据来源:大智慧365[证监会行业、申万行业、申万行业(2021)、大智慧行业(经典)]。

图6—3　长三角中小城市文化上市公司数量

从所有长三角中小城市文化类上市公司所涉及的具体行业来看,主营业务为手游、网络游戏的上市公司总共有4家(见图6—4),数量占比为33.33%(4/12),其中上海市3家,分别是注册地为闵行区的恺英网络(002517)、松江区的巨人网络(002558)、嘉定区的姚记科技(002605);浙江省1家,注册地为嘉善县的 *ST巴士(002188)。主营业务为造纸、印刷包装的上市公司总共也有4家,数量占比为33.33%(4/12),其中浙江3家,分别是注册地为平湖市的景兴纸业(002067)和荣晟环保(603165)、注册地为温岭市的森林包装(605500);上海市1家,注册地为金山区的上海艾录(301062)。主营业务为互联网信息服务的上市公司总共有2家,数量占比为16.67%(2/12),分别是注册地为上海市宝山区的上海钢联(30026)以及注册地为浙江省诸暨市的浙江富润(600070)。主营业务为文体传媒的上市公司总共也有2家,数量占比为16.67%(2/12),分别是

---

① 平湖市人民政府关于印发平湖市促进文化产业高质量发展若干政策意见的通知[EB/OL].(2022-03-15)[2022-06-17]. http://www.pinghu.gov.cn/art/2022/3/15/art_1229456584_2396881.html.

② 2021年度平湖市文化产业发展专项资金扶持项目申报公告[EB/OL].(2020-06-13)[2022-06-17]. http://www.pinghu.gov.cn/art/2022/6/13/art_1229406239_4936280.html.

注册地为上海市闵行区的读客文化(301025)以及注册地为江苏省张家港市的金陵体育(300651)。总体来看,文化产业的发展也积极向数字化、网络化、智能化方向发展,特别是2022年中共中央办公厅、国务院办公厅印发的《关于推进实施国家文化数字化战略的意见》明确提出,到"十四五"时期末,基本建成文化数字化基础设施和服务平台,形成线上线下融合互动、立体覆盖的文化服务供给体系。[1] 除了文化产业发展拥抱数字化转型的新趋势外,传统的文化用纸、印刷包装服务作为文化相关生产领域依然占有重要的地位,为文化产业的发展提供了辅助支撑。

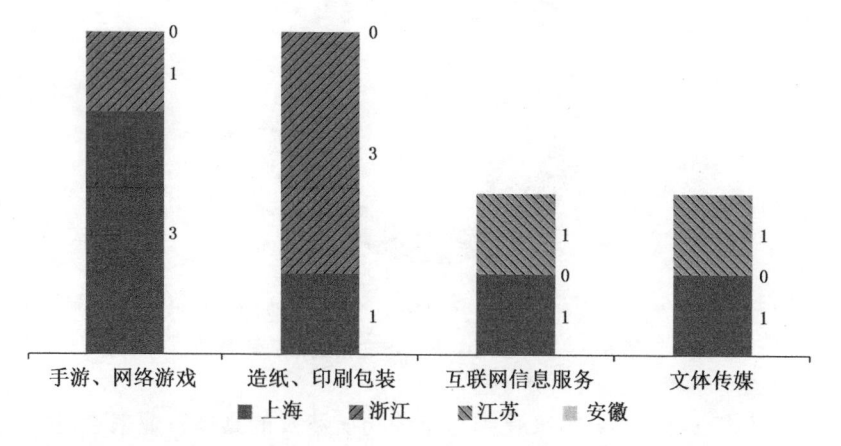

数据来源:大智慧365[证监会行业、申万行业、申万行业(2021)、大智慧行业(经典)]。

图6－4　长三角中小城市文化上市公司行业分布

3. 人均旅游收入

由于2019年年底开始的新冠肺炎疫情,旅游业受影响较大,故本次报告仍旧采用2019年的旅游统计数据。在考察的全部60个长三角中小城市(区、县)中,人均旅游收入排名前30的城市里,浙江省有14个中小城市上榜,数量占比为66.67%(14/21);江苏省有14个中小城市上榜,数量占比为63.64%(14/22);上海市有1个区上榜,数量占比为12.5%(1/8);安徽省有1个城市上榜,数量占比为11.11%(1/9)(见图6－5)。上述统计数据表明浙江省和江苏省人均旅游收入强劲,不分伯仲,这是因为两省历史文化底蕴深厚。截止到2021年,中国5A级旅游景区排行榜中,排名第一位的是江苏省,数量为25,也是唯一数

---

[1] 中共中央办公厅 国务院办公厅印发《关于推进实施国家文化数字化战略的意见》[EB/OL].(2022－05－22)[2022－06－17]. http://www.gov.cn/zhengce/2022－05/22/content_5691759.html.

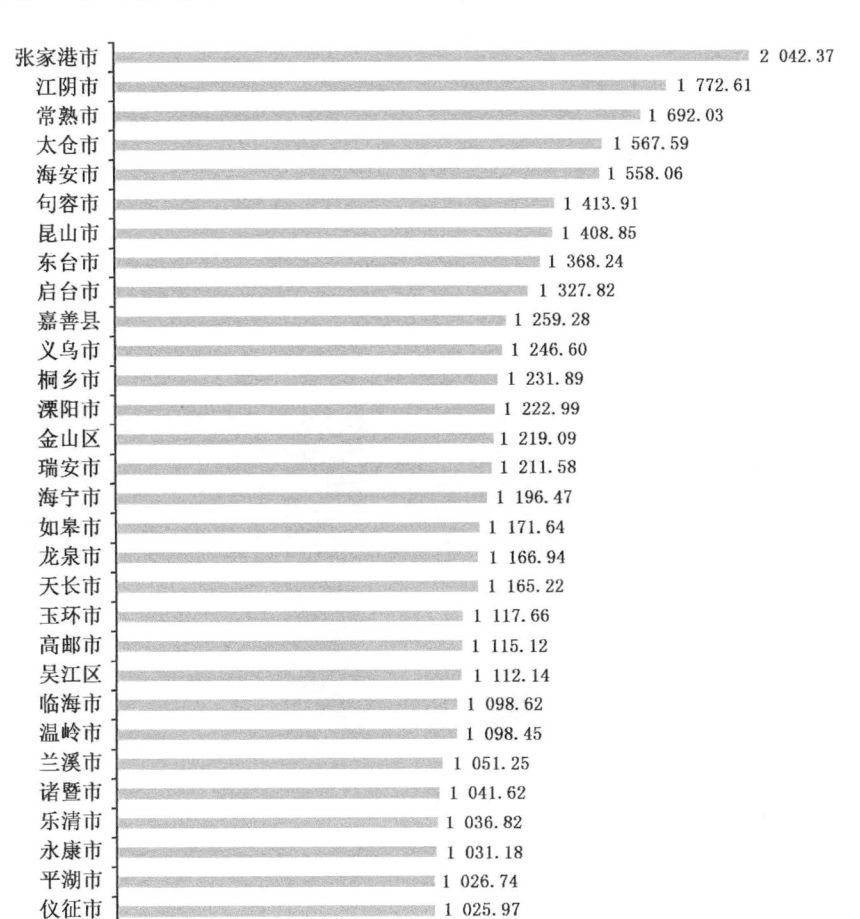

量超过 20 的省份；排名第二位的是浙江省，数量为 19。[①]

城市	数值
张家港市	2 042.37
江阴市	1 772.61
常熟市	1 692.03
太仓市	1 567.59
海安市	1 558.06
句容市	1 413.91
昆山市	1 408.85
东台市	1 368.24
启东市	1 327.82
嘉善县	1 259.28
义乌市	1 246.60
桐乡市	1 231.89
溧阳市	1 222.99
金山区	1 219.09
瑞安市	1 211.58
海宁市	1 196.47
如皋市	1 171.64
龙泉市	1 166.94
天长市	1 165.22
玉环市	1 117.66
高邮市	1 115.12
吴江区	1 112.14
临海市	1 098.62
温岭市	1 098.45
兰溪市	1 051.25
诸暨市	1 041.62
乐清市	1 036.82
永康市	1 031.18
平湖市	1 026.74
仪征市	1 025.97

数据来源：城市统计年鉴、国民经济和社会发展统计公报、文旅局公开统计数据。

图 6—5　长三角中小城市人均旅游收入前 30 名(2019 年)单位：元

从具体数据来看，排名前 30 位的长三角中小城市(区、县)人均旅游收入均超过了 1 000 元人民币。排名最高的为江苏省张家港市，人均旅游收入高达 2 042.37 元人民币，其也是人均旅游收入唯一超过 2 000 元的上榜城市，总数量占比为 1.67%(1/60)。人均旅游收入介于 1 000 元到 2 000 元的城市中，浙江省占 14 家，江苏省占 13 家，上海市和安徽省各占 1 家(见图 6—6)。虽然浙江省

---

① 国家 5A 级旅游景区大盘点！附完整名单[EB/OL]. (2021—10—27)[2022—06—19]. http://news.sohu.com/a/519842951_120151497.

和江苏省在旅游资源上平分秋色,但是浙江省旅游资源以山脉、海湾为主,而江苏省则以平原为主,因此江苏省的中小城市发展相对比较平衡,而浙江省受地理位置的影响,山区地形的地市发展较为落后,从而对旅游收入造成一定的影响。① 排名后 30 位的长三角中小城市(区、县)里,人均旅游收入介于 100 元到 1 000 元的城市中,江苏省占 8 家,上海市和安徽省各占 7 家,浙江省占 6 家,总数量占比为 46.67%(28/60)。在此区间内,各省(市)长三角中小城市(区、县)上榜数量相对比较均衡。人均旅游收入低于 100 元的上榜城市有 2 家,总数量占比为 3.33%(2/60),分别是安徽省界首市的 79.57 元和浙江省龙港市的 47.43 元。

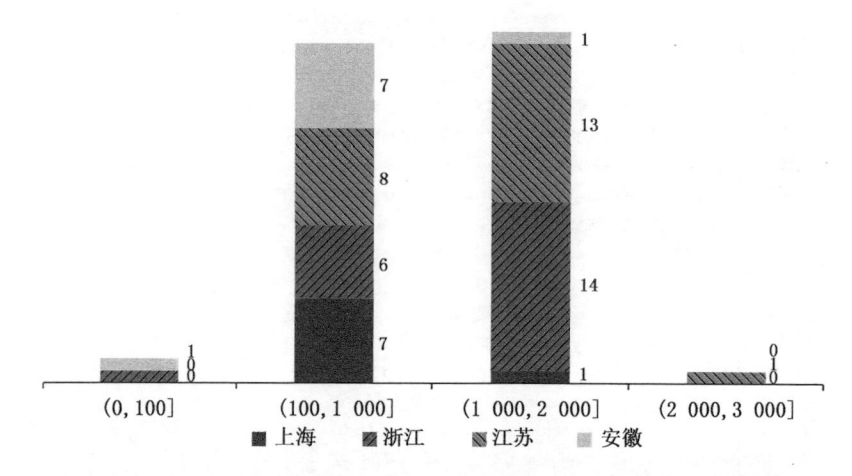

图 6-6　长三角中小城市人均旅游收入旅区间统计(2019 年)单位:元

数据来源:城市统计年鉴、国民经济和社会发展统计公报、文旅局公开统计数据。

4. 标志性文化企业数量

按照国家统计局 2018 年 4 月 2 日发布的《文化及相关产业分类(2018)》,总计涵盖 9 个大类、43 个中类以及 146 个小类。结合长三角中小城市(区、县)的企业登记信息情况,我们分四类行业进行数据检索。第一类是与文化相关的制造类企业,具体包括木材加工和木、竹、藤、棕、草制品业,造纸和纸制品业,印刷和记录媒介复制业,文教、工美、体育和娱乐用品制造业;第二类是信息传输、软件和信息技术服务业,具体包括电信、广播电视和卫星传输服务业,互联网和相关服务业,软件和信息技术服务业;第三类是商务服务业,主要集中在文旅行业;

---

① 中国 5A 级旅游景区排行榜,江苏排第一、浙江排第二[EB/OL].(2021-10-27)[2022-06-19]. https://new.qq.com/omn/20211027/20211027A06HGH00.html.

第四类是文化、体育和娱乐业,具体包括:新闻和出版业,广播、电视、电影和影视录音制作业,文化艺术业,体育,娱乐业。为了体现出文化企业代表性,我们遴选企业的标准如下:(1)企业注册资本大于5 000万元人民币(含);(2)截至2022年6月企业仍然持续;(3)企业无经营异常;(4)企业无失信行为。标志性文化企业数量排名前30名见表6-3。

表6-3　　　　　长三角中小城市标志性文化企业数量前30名

省（直辖市）	地级市	县级市（区）	文化制造业（个）	信息服务业（个）	商业服务业（个）	文化体育娱乐（个）	标志性文化企业数（个）	排名
上海		奉贤区	13	9	38	51	111	1
		闵行区	14	18	28	44	104	2
浙江	金华	东阳市	9	0	21	60	90	3
上海		松江区	8	11	31	28	78	4
		宝山区	3	20	30	20	76	5
		金山区	6	7	37	17	67	6
浙江	金华	义乌市	15	1	22	17	55	7
上海		崇明区	1	6	18	26	51	8
江苏	无锡	江阴市	11	1	23	10	45	9
上海		嘉定区	5	3	18	18	44	10
浙江	绍兴	诸暨市	7	0	23	14	44	10
江苏	无锡	宜兴市	6	1	26	10	43	12
	苏州	昆山市	14	2	16	10	42	13
浙江	嘉兴	海宁市	10	1	13	16	40	14
上海		青浦区	7	9	12	11	39	15
浙江	温州	乐清市	4	6	20	8	38	16
	嘉兴	嘉善县	10	0	16	10	36	17
		桐乡市	6	1	19	8	34	18
江苏	苏州	太仓市	5	3	16	4	28	19
浙江	嘉兴	平湖市	11	1	8	7	27	20

续表

省 (直辖市)	地级市	县级市 (区)	文化 制造业 (个)	信息 服务业 (个)	商业 服务业 (个)	文化 体育娱乐 (个)	标志性文 化企业数 (个)	排名
江苏	苏州	常熟市	5	2	15	4	26	21
		张家港市	2	3	18	3	26	21
		吴江区	0	0	16	10	26	21
浙江	杭州	建德市	5	1	10	9	25	24
江苏	镇江	句容市	2	2	14	5	23	25
	南通	启东市	1	2	14	5	22	26
	常州	溧阳市	0	2	11	7	20	27
	扬州	仪征市	2	3	12	3	20	27
浙江	温州	龙港市	16	0	3	0	19	29
安徽	滁州	天长市	4	4	9	1	18	30

考察全部60个长三角中小城市(区、县),在标志性文化企业数排名前30名中,上海市8个非中心城区全部上榜,且全部进入排名前10位,数量占比为100%(8/8);江苏省共有11家城市上榜,占比为50%(11/22);浙江省共有10家城市上榜,占比为47.62%(10/21);安徽省有1家城市上榜,占比为11.11%(1/9)。

总体来看,第一,上海市标志性文化企业发展占据绝对区位优势。这一方面得益于上海国际金融中心的地位为实体经济提供了高效的资金供给,同时相对成熟的市场环境也激发了文化企业的发展活力。另一方面,上海致力于建设国际文化大都市,大力发展文化创意产业,持续推动"上海文化"品牌建设,进一步提升城市文化软实力与竞争力,为在沪文化企业的发展提供了政策支持。

第二,江苏省和浙江省标志性文化企业数量上榜城市数占比势均力敌。江苏省是传统的文化强省,具有较好的文化产业发展基础。值得一提的是,浙江省标志性文化企业发展较为迅速,在表现进入前10位的城市里,浙江省独占2席,分别是东阳市和义乌市。这是因为东阳是中国著名的影视产业基地,拥有60家文化、体育和娱乐方面的代表性企业,在整个60个长三角中小城市里排行第一。义乌凭借世界小商品之都的地位,通过发达的进出口贸易系统,大力发展跨境贸易、电子商务、数字文化产业,并建立直播基地,拓展直播电商市场,这一系列举措促进了文化企业的优质高效发展。义乌的文化类制造业和商务服务业代表性企业数都占据优势充分证明了这一点。

第三,安徽省标志性文化企业数量上榜城市数较少,有不小进步空间。2022年安徽省GDP首破4万亿元;随着安徽省经济的持续快速发展,文化类企业也将迎来较大发展潜力。

如图6—7和图6—8所示,长三角中小城市标志性文化企业行业分布有以下几个特点:

第一,商业服务业标志性文化企业数量最多,总数为718家,占全部企业数的44.18%(718/1 625)。其中,江苏省数量最多,上海市和浙江省数量相等。商业服务业主要集中在文化旅游产业,浙江的城市间旅游产业发展虽不如江苏均衡,但其影视、动漫、文创产业的强劲动力间接带动了文旅产业的发展。上海商业服务业的亮点主要体现在文化创意产业的优势上,其将旅游、影视、动漫、网络文化、数字版权等与创意设计融为一体,通过新技术应用手段为城市产业发展赋能,完善社会文化供给体系。

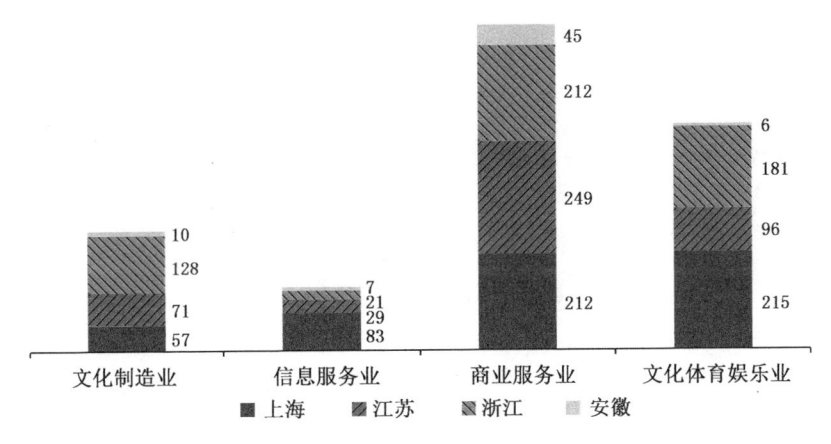

数据来源:爱企查、国家企业信用信息公示系统、信用中国、中国裁判文书网、中国执行信息公开网。

图6—7　长三角中小城市标志性文化企业行业分省(市)分布

第二,文化、体育、娱乐业标志性文化企业共有498家,占全部企业数的30.65%(498/1 625)。其中,上海以215家占据首位,浙江紧随其后,为181家,江苏省与上海市和浙江省有一定差距,有96家,安徽省有6家。上海国际文化大都市的建设目标、传统海派文化的影响力以及完备的城市基础设施,吸引了众多文化传媒和体育文化公司入驻。浙江省虽略落后于上海,但实力强劲。近些年来,通过大力发展电视、电影、动画和游戏产业,浙江省的文化娱乐产业已经成为浙江经济的支柱产业之一。例如,阿里巴巴在2017年就构建了大文娱发展思路,通过入股万达影业、收购阿里影业和优酷视频等市场操作,布局电影和视频端;华策影视集团则是集网剧、综艺和电影为一体的全国影视行业龙头;横店影视城作为我国唯一的国家级影视产业试验区,吸引了众多知名影视企业的入驻。①

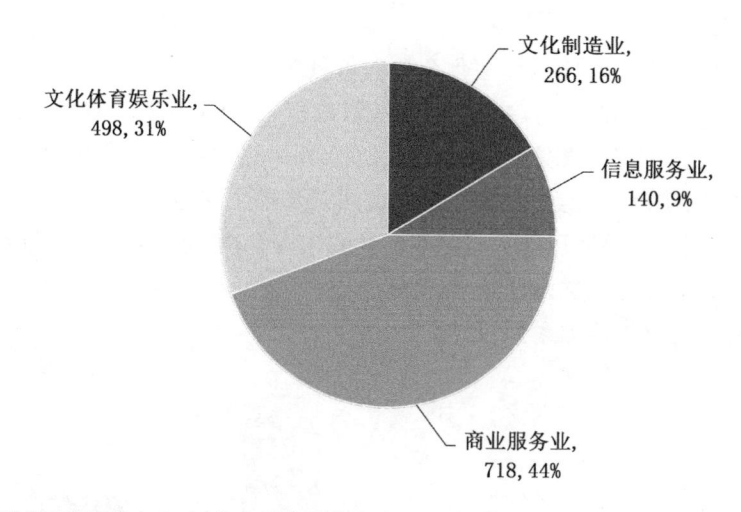

数据来源:爱企查、国家企业信用信息公示系统、信用中国、中国裁判文书网、中国执行信息公开网。

图6-8 长三角中小城市标志性文化企业行业分布

第三,文化类制造业主要集中在传统技艺、造纸印刷和工艺美术等行业。据统计,文化类制造业标志性企业共有266家,占全部企业数的16.37%(266/1 625)。这表明传统文化制造业日渐衰退,随着新技术的应用,特别是数字技术的发展,传统文化可以脱离传统时空的限制,得到迅速传播和推广。浙江省以128家代表性企业占据首位,江苏省以71家和上海市以57家分别位列其后,安徽以10家位列最后。浙江在文化类制造业上的优势表现在:在造纸印刷行业,长三角中小城市造纸印刷上市公司一共有4家,浙江就拥有3家;在工艺美术行业,义乌市在玩具、工艺品等制造业上拥有绝对优势;在传统技艺上,以乐清黄杨木雕技艺及东阳木雕和竹编传统技艺为基础,两市均形成了一定规模的木雕、根雕企业。

第四,虽然文化信息服务类行业的企业只有140家,占全部企业数的

---

① 探索文化产业发展路上的"浙江经验"[EB/OL].(2022-04-18)[2022-06-21]. http://www.360doc.com/content/22/0418/15/52130405_1027102095.shtml.

8.62%(140/1 625),是四大类文化行业里数量占比最少的,但是随着5G技术的融合发展,"5G+云+AI"等信息技术赋能文化产业与其他产业进一步融合发展,会催生出新的文化业态,拉动文化消费,以此做大做强文化产业。上海拥有众多的科研机构和高校,数字信息产业集中优势明显,这些都有利于文化信息服务行业的发展,而上海市以83家代表性文化企业数量大幅领先其他省份也充分证明了这一点。

三、长三角中小城市文化产业指数测度结果

首先,对文化产业园区数量、文化上市公司数量、人均旅游收入、标志性文化企业数据采取归一化处理,通过对原始数据的线性变换,消除量纲,使结果值映射到[0,1]之间;再乘以各自权重得出文化产业综合指数。根据前述理论分析和学术研讨,分别对各指标按照3∶3∶1∶3赋权,具体指数测度结果见表6—4。

表6—4　　　　　长三角中小城市文化产业综合指数前30名

省（直辖市）	地级市	县级市（区）	文化产业园区数量（个）	文化上市公司数量（个）	人均旅游收入（元）	标志性文化企业数量（个）	文化产业综合指数	排名
上海		闵行区	45	2	129.32	104	88.50	1
		松江区	37	1	587.65	78	63.37	2
		宝山区	33	1	678.40	76	60.62	3
		嘉定区	28	1	707.81	44	48.70	4
浙江	嘉兴	平湖市	1	2	1 026.74	27	42.67	5
上海		金山区	3	1	1 219.09	67	40.87	6
		奉贤区	12	0	159.40	111	38.56	7
浙江	金华	义乌市	20	1	1 246.60	55	34.07	8
		东阳市	7	0	900.07	90	33.21	9
江苏	苏州	张家港市	2	1	2 042.37	26	33.15	10
浙江	绍兴	诸暨市	2	1	1 041.62	44	33.04	11
	嘉兴	嘉善县	3	1	1 259.28	36	32.62	12
江苏	苏州	昆山市	11	0	1 408.85	42	25.34	13
上海		青浦区	15	0	799.48	39	24.13	14
浙江	台州	温岭市	0	1	1 098.45	13	23.54	15

续表

省(直辖市)	地级市	县级市（区）	文化产业园区数量（个）	文化上市公司数量（个）	人均旅游收入（元）	标志性文化企业数量（个）	文化产业综合指数	排名
江苏	无锡	江阴市	4	0	1 772.61	45	23.31	16
	苏州	常熟市	12	0	1 692.03	26	23.06	17
	无锡	宜兴市	8	0	989.28	43	21.51	18
	苏州	吴江区	13	0	1 112.14	26	20.82	19
浙江	温州	乐清市	6	0	1036.82	38	19.05	20
	嘉兴	海宁市	3	0	1 196.47	40	18.40	21
	嘉兴	桐乡市	4	0	1 231.89	34	17.60	22
上海		崇明区	1	0	209.45	51	15.12	23
江苏	苏州	太仓市	0	0	1 567.59	28	14.98	24
	南通	启东市	4	0	1 327.82	22	14.81	25
	镇江	句容市	1	0	1 413.91	23	13.52	26
浙江	杭州	建德市	2	0	974.67	25	12.53	27
江苏	南通	海安市	2	0	1 558.06	12	11.91	28
浙江	丽水	龙泉市	4	0	1 166.94	14	11.82	29
江苏	盐城	东台市	3	0	1 368.24	12	11.62	30

在考察的全部60个长三角中小城市（区、县）中，文化产业综合指数排名前30的名单里，上海市8个区全部上榜，数量占比为100%（8/8）；浙江省有11家城市上榜，数量占比为52.38%（11/21）；江苏省也有11家城市上榜，数量占比为50%（11/22）；安徽省没有上榜城市。因此，上海市文化产业综合实力占据绝对优势；浙江省和江苏省文化产业综合实力旗鼓相当，但是与上海市有一定差距；安徽省文化产业综合实力则相对落后。总体来看，长三角中小城市文化产业发展不平衡的局面较为严重。

根据表6-4排名具体结果，上海郊县地区在文化产业综合实力上占据统治地位，共有6个区进入前10，特别是属于上海五大新城的松江区、嘉定区和奉贤区均进入了前10位。除此之外，进入前10的还有浙江的平湖市、义乌市和东阳市，以及江苏的张家港市。上海之所以进入前10次的区域较多，得益于其在文化产业园区数量、文化上市公司数量、标志性文化企业数量上拥有绝对优势，这三大指标是一个区域文化产业发展程度最直接的体现。

值得一提的是,同属浙江金华市代管的义乌市和东阳市在标志性文化企业数量上表现亮眼,甚至超越了上海的一些地区,这是因为义乌锚定世界小商品之都的目标定位,在玩具、流行饰品等与文化产业相关的行业具备优势,在文化艺术业、工美制造业、旅游服务业领域标志性文化企业较多。东阳市作为著名的"艺术之乡",以木雕和竹编最为出名,其乐清黄杨木雕是国家级非物质文化遗产之一,在东阳市,以两者为代表的工艺品企业数量众多。而且东阳也是著名的"文化和影视名城",拥有全球规模最大的影视拍摄基地,催生了影视文化产业的高度聚集,由此吸引了大量的影视文化公司入驻横店,形成了规模庞大的代表性影视文化企业群。

此外,浙江的平湖市和江苏的张家港市分列第5位和第10位。在长三角中小城市为数不多的文化上市公司里,平湖市和张家港市分别拥有2家和1家文化上市公司。由此说明,虽然两地在文化产业园区数量和代表性文化企业数量上并不占据优势,但是两地文化企业发展水平较高。同理,排在第11位的诸暨市、第12位的嘉善县以及第15位的温岭市也是凭借文化企业的高质量发展而在文化产业综合指数上表现颇佳。

综合来看,上海作为全国文化创意产业的高地,定位于建立具有核心竞争力、国际影响力的文化创意产业中心,文化创意产业的支柱地位日益凸显。《上海市社会主义国际文化大都市建设"十四五"规划》也提出,到2025年基本建成具有国际影响力的文化创意产业中心,游戏产业占据全国1/3的份额。因此,无论是在全国还是在长三角城市,上海的文化产业综合发展势力具有引领作用,此次文化产业综合指数排名中,上海郊县进入前十位的数量众多也充分印证了这一点。

除上海之外,在排名前30的城市中,江苏省和浙江省平分秋色,各占11席,但在排名前10的城市中浙江省有3家,江苏省有1家。造成上述现象的原因有以下几点:

第一,浙江省文化产业发展较为迅猛,如图6—9所示,浙江省文化产业增加值占地区GDP比重逐年增长。特别是其电影、电视、动画、游戏等文化产业在全国都具有领先优势,无论是以阿里巴巴为排头兵的互联网巨头大文娱投资策略,还是以横店影视城为代表的国内唯一国家级影视产业试验区,文化产业都已经成为浙江省经济的支柱性产业之一。截至2019年,浙江省文化产业增加值突破4 500亿元大关,占全省GDP的比重仅次于北京,已经成为备受关注的文化强省。《浙江省文化改革发展"十四五"规划》提出,到2025年,浙江省文化产业和旅游产业增加值占GDP的比重均超过8%,同时《浙江省文化和旅游厅关于加快推进数字文化产业高质量发展的实施意见》也提出,到2025年,规上数字文化企业营业收入占规上文化企业营业收入比重达到65%左右。

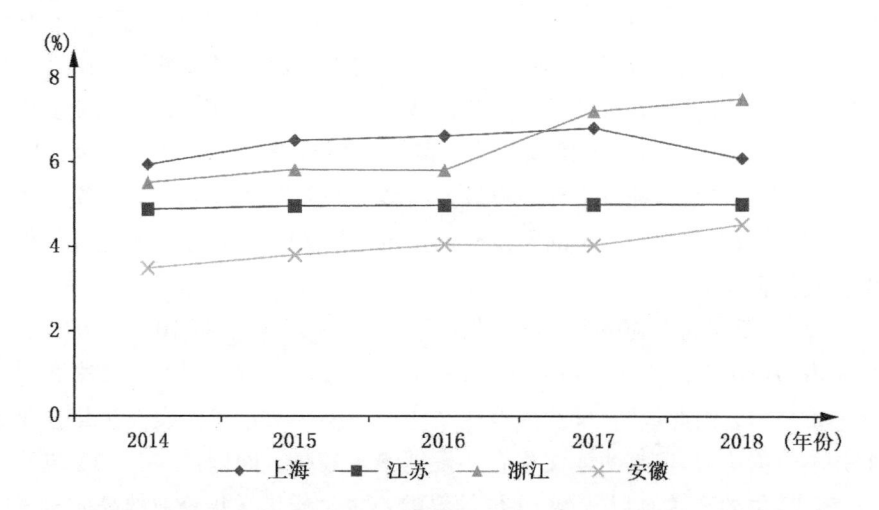

数据来源:《城市统计年鉴》《上海文化产业发展报告》《新华日报文化产业周刊》《安徽统计年鉴》《中国文化及相关产业统计年鉴》、文化产业评论公众号。

图6—9 长三角三省一市文化产业增加值占地区GDP比重

第二,江苏作为传统的文化强省,文化产业增加值总量一直领先(见图6—10),其文化产业主要集中在文化服务业,以宜兴市、江阴市、启东市、吴江区等为代表的江苏省中小城市拥有较多数量的文化服务业标志性文化企业,主营业务聚焦在文化旅游产业。2021年江苏省文化产业及相关产业增加值预计超过5 800亿元,占全省GDP的比重超过5%。《江苏省"十四五"文化和旅游发展规划》提出,到2025年,文化旅游产业支柱性产业地位进一步巩固,引领推动江苏文化和旅游高质量发展走在前列。《江苏省促进文化产业竞争力提升行动计划(2022—2025年)》提出,到2025年,文化产业增加值占全省生产总值比重力争达到6%,而浙江则把目标定位在超过8%。此外,江苏省2019年文化产业年均增速为9.8%,低于上海市的11.4%、浙江省的15.6%以及安徽省的19%。[①]

---

① 胡慧源、年璐臻. 江苏文化产业的发展定力与提质方向[N]. 新华日报,2021—12—17(18).

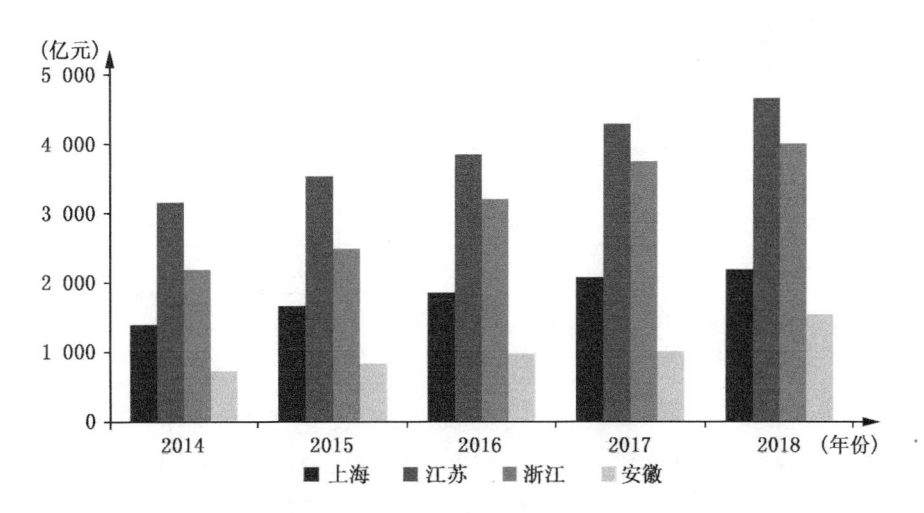

数据来源:《上海文化产业发展报告》《新华日报文化产业周刊》《安徽统计年鉴》《中国文化及相关产业统计年鉴》文化产业评论公众号。

图6—10 长三角三省一市文化产业增加值

四、长三角中小城市文化产业指数测度异质性分析

从产业集群发展的角度而言,企业与产业集群是依存与寄生的关系,所以企业一般选择在产业集群较为成熟的地区经营。[①] 因此,文化企业的规模和所属区域的文化产业发展有着紧密的共生关系。为了进一步考察企业规模大小对文化产业发展程度的影响,我们将文化企业数据按照注册资本大小分为介于5 000万元人民币与1亿元人民币之间(分样本a,下同),以及1亿元人民币以上(分样本b,下同)两类,以此分别对文化产业综合指数进行排名。

(一)长三角中小城市标志性文化企业样本分类描述性统计分析

根据表6—5的统计数据可以发现:第一,注册资本在5 000万元人民币到1亿元人民币的文化企业数量最大值、最小值和均值远大于注册资本在1亿元人民币以上的文化企业,这说明注册资本在1亿元人民币以上文化企业数量远小于注册资本介于5 000万元人民币和1亿元人民币之间的文化企业数量。第二,注册资本在5 000万元人民币到1亿元人民币的文化企业数量标准差为20.102,远大于注册资本在1亿元人民币以上文化企业数量标准差(6.192),这

---

① 龙成志. 创造共享价值:新时代背景下企业竞争战略新范式[J]. 清华管理评论,2021(Z2):65—73.

说明长三角各中小城市注册资本介于5 000万元人民币和1亿元人民币之间的文化企业数量分布较为分散，分布范围相对较广。

表6—5　　　　　　　标志性文化企业样本分类描述性统计

注册资本	个数	均值	标准差	最小值	最大值
标志性文化企业数量[a]	60	20.37	20.102	1	102
标志性文化企业数量[b]	60	6.72	6.192	0	32

注：a. 企业注册资本介于5 000万元人民币（含）和1亿元人民币之间（含）；
b. 企业注册资本大于1亿元人民币。

对比图6—7、图6—11、图6—12可以发现，文化体育娱乐业、文化类制造业、文化类信息服务业文化企业在总样本、分样本a、分样本b中的省（市）中的数量排名没有发生改变，发生改变的主要集中在商业服务业。具体表现在：江苏省在商业服务业代表性文化企业数量总样本中领先，上海市和浙江省位列之后且数量相等；在分样本a中浙江省、上海市、江苏省分别位列前三位，且数量相差不大；在分样本b中江苏省、上海市、浙江省分别位列前三位，数量相差也不大。这说明，一方面，代表性文化企业在江、浙、沪发展较为均衡，安徽相对落后。另一方面，江苏省中小城市里大型文化企业发展更为迅速，而浙江省中小城市里中大型文化企业发展具有较大优势。

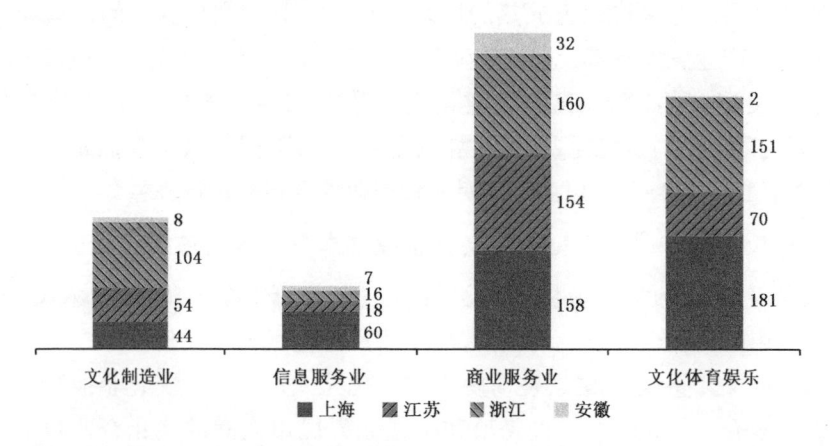

数据来源：国家企业信用信息公示系统、信用中国、中国裁判文书网、中国执行信息公开网。

图6—11　长三角中小城市标志性文化企业行业分省（市）分布[a]

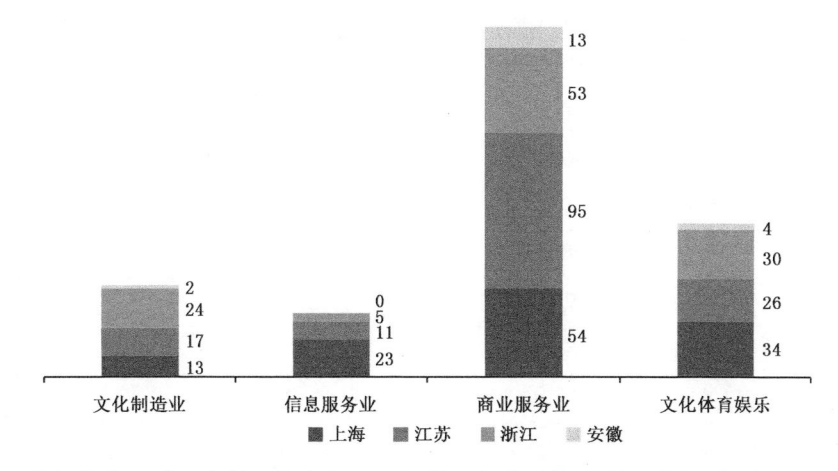

数据来源：国家企业信用信息公示系统、信用中国、中国裁判文书网、中国执行信息公开网。

图6—12　长三角中小城市标志性文化企业行业分省(市)分布[b]

(二)长三角中小城市文化产业指数异质性分析

分别将注册资本大小介于5 000万元人民币与1亿元人民币之间(分样本a,下同)和注册资本大于1亿元人民币的标志性文化企业数据(分样本b,下同)与其他数据进行归一化处理,然后乘以权重,分别得出长三角中小城市文化产业指数(见表6—5和表6—6)。

表6—5　　　　长三角中小城市文化产业综合指数前30名(分样本a)

省(直辖市)	地级市	县级市(区)	文化产业综合指数	排名
上海		闵行区	81.50	1
		松江区	58.71	2
		宝山区	57.69	3
		嘉定区	45.89	4
浙江	嘉兴	平湖市	41.52	5
上海		金山区	40.10	6
		奉贤区	38.56	7
浙江	金华	义乌市	32.41	8
	嘉兴	嘉善县	31.99	9
江苏	苏州	张家港市	30.49	10

续表

省(直辖市)	地级市	县级市(区)	文化产业综合指数	排名
浙江	绍兴	诸暨市	30.23	11
	金华	东阳市	30.03	12
	台州	温岭市	22.35	13
江苏	苏州	常熟市	21.29	14
上海		青浦区	21.20	15
江苏	无锡	宜兴市	20.45	16
	苏州	昆山市	20.40	17
	无锡	江阴市	20.23	18
浙江	温州	乐清市	18.46	19
江苏	苏州	吴江区	18.46	20
浙江	嘉兴	海宁市	17.26	21
		桐乡市	15.73	22
江苏	南通	启东市	13.54	23
上海		崇明区	13.06	24
江苏	镇江	句容市	11.97	25
	南通	海安市	11.58	26
浙江	丽水	龙泉市	11.25	27
	杭州	建德市	11.03	28
江苏	盐城	东台市	11.00	29
浙江	温州	瑞安市	10.88	30

从表6-5的排名可以看出,上海市7个区全部上榜,数量占比为100%(8/8);浙江省有12家城市上榜,数量占比为57.14%(12/21);江苏省有10家城市上榜,数量占比为45.46%(10/22);安徽省没有上榜城市。在排名前10的城市里,上海市占据6席,浙江省占据3席,江苏省占据1席。值得一提的是,浙江的3席里,平湖市是排名首位的非沪城市,且平湖市和嘉善县同属于嘉兴市代管,显示出嘉兴市的文化产业呈高质量发展态势,形成了具有一定优势的文化产业形态。在政策制定层面,嘉兴市于2018年开始制定出台《关于加快推动文化

产业成为千亿级产业的若干政策意见》。① 同时,嘉兴连续5年举办文化产业博览会、连续4年举办文化创意设计大赛,并且从财政、税收、土地等方面构建起了较为完善的政策保障体系。② 在文化产业决策层面,嘉兴市成立了文化产业协会、文化创意特色支行,建设重点文化产业园区,为打造"千亿级"文化产业保驾护航。

表6—6　　长三角中小城市文化产业综合指数前30名(分样本b)

省(直辖市)	地级市	县级市(区)	文化产业综合指数	排名
上海		闵行区	90.41	1
		松江区	63.00	2
		宝山区	55.16	3
		嘉定区	49.16	4
浙江	嘉兴	平湖市	41.20	5
江苏	苏州	张家港市	36.65	6
浙江	绍兴	诸暨市	33.50	7
江苏	苏州	昆山市	32.91	8
上海		金山区	30.37	9
浙江	金华	义乌市	28.72	10
	嘉兴	嘉善县	27.76	11
上海		青浦区	25.96	12
浙江	金华	东阳市	25.82	13
	台州	温岭市	24.96	14
江苏	苏州	太仓市	24.50	15
	无锡	江阴市	24.44	16
	苏州	常熟市	23.74	17
		吴江区	23.38	18
浙江	嘉兴	桐乡市	17.04	19

---

① 中共嘉兴市委 嘉兴市人民政府印发《关于加快推动文化产业成为千亿级产业的若干政策意见》[EB/OL].(2018—10—08)[2022—06—22].https://www.jszhaobiao.com/notice-detail-68912170.html.
② 文化产业为"五彩嘉兴"增光添彩[EB/OL].(2021—07—02)[2022—06—22].https://new.qq.com/rain/a/20210702A09KED00.

续表

省（直辖市）	地级市	县级市（区）	文化产业综合指数	排名
上海		奉贤区	17.00	20
江苏	无锡	宜兴市	16.62	21
江苏	南通	启东市	14.71	22
浙江	嘉兴	海宁市	14.32	23
江苏	镇江	句容市	14.08	24
浙江	温州	乐清市	13.65	25
浙江	杭州	建德市	12.54	26
江苏	扬州	仪征市	12.13	27
浙江	宁波	余姚市	12.09	28
上海		崇明区	11.79	29
江苏	常州	溧阳市	11.52	30

从表6—6的排名可以看出，上海市7个区全部上榜，数量占比为100%（8/8）；浙江省有11家城市上榜，数量占比为52.38%（11/21）；江苏省也有11家城市上榜，数量占比为50%（11/22）；安徽省没有上榜城市。与分样本a的排名数据稍微不同的是，在排名前10的城市里，上海市占据5席，减少1席；浙江省占据3席；江苏省占据2席，增加1席，这也说明江苏省的大型标志性文化企业数量优势明显。具体来看，浙江省平湖市文化产业指数排名依然强劲，江苏省张家港市紧随其后，实力不容小觑。张家港市注册资本超过1亿元的文化企业集中在商业服务业，主要涉及文旅行业，共有10家标志性企业，是长三角中小城市里商业服务业标志性文化企业最多的城市。排名第8的昆山市注册资本超过1亿元的文化企业集中在文化类制造业，主要涉及造纸和印刷行业，共有7家标志性企业，是长三角中小城市里文化类制造业标志性文化企业最多的城市。其商业服务实力也很强劲，注册资本超过1亿元的文化企业有9家，仅次于张家港市。排名第7的诸暨市注册资本超过1亿元的文化企业数优势主要体现在均衡分布上：文化类制造业有4家、商业服务业有4家、文化体育娱乐业有5家。

综合两个分样本排名数据来看，上海市文化产业综合实力强劲，江苏省和浙江省实力不分伯仲，安徽稍显落后。

五、长三角中小城市文化产业指数测度稳健性检验

前面各章节对长三角中小城市文化产业指数测度主要采取主观赋权法。虽然主观赋权经过理论分析和研讨,但是为了证明排名的科学性和稳健性,我们同时采取客观赋权法进行指数排名,并进行两种方法的对照分析,具体采取因子分析法通过方差确定各指标权重后排名。

(一)长三角中小城市文化产业指数因子分析

(1)相关性矩阵

通过对数据标准化处理,得出相关性矩阵(见表6—7)。

表6—7　　　　　　　　　　　相关性矩阵

		Zscore(文化产业园区数)	Zscore(文化上市公司数)	Zscore(人均旅游收入)	Zscore(标志性文化企业数)
相关性	Zscore(文化产业园区数)	1.000	0.515	−0.180	0.709
	Zscore(文化上市公司数)	0.515	1.000	−0.019	0.459
	Zscore(人均旅游收入)	−0.180	−0.019	1.000	−0.085
	Zscore(标志性文化企业数)	0.709	0.459	−0.085	1.000

从表6—7中可以看出多数文化产业指标相关系数大于0.3,因此适合做因子分析。

(2)KMO和巴特利特球形检验

KMO和巴特利特球形检验结果见表6—8。

表6—8　　　　　　　　　　KMO和巴特利特检验

KMO(取样适切性量数)		0.652
巴特利特球形度检验	近似卡方	61.082
	自由度	6
	显著性	0.000

从表6—8中可以看出KMO值为0.652,远大于0.6,适合进行因子分析。巴特利特球形度检验统计值为61.082,结果非常显著,因此拒绝原假设,相关矩阵不大可能是单位阵,适合做因子分析。

(3)反映像矩阵

反映像矩阵见表6—9。

表 6—9　　　　　　　　　　反映像矩阵

		Zscore（文化产业园区数）	Zscore（文化上市公司数）	Zscore（人均旅游收入）	Zscore（标志性文化企业数）
反映像协方差矩阵	Zscore（文化产业园区数）	0.436	−0.173	0.120	−0.284
	Zscore（文化上市公司数）	−0.173	0.713	−0.065	−0.088
	Zscore（人均旅游收入）	0.120	−0.065	0.958	−0.033
	Zscore（标志性文化企业数）	−0.284	−0.088	−0.033	0.484
反映像相关性矩阵	Zscore（文化产业园区数）	0.609[a]	−0.311	0.186	−0.618
	Zscore（文化上市公司数）	−0.311	0.791[a]	−0.079	−0.150
	Zscore（人均旅游收入）	0.186	−0.079	0.481[a]	−0.049
	Zscore（标志性文化企业数）	−0.618	−0.150	−0.049	0.639[a]

a. 取样适切性量数（MSA）。

从表 6—9 中可以看出 MSA 值基本都大于 0.6，可以看出变量之间偏相关系数较小，适合进行因子分析。

（4）公因子方差分析

公因子方差见表 6—10。

表 6—10　　　　　　　　　　公因子方差

	初始	提取
Zscore（文化产业园区数）	1.000	0.806
Zscore（文化上市公司数）	1.000	0.612
Zscore（人均旅游收入）	1.000	0.981
Zscore（标志性文化企业数）	1.000	0.752

提取方法：主成分分析法。

表 6—10 表明，大多数文化产业指标共同度量都在 75% 以上，只有文化上市公司数小于 75%，这说明提取的公因子对原始变量的解释能力是较强的，因此提取的公因子具有代表性。

（5）总方差解释与碎石图

总方差解释与碎石图分别见表 6—11 和图 6—13。

表 6—11　　　　　　　　　　　总方差解释

成分	初始特征值			提取载荷平方和			旋转载荷平方和		
	总计	方差百分比	累积(%)	总计	方差百分比	累积(%)	总计	方差百分比	累积(%)
1	2.155	53.873	53.873	2.155	53.873	53.873	2.121	53.025	53.025
2	0.995	24.877	78.749	0.995	24.877	78.749	1.029	25.724	78.749
3	0.571	14.285	93.035						
4	0.279	6.965	100.000						

提取方法：主成分分析法。

通过表 6—11 可以看到，前两项特征根均超过或非常接近 1，两者方差累计贡献率达到了 78.749%，因此可以选择前两个主因子作为共性因子。

通过图 6—13 也可以看出，特征值超过或者接近 1 的主成分有 2 个，从第 3 个开始曲线逐渐变平缓。由此，我们最终确定前 2 个主成分作为抽取结果。

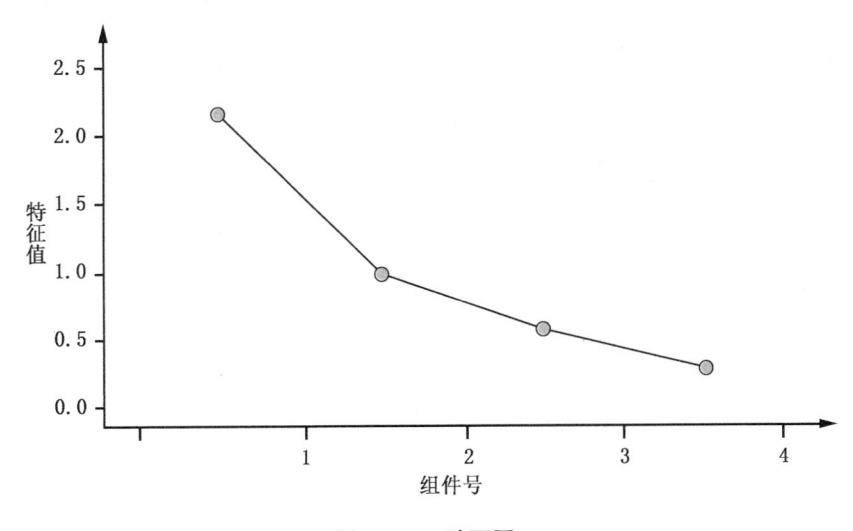

图 6—13　碎石图

(6) 成分矩阵与旋转后的成分矩阵

成分矩阵、旋转后的成分矩阵分别见表 6—12 和表 6—13。

表 6—12　　　　　　　　　　　成分矩阵[a]

	成分	
	1	2
$Zscore$（文化产业园区数）	0.897	−0.035
$Zscore$（文化上市公司数）	0.747	0.232
$Zscore$（人均旅游收入）	−0.216	0.967
$Zscore$（标志性文化企业数）	0.864	0.077

提取方法：主成分分析法。

a. 提取了 2 个成分。

表 6—13　　　　　　　　　旋转后的成分矩阵[a]

	成分	
	1	2
$Zscore$（文化产业园区数）	0.878	−0.188
$Zscore$（文化上市公司数）	0.776	0.101
$Zscore$（人均旅游收入）	−0.047	0.989
$Zscore$（标志性文化企业数）	0.864	−0.072

提取方法：主成分分析法。

旋转方法：凯撒正态化最大方差法。

a. 旋转在 3 次迭代后已收敛。

（7）成分转换矩阵与成分得分系数矩阵

成分转换矩阵与成分得分系数矩阵分别见表 6—14 和表 6—15。

表 6—14　　　　　　　　　　　成分转换矩阵

成分	1	2
1	0.985	−0.171
2	0.171	0.985

提取方法：主成分分析法。

旋转方法：凯撒正态化最大方差法。

表 6—15　　　　　　　　　成分得分系数矩阵

	成分 1	成分 2
Zscore（文化产业园区数）	0.404	−0.106
Zscore（文化上市公司数）	0.381	0.170
Zscore（人均旅游收入）	0.067	0.974
Zscore（标志性文化企业数）	0.408	0.008

提取方法：主成分分析法。
旋转方法：凯撒正态化最大方差法。
组件得分。

通过表 6—15 可以看出，公因子 1 里文化产业园区数、文化上市公司数、标志性文化企业得分系数较大，这表明成分 1 对文化企业发展的广度和深度进行了综合的考量。相比之下，公因子 2 里人均旅游收入得分系数明显大于其他 3 个指标，这表明成分 2 对城市文化旅游发展状况的衡量。

(8) 长三角中小城市文化产业综合指数

根据长三角中小城市各因子得分计算，以各因子得分的方差贡献率占公共因子总方差贡献率的比重作为权数进行加权计算，得出长三角中小城市文化产业综合指数得分（见表 6—16）。

表 6—16　　　　长三角中小城市文化产业综合指数排名（因子总得分）

省（直辖市）	地级市	县级市（区）	FAC1_1	FAC2_1	得分	因子分析排名
上海		闵行区	4.297 86	−1.566 33	2.445 362	1
		松江区	2.797 30	−0.822 58	1.653 78	2
		宝山区	2.604 69	−0.576 70	1.599 689	3
江苏	苏州	张家港市	0.643 22	2.782 98	1.319 17	4
上海		金山区	1.237 84	0.958 98	1.149 748	5
浙江	嘉兴	平湖市	1.254 87	0.897 71	1.142 043	6
上海		嘉定区	1.863 57	−0.464 82	1.128 032	7
浙江	嘉兴	嘉善县	0.731 74	1.038 48	0.828 639	8
	金华	义乌市	0.986 76	0.468 80	0.823 136	9
	绍兴	诸暨市	0.787 18	0.569 67	0.718 469	10
江苏	无锡	江阴市	0.208 29	1.813 13	0.715 259	11
	苏州	常熟市	0.228 91	1.538 00	0.642 452	12

续表

省（直辖市）	地级市	县级市（区）	FAC1_1	FAC2_1	得分	因子分析排名
浙江	金华	东阳市	0.948 20	−0.141 50	0.603 964	13
江苏	苏州	昆山市	0.406 51	0.926 41	0.570 746	14
上海		奉贤区	1.398 46	−1.833 84	0.377 376	15
浙江	台州	温岭市	0.196 89	0.708 71	0.358 574	16
江苏	苏州	太仓市	−0.277 55	1.398 57	0.251 936	17
江苏	苏州	吴江区	0.183 34	0.240 93	0.201 533	18
浙江	嘉兴	海宁市	−0.006 06	0.545 45	0.168 162	19
江苏	无锡	宜兴市	0.228 58	0.030 38	0.165 969	20
浙江	嘉兴	桐乡市	−0.056 41	0.610 81	0.154 365	21
上海		青浦区	0.436 95	−0.470 92	0.150 154	22
江苏	南通	海安市	−0.456 67	1.349 84	0.114 007	23
江苏	镇江	句容市	−0.340 37	1.044 94	0.097 249	24
浙江	温州	乐清市	0.066 51	0.156 89	0.095 061	25
江苏	南通	启东市	−0.240 00	0.819 79	0.094 788	26
江苏	盐城	东台市	−0.442 41	0.917 64	−0.012 77	27
浙江	温州	瑞安市	−0.423 07	0.558 94	−0.112 85	28
江苏	常州	溧阳市	−0.462 60	0.632 01	−0.116 81	29
浙江	丽水	龙泉市	−0.396 87	0.460 60	−0.126	30
安徽	滁州	天长市	−0.504 51	0.503 30	−0.186 14	31
浙江	杭州	建德市	−0.331 32	0.060 34	−0.207 59	32
江苏	南通	如皋市	−0.569 62	0.516 31	−0.226 57	33
浙江	台州	临海市	−0.510 61	0.331 44	−0.244 61	34
江苏	扬州	仪征市	−0.449 45	0.183 87	−0.249 38	35
江苏	扬州	高邮市	−0.594 82	0.390 67	−0.283 5	36
浙江	金华	兰溪市	−0.528 19	0.238 36	−0.286 04	37
浙江	台州	玉环市	−0.590 31	0.372 11	−0.286 28	38
浙江	宁波	余姚市	−0.425 76	−0.034 53	−0.302 17	39
江苏	泰州	泰兴市	−0.485 59	0.054 93	−0.314 84	40
浙江	金华	永康市	−0.640 74	0.203 94	−0.373 91	41
浙江	宁波	慈溪市	−0.547 90	−0.046 49	−0.389 5	42

续表

省（直辖市）	地级市	县级市（区）	FAC1_1	FAC2_1	得分	因子分析排名
安徽	安庆	桐城市	−0.610 20	0.084 63	−0.390 7	43
		潜山市	−0.725 13	−0.061 66	−0.515 54	44
浙江	绍兴	嵊州市	−0.659 72	−0.231 56	−0.524 46	45
上海		崇明区	−0.062 41	−1.616 95	−0.553 49	46
江苏	泰州	兴化市	−0.637 73	−0.390 85	−0.559 74	47
安徽	芜湖	无为市	−0.814 25	−0.157 20	−0.606 69	48
	宣城	宁国市	−0.706 71	−0.511 25	−0.644 96	49
安徽	滁州	明光市	−0.729 73	−0.605 36	−0.690 44	50
浙江	衢州	江山市	−0.767 47	−0.673 87	−0.737 9	51
江苏	泰州	靖江市	−0.742 58	−0.791 10	−0.757 91	52
	徐州	新沂市	−0.475 22	−1.548 97	−0.814 42	53
		邳州市	−0.622 78	−1.451 23	−0.884 49	54
安徽	合肥	巢湖市	−0.757 05	−1.161 43	−0.884 79	55
江苏	镇江	丹阳市	−0.788 46	−1.215 84	−0.923 47	56
安徽	宣城	广德市	−0.834 45	−1.403 49	−1.014 21	57
浙江	温州	龙港市	−0.572 68	−1.997 43	−1.022 76	58
江苏	镇江	扬中市	−0.855 09	−1.701 89	−1.122 59	59
安徽	阜阳	界首市	−0.865 20	−1.931 77	−1.202 13	60

通过因子总得分得出长三角中小城市文化产业综合指数排名，我们发现前十位上榜城市中，上海市入围5席，数量占比为62.5%（5/8）；浙江省入围4席，数量占比为19.05%（4/21）；江苏省入围1席，数量占比为4.55%（1/22）；安徽省没有城市上榜。在排名前30的上榜城市中，上海市入围7席，数量占比为87.5%（7/8）；江苏省入围12席，数量占比为54.55.9%（12/22）；浙江省入围11席，数量占比为52.38%（11/21）；安徽省没有入围城市。以上数据分析说明上海市样本区域在长三角中小城市中文化产业综合实力强劲；江苏省作为传统文化大省，文化产业仍然具有较强实力，特别是张家港市是江苏省中小城市里唯一拥有文化类上市公司的城市，同时人均旅游收入位列长三角中小城市首位，且是唯一突破2 000元人民币的城市，因此位列第四。浙江省中小城市文化产业综合实力虽然不及上海，但是具有很强的增长潜力，表现在前10的城市里，浙江省占据4席。平湖市、义乌市等文化产业发达中小城市均上榜，这与浙江省政府近

些年来重视文化产业在整个经济增长中的拉动作用相关,同时也与浙江省民营经济活力强劲不无关联。

在排行最后10位的城市中,安徽省占据3席,数量占比为33.33%(3/9);江苏省占据5席,数量占比为22.73%(5/22);浙江省占据2席,数量占比为9.52%(2/21)。而在排行最后30位的城市中,安徽省占据全部9席,数量占比为100%(9/9);浙江省占据10席,数量占比为47.62%(10/21);江苏省占据10席,数量占比为45.45%(10/22);上海市占据1席,数量占比为12.5%(1/8)。以上数据分析说明安徽省中小城市文化产业发展相对落后,与长三角其他中小城市相比,其文化产业发展还有一段较长距离要走;但是随着安徽省经济增速的逐年提升,其文化产业拥有较大的增长潜力。虽然浙江省和江苏省的中小城市文化产业综合排名靠前的城市不少,但是靠后的城市也很多,这说明两省的文化产业发展严重不平衡;如何利用长三角一体化国家战略统筹全局,实现区域文化产业均衡协调发展,挖掘排名落后城市的文化产业潜力,谋划地方特色文化产业布局,是两省接下来文化产业发展的重点。上海市崇明区由于受到地理位置的限制,在交通布局和基础设施建设上相对上海其他中心城区稍显落后。虽然崇明区具备自然环境优势,但由于以往旅游产业项目单一化,还未形成规模化、统一化的综合性产业,因此亟须形成大市场、大产业的综合性旅游产业发展思路。随着轨交崇明线一期工程正式进入施工阶段、沪渝蓉沿江高铁获得批复,崇明的文化产业发展将有望补齐短板,迎来发展的"春天"。

(9)成分得分协方差矩阵

从成分得分协方差矩阵(见表6-17)可知,不同因子之间协方差为0,这表明两个因子之间是不相关的,这也表明提取的共性因子之间的独立性,符合所得因子独立性要求。

表6-17 成分得分协方差矩阵

成分	1	2
1	1.000	0.000
2	0.000	1.000

提取方法:主成分分析法。
旋转方法:凯撒正态化最大方差法。
组件得分。

(二)长三角中小城市文化产业综合指数排名稳健性检验

将因子得分的方差贡献率比重作为权重的总因子得分排名和主观赋权计算

的综合排名加以比较分析,结果如表6—18所示。

表6—18　　　长三角中小城市文化产业指数主客观赋权排名对比

省（直辖市）	地级市	县级市(区)	因子分析排名	主观赋权排名
上海		闵行区	1	1
		宝山区	3	3
		嘉定区	7	4
		松江区	2	2
		金山区	5	6
		青浦区	22	14
		奉贤区	15	7
		崇明区	46	23
江苏	无锡	江阴市	11	16
		宜兴市	20	18
	徐州	新沂市	53	43
		邳州市	54	49
	常州	溧阳市	29	32
	苏州	常熟市	12	17
		张家港市	4	10
		昆山市	14	13
		太仓市	17	24
		吴江区	18	19
	南通	启东市	26	25
		如皋市	33	39
		海安市	23	28
	盐城	东台市	27	30
	扬州	仪征市	35	34
		高邮市	36	41
	镇江	丹阳市	56	57
		扬中市	59	59
		句容市	24	26
	泰州	兴化市	47	46
		靖江市	52	53
		泰兴市	40	36

续表

省（直辖市）	地级市	县级市(区)	因子分析排名	主观赋权排名
浙江	杭州	建德市	32	27
	宁波	余姚市	39	33
		慈溪市	42	40
	温州	瑞安市	28	31
		乐清市	25	20
		龙港市	58	48
	嘉兴	海宁市	19	21
		平湖市	6	5
		桐乡市	21	22
		嘉善县	8	12
	绍兴	诸暨市	10	11
		嵊州市	45	47
	金华	兰溪市	37	38
		义乌市	9	8
		东阳市	13	9
		永康市	41	45
	衢州	江山市	51	54
	台州	玉环市	38	42
		温岭市	16	15
		临海市	34	37
	丽水	龙泉市	30	29
安徽	合肥	巢湖市	55	56
	阜阳	界首市	60	60
	滁州	天长市	31	35
		明光市	50	52
	芜湖	无为市	48	55
	宣城	宁国市	49	51
		广德市	57	58
	安庆	桐城市	43	44
		潜山市	44	50

从排名数据直观上来看，两种方法排名结果总体差异性不大，基本保持了一致性。为了检验两种排名结果是否有显著差异，我们分两步进行统计检验。

(1) 单样本柯尔莫戈洛夫－斯米诺夫检验

对两组排名数据进行单样本柯尔莫戈洛夫－斯米诺夫检验，结果见表6—19。

表6-19　　　长三角中小城市文化产业指数主客观赋权排名 K-S 检验

单样本柯尔莫戈洛夫-斯米诺夫检验			因子分析排名	主观赋权排名
个案数			60	60
正态参数[a,b]	平均值		30.50	30.50
	标准　偏差		17.464	17.464
最极端差值	绝对		0.064	0.064
	正		0.064	0.064
	负		−0.064	−0.064
检验统计			0.064	0.064
渐近显著性(双尾)			0.200[c,d]	0.200[c,d]

a. 检验分布为正态分布。
b. 根据数据计算。
c. 里利氏显著性修正。
d. 这是真显著性的下限。

从表6-19可以看出,渐进显著性值均为0.2,远大于0.05,因此两组排名数据符合正态分布。

(2)配对样本 T 检验

对两组排名数据进行配对样本 T 检验,具体结果见表6-20、表6-21和表6-22。

表6-20　　　　　　　　　配对样本统计

		平均值	个案数	标准差	标准误差平均值
配对1	因子分析排名	30.50	60	17.464	2.255
	主观赋权排名	30.50	60	17.464	2.255

表6-21　　　　　　　　　配对样本相关性

		个案数	相关性	显著性
配对1	因子分析排名 & 主观赋权排名	60	0.959	0.000

表 6—22　　　　　　　　　　　　配对样本 T 检验

		配对差值					T	自由度	Sig.（双尾）
		平均值	标准差	标准误差平均值	差值95%置信区间				
					下限	上限			
配对 1	因子分析排名－主观赋权排名	0.000	4.992	0.644	−1.289	1.289	0.000	59	1.000

从表 6—21 可以看出，两个排名数据相关性为 0.959，结果非常显著，这说明因子分析排名和主观赋权排名之间存在线性相关且相关性较高。

从表 6—22 可以看出，配对样本 T 检验的 P 值为 1，远大于 0.05，这说明因子分析排名和主观赋权排名之间不存在显著差异，也就是说两种排名方法没有显著差别。因此，本章第二节的主观赋权方法排名结果具备稳健性。

六、长三角中小城市文化产业指数分报告结论与建议

通过对长三角中小城市文化产业数据的聚类分析，结合长三角中小城市文化产业综合指数排名，对长三角各中小城市文化产业发展现状进行总结，并提出相应的对策建议。

（一）基于文化产业指标数据的长三角中小城市聚类分析

基于长三角中小城市文化产业指标数据进行聚类分析，得出各中小城市文化产业发展的共同点。为了避免主观确定聚类数目，我们首先采取组内平方和误差确定最佳聚类数目，然后再进行聚类分析。

由图 6—14 可以看出，聚类数目从 1 到 3 时，WSS 值快速下降。而当聚类数目从 3 开始，WSS 值减少开始变得放缓，这就表明进一步增加聚类数目并不能增强聚类效果，因此最佳聚类数目为 3。图 6—15 为可视化聚类图，具体城市聚类统计见表 6—23。

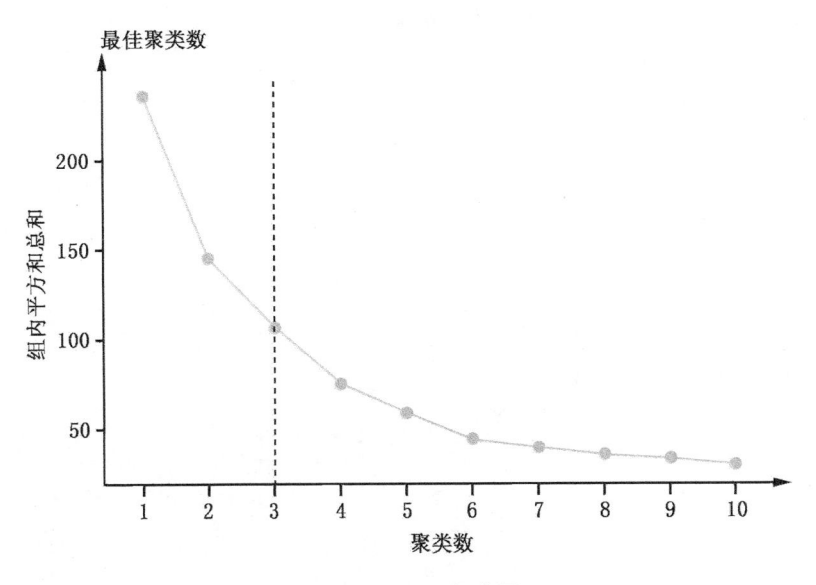

图 6—14　WSS 拐点图

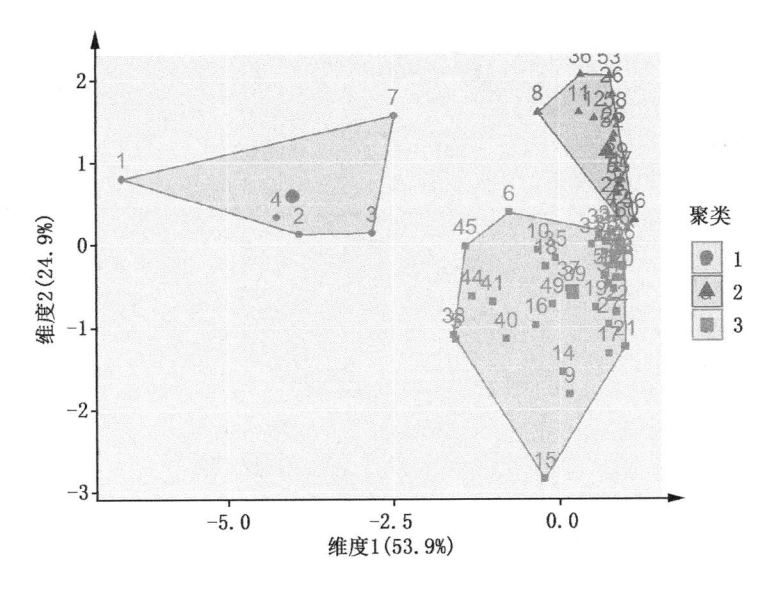

图 6—15　可视化聚类图

表 6—23　　　　　　　　　　长三角中小城市聚类分析

序号	县级市(区)	序号	县级市(区)	序号	县级市(区)
1	闵行区	5	金山区	8	崇明区
2	宝山区	6	青浦区	11	新沂市
3	嘉定区	9	江阴市	12	邳州市
4	松江区	10	宜兴市	25	丹阳市
7	奉贤区	13	溧阳市	26	扬中市
		14	常熟市	28	兴化市
		15	张家港市	29	靖江市
		16	昆山市	36	龙港市
		17	太仓市	42	嵊州市
		18	吴江区	47	江山市
		19	启东市	52	巢湖市
		20	如皋市	53	界首市
		21	海安市	55	明光市
		22	东台市	56	无为市
		23	仪征市	57	宁国市
		24	高邮市	58	广德市
		27	句容市	60	潜山市
		30	泰兴市		
		31	建德市		
		32	余姚市		
		33	慈溪市		
		34	瑞安市		
		35	乐清市		
		37	海宁市		
		38	平湖市		
		39	桐乡市		
		40	嘉善县		
		41	诸暨市		
		43	兰溪市		
		44	义乌市		
		45	东阳市		
		46	永康市		
		48	玉环市		
		49	温岭市		
		50	临海市		
		51	龙泉市		
		54	天长市		
		59	桐城市		

(二)长三角中小城市文化产业指数报告结论

如表 6—24 所示,将长三角中小城市聚类分析、主观赋值排名、客观赋值排名综合对比,我们可以针对长三角中小城市文化产业发展指数得出以下结论:

表6—24　　长三角中小城市聚类分析、客观赋权排名、主观赋权排名对比

县级市(区)	县级市(区)	县级市(区)	县级市(区)	因子分析排名	县级市(区)	主观赋权排名
闵行区	金山区	崇明区	闵行区	1	闵行区	1
宝山区	青浦区	新沂市	松江区	2	松江区	2
嘉定区	江阴市	邳州市	宝山区	3	宝山区	3
松江区	宜兴市	丹阳市	张家港市	4	嘉定区	4
奉贤区	溧阳市	扬中市	金山区	5	平湖市	5
	常熟市	兴化市	平湖市	6	金山区	6
	张家港市	靖江市	嘉定区	7	奉贤区	7
	昆山市	龙港市	嘉善县	8	义乌市	8
	太仓市	嵊州市	义乌市	9	东阳市	9
	吴江区	江山市	诸暨市	10	张家港市	10
	启东市	巢湖市	江阴市	11	诸暨市	11
	如皋市	界首市	常熟市	12	嘉善县	12
	海安市	明光市	东阳市	13	昆山市	13
	东台市	无为市	昆山市	14	青浦区	14
	仪征市	宁国市	奉贤区	15	温岭市	15
	高邮市	广德市	温岭市	16	江阴市	16
	句容市	潜山市	太仓市	17	常熟市	17
	泰兴市		吴江区	18	宜兴市	18
	建德市		海宁市	19	吴江区	19
	余姚市		宜兴市	20	乐清市	20
	慈溪市		桐乡市	21	海宁市	21
	瑞安市		青浦区	22	桐乡市	22
	乐清市		海安市	23	崇明区	23
	海宁市		句容市	24	太仓市	24
	平湖市		乐清市	25	启东市	25
	桐乡市		启东市	26	句容市	26
	嘉善县		东台市	27	建德市	27
	诸暨市		瑞安市	28	海安市	28
	兰溪市		溧阳市	29	龙泉市	29
	义乌市		龙泉市	30	东台市	30
	东阳市		天长市	31	瑞安市	31
	永康市		建德市	32	溧阳市	32
	玉环市		如皋市	33	余姚市	33
	温岭市		临海市	34	仪征市	34
	临海市		仪征市	35	天长市	35
	龙泉市		高邮市	36	泰兴市	36
	天长市		兰溪市	37	临海市	37
	桐城市		玉环市	38	兰溪市	38
			余姚市	39	如皋市	39
			泰兴市	40	慈溪市	40
			永康市	41	高邮市	41
			慈溪市	42	玉环市	42
			桐城市	43	新沂市	43
			潜山市	44	桐城市	44
			嵊州市	45	永康市	45
			崇明区	46	兴化市	46
			兴化市	47	嵊州市	47
			无为市	48	龙港市	48
			宁国市	49	邳州市	49
			明光市	50	潜山市	50
			江山市	51	宁国市	51
			靖江市	52	明光市	52
			新沂市	53	靖江市	53
			邳州市	54	江山市	54
			巢湖市	55	无为市	55
			丹阳市	56	巢湖市	56
			广德市	57	丹阳市	57
			龙港市	58	广德市	58
			扬中市	59	扬中市	59
			界首市	60	界首市	60

第一,通过聚类分析可以看出上海市闵行区、宝山区、嘉定区、松江区、奉贤区文化产业综合实力在60个长三角中小城市(区、县)中属于强势一类。在主观

赋权排名和客观赋权排名中,也可以看出上海这几个非中心城区排名相对整个长三角中小城市均靠前。

在具体指标数据上,这几个区域在文化产业园区数量、文化类上市公司数量以及标志性文化企业数量上都拥有明显的优势,而这三个指标都反映了文化产业发展的深度与广度,因此决定了文化产业综合指数排名靠前。特别是在文化传播、文化创意、文化艺术、体育文化、娱乐业行业,上海市这几个行业拥有大规模的文化企业,数量是其他长三角中小城市相应数量的数倍之多,这些都是区域文化产业发展的活力因子。此外,上海市几个样本区域的文化信息产业标志性企业数量众多,相比其他各省中小城市具有压倒性优势,这也源于其具有较好的基础设施优势、人才聚集优势,以及较为完善的信息产业生态。

宏观来看,上海国际金融中心建设和国际文化大都市建设的目标为上海文化产业发展提供了融资支持、市场支持、国际化支持,这些都大大助力了上海文化产业发展。上海城市文化建设"十四五"目标也提出推动文化创意产业创新发展,实施"文化+""+文化战略",着力建设具有核心竞争力、国际影响力的文化创意产业中心。同时上海持续聚焦城市数字化建设,提升文化创意产业的数字创造力。虽然受到新冠肺炎疫情影响,部分文化行业产值下降,但是2020年上海文化创意产业总产出已超出2万亿元人民币,这些都体现了上海文化产业的活力与潜力。

第二,上海市的金山区、崇明区;除新沂市、邳州市、兴化市、丹阳市、扬中市之外的所有江苏省中小城市;除龙港市、嵊州市、江山市之外的所有浙江省中小城市;以及安徽省的桐城市,是中间一类。从主客观赋权分析排名结果以及文化产业指数各单独指标统计数据来看,这些中小城市文化产业综合实力比较强势。

江苏省作为文化大省,旅游资源较为丰富,加上地理位置良好,在旅游产业上具备很强实力。张家港市的人均旅游收入在60个中小城市里排名最高,也是唯一个人旅游收入突破2 000元人民币的城市,包括江阴市、常熟市、太仓市、海安市、昆山市等一众江苏省中小城市紧随其后,人均旅游收入接近或超过1 500元人民币。张家港还是江苏中小城市里唯一拥有1家文化类上市公司的城市。此外,昆山市、常熟市和吴江区均拥有11~13家文化产业园区,这表明江苏省这些中小城市文化产业积聚程度很高。这一方面源于当地较强的产业区位优势,另一方面是同为这些城市地理位置为环沪周边城市,由于技术溢出效应,故这些城市可更便捷地获得人才、资金和技术等创新资源,从而提升了当地文化产业的聚集程度。近些年以来,江苏省的文化产业也逐渐从过去的文化制造业向文化创意产业等高附加值产业转型,占据文化产业增加值半壁江山以上的份额。在宜兴市、昆山市、吴江区的代表性文化企业里，有非常多的文化创意、文化设计公司，也充分说明了江苏省文化产业发展较快的趋势。

浙江省除了三个城市外，其他中小城市全部在这一类里，充分说明了浙江省文化产业具有较强的活力和生命力。浙江省中小城市文化产业有两大特点：首先，其拥有除上海市以外最多的文化上市公司，而且大部分集中在造纸和印刷包装领域。其中，5家文化上市公司就有3家主营业务为造纸、印刷包装；平湖市2家，温岭市1家。龙港市拥有注册资本5 000万元以上造纸、印刷包装企业15家，嘉善县拥有7家。这显示了浙江省中小城市在传统文化制造领域较强的实力。同时，由东阳市木雕和竹编及乐清市黄杨木雕为基础发展而来的木、竹、藤、棕、草制品业企业，也使得浙江省的传统文化制造业实力较强。其次，浙江省拥有强势文化品牌的中小城市。东阳市横店作为我国最负盛名的影视文化基地，是中国唯一的国家级影视产业试验区，以其高程度的影视文化产业聚集优势，吸引了众多影视公司落户横店，还带动了横店旅游产业发展。东阳市拥有注册资本5 000万元以上代表性影视文化企业59家，其中不乏注册资本100亿元的浙江横都影视产业有限公司等企业。此外，义乌以建设世界"小商品之都"为目标，其文化制造业具备很强基础实力，近些年面对世界宏观经济环境变化以及国家产业结构调整的趋势，其实现了从文化制造向文化创造的转变。此外，义乌市政府还适时推出了《义乌市"十四五"制造业高质量发展规划》，实现工艺品、日用品、印刷包装等小商品制造业数字化转型升级，并试图以文化制造业创新发展培育信息光电、新能源汽车、高端芯片及智能终端、医疗健康四大新兴产业。

第三，除了桐城市以外的其他安徽省中小城市，以及前两类之外的上海市崇明区、江苏省和浙江省中小城市都在此类。从文化产业综合指数排名来看，安徽省中小城市整体文化产业实力相对较弱，唯一进入第二类的城市是桐城市。桐城市标志性文化企业数量和文化产业园区数量在整个安徽省中小城市样本里综合实力最强。桐城市标志性文化企业以文旅企业为典型特征，拥有5家注册资本5 000万元以上文化旅游企业，同时拥有2家文化产业园区。桐城市作为国家历史文化名城，历史文化资源十分丰富，拥有四个安徽省历史文化街区，已公布的历史建筑206处、不可移动文物506处、71项非遗名录，这些文化资源禀赋使得桐城市的文旅产业具备先天优势。

（三）长三角中小城市文化产业发展对策建议

通过SWOT分析，根据长三角中小城市文化产业发展指数分析报告，结合市场机会、市场风险、内部优势、内部劣势提出对策建议，具体分为优势发展战略、优势防御战略、防御战略和扭转型战略。其中S代表上海市、J代表江苏省、

Z代表浙江省、A代表安徽省,具体对策建议见图6—16。

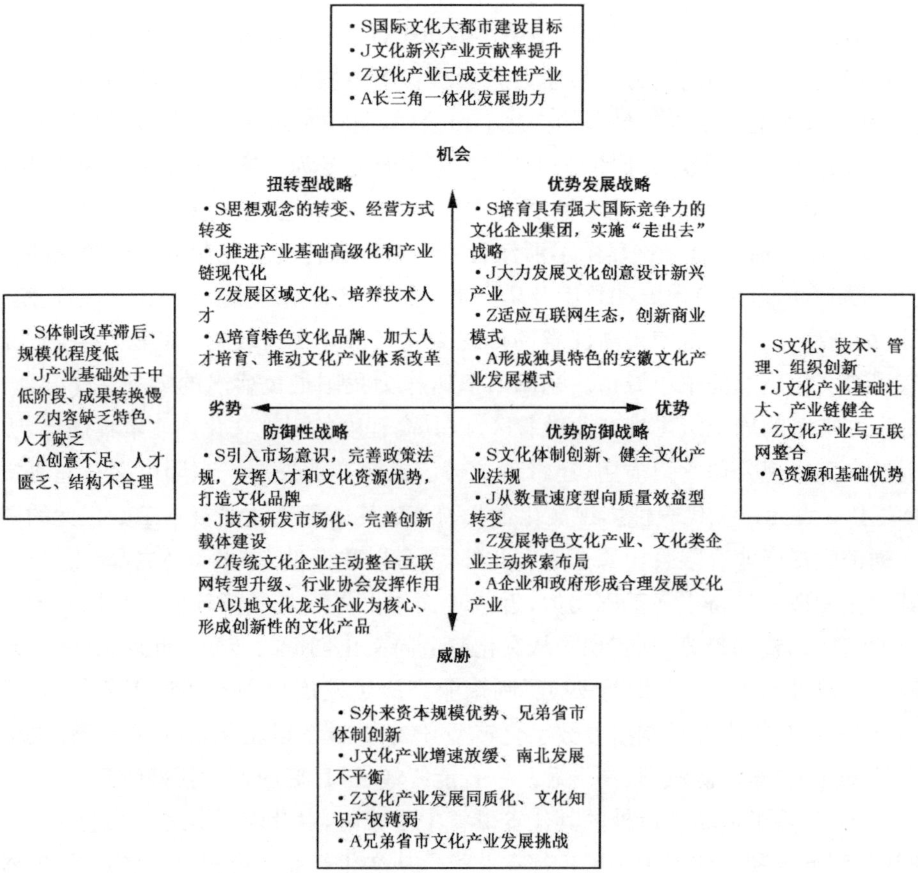

机会
- S国际文化大都市建设目标
- J文化新兴产业贡献率提升
- Z文化产业已成支柱性产业
- A长三角一体化发展助力

扭转型战略
- S思想观念的转变、经营方式转变
- J推进产业基础高级化和产业链现代化
- Z发展区域文化、培养技术人才
- A培育特色文化品牌、加大人才培育、推动文化产业体系改革

优势发展战略
- S培育具有强大国际竞争力的文化企业集团,实施"走出去"战略
- J大力发展文化创意设计新兴产业
- Z适应互联网生态,创新商业模式
- A形成独具特色的安徽文化产业发展模式

劣势
- S体制改革滞后、规模化程度低
- J产业基础处于中低阶段、成果转换慢
- Z内容缺乏特色、人才缺乏
- A创意不足、人才匮乏、结构不合理

优势
- S文化、技术、管理、组织创新
- J文化产业基础壮大、产业链健全
- Z文化产业与互联网整合
- A资源和基础优势

防御性战略
- S引入市场意识,完善政策法规,发挥人才和文化资源优势,打造文化品牌
- J技术研发市场化、完善创新载体建设
- Z传统文化企业主动整合互联网转型升级、行业协会发挥作用
- A以地文化龙头企业为核心,形成创新性的文化产品

优势防御战略
- S文化体制创新、健全文化产业法规
- J从数量速度型向质量效益型转变
- Z发展特色文化产业、文化类企业主动探索布局
- A企业和政府形成合理发展文化产业

威胁
- S外来资本规模优势、兄弟省市体制创新
- J文化产业增速放缓、南北发展不平衡
- Z文化产业发展同质化、文化知识产权薄弱
- A兄弟省市文化产业发展挑战

图6—16 SWOT分析对策建议

(作者:梅燃)

第七章

长三角中小城市文化参与指数报告

文化活力指数体系中的文化参与指数,指的是城市市民作为一个城市的主体,在城市文化建设过程中参与城市文化活动的程度。文化参与与文化发展之间存在密切的相互依赖关系,主要体现在,一方面,提升社会文化参与、促进社会发展与文化发展是基本共识,在文化的社会价值评估中无不将文化参与率作为主要考核指标。另一方面,社会文化参与如同文化资源一样,构成文化可持续发展的基础。联合国教科文组织对公共文化参与的阐释是:它既包含那些可能涉及消费的文化实践,也包含那些在社区中开展能够反映生活质量、传统和信念的活动。① 就涉及消费的文化参与而言,其参与程度直接关系到文化发展活力。就社区或特定群体的文化活动以及公益性文化活动而言,文化参与不仅给人以认同感、归属感和公共价值观,而且文化参与程度是政府公共文化服务水平的体现。

一、长三角中小城市文化参与指数指标体系

为保证指标确立的科学性,本研究遵循指标遴选的独立性、可比性和客观性原则。独立性原则指的是各指标之间互不交叉、界限清晰,拥有明确的内涵和外延,能准确地反映评估对象的统计学特征。客观性原则指的是所选指标均能够以统计数据的形式直接反映,避免主观判断对评估结果产生的不当影响。可比性原则指的是所有指标数据都应确保能够采用统一的标准,在同一维度比较,且尽可能地兼顾各地区的多样化特点。本研究旨在建立一套能够成为区域标准,并可进行中小城市间相互比较的数据要素和指标体系。

基于以上原则,且在材料分析和专家认证的基础上,依据数据的可获取性的实际情况,本书构建了长三角中小城市文化参与指标体系架构。长三角中小城市文化参与指数由4个三级指标构成,分别为长三角中小城市每万人电影院数、

---

① 王婧,胡惠林. 我国文化国情的几个基本特征——基于中国文化发展指数体系(CCDIS)的测评分析[J]. 华中师范大学学报(人文社会科学版),2017,56(2):74—82.

人均图书馆藏书量、每万人体育馆数、每万人文化馆(站)数(见图7-1)。长三角中小城市文化参与指数反映的是城市市民参与文化活动的深入和广度,分别从电影、图书、体育运动、文化活动四个维度体现市民的文化参与深度和广度。

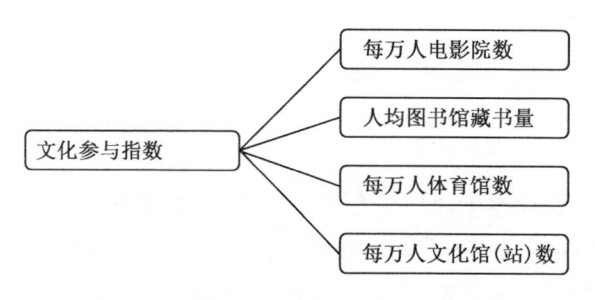

图7-1 文化参与指数指标体系框架

二、长三角中小城市文化参与指数指标说明

1. 长三角中小城市每万人电影院数

指标说明:长三角中小城市每万人电影院数是城市电影院数与城市常住人口之比。在文化参与指标体系中,该指标反映了长三角中小城市影院的规模和数量,能够表征城市市民观影的基础设施丰富程度,在一定程度上可表征城市市民观看电影活动的情况。

计算方法:长三角中小城市每万人电影院数=电影院数/常住人口数

指标单位:个/万人。

指标性质:正向。

数据周期:2020年。

数据来源:东方福利网。

2. 长三角中小城市人均图书馆藏书量

指标说明:4月23日是世界读书日,首届全民阅读大会2022年在北京开幕,同时,习近平总书记为大会发来贺信。在贺信中,习近平总书记希望广大党员、干部带头读书学习,修身养性,增长才干;希望孩子们养成阅读好习惯,快乐阅读,健康成长;希望全社会都参与到阅读中来,形成爱读书、读好书、善读书的浓厚氛围。要读书,就少不了图书馆,以及图书馆里面的藏书。因此,我们采用城市人均图书馆藏书量来表征一个城市的读书氛围,体现市民读书的积极性,全民阅读的参与程度。图书馆藏书量是一个公共文化服务供给指标,公共阅读供给的全面提升能够推进文化基础设施的进步。因此,可采用人均图书馆藏书量反映全民能够参与读书文化活动的硬件设施支撑度。

计算方法：长三角中小城市人均图书馆藏书量＝城市图书馆藏书量/城市常住人口数

指标单位：册/人。

指标性质：正向。

数据周期：2020年。

数据来源：各省、地级市、县级市政府统计年鉴和统计公报。

3. 长三角中小城市每万人体育馆数

指标说明：党的十八大以来，以习近平同志为核心的党中央把体育事业放在统筹推进"五位一体"总体布局、协同推进"四个全面"战略布局中去谋划和推动，体育事业改革发展迈上了新台阶。体育承载着国家富强、民族振兴的梦想，关乎人民幸福，关乎民族未来。体育强国的基础在于群众体育。每万人体育馆数是一个城市市民具备体育运动的基本的设施，在一定程度上可以反映一个城市对市民参与全民运动的支撑度。

计算方法：每万人体育馆数＝体育馆数/常住人口数量

指标单位：个/万人。

指标性质：正向。

数据周期：2020年

数据来源：各省、地级市和县级市统计年鉴以及城市统计公报。

4. 长三角中小城市每万人文化馆（站）数

指标说明：文化馆（站）作为公共文化服务体系的重要组成部分，在开展公共文化活动、促进全民艺术普及等方面发挥着重要作用。如今，覆盖城乡的公共文化服务体系不断完善，各地文化馆建设加快推进，整合优质社会力量，放大服务效能，从而促进社会文化艺术事业充分发展、兴盛繁荣，更好地满足人民群众对美好生活的向往。每万人文化馆（站）数是城市人民参与文化活动的硬件基础。因此，采用每万人文化馆（站）数来表征城市人民参与文化活动的程度。

计算方法：每万人文化馆（站）＝城市文化馆（站）数/常住人口数

指标单位：个/万人。

指标性质：正向。

数据周期：2020年。

数据来源：各省、地级市、县级市统计年鉴和统计公报。

三、长三角中小城市文化参与指数指标权重

本报告采用每万人电影院数、人均图书馆藏书量、每万人体育馆数、每万人

文化馆(站)数四个指标数据评估长三角中小城市文化参与指数。本报告均采用主观赋权的方法对四个指标权重赋权。鉴于人民去电影院和图书馆的频率较高,参与城市文化活动较为普遍,故将每万人电影院数和人均图书馆藏书量的权重值均赋为 0.3,将每万人体育馆数和每万人文化馆(站)数赋为 0.2(见表 7—1)。

表 7—1　　　　　　　　　　　　指标权重表

指　　标	权重	指　　标	权重
每万人电影院数	0.3	人均图书馆藏书量	0.3
每万人体育馆数	0.2	每万人文化馆(站)数	0.2

四、长三角中小城市文化参与指数排名分析

1. 长三角中小城市文化参与指数排名

根据各指标权重值(见表 7—1)计算出长三角中小城市文化参与指数。具体计算步骤为:首先对各指标数据进行标准化处理,然后依据各指标的权重值,评估计算出长三角中小城市文化参与指数:文化参与指数=0.3×每万人电影院数+0.3×人均图书馆藏书量+0.20×每万人体育馆数+0.20×每万人文化馆(站)数。计算得出的文化参与指数见表 7—2。根据 60 个长三角中小城市的文化参与指数,前 15 名为扬中市、嘉善县、张家港市、昆山市、句容市、嘉定区、建德市、青浦区、崇明区、桐乡市、江阴市、江山市、靖江市、仪征市、常熟市(见图 7—2)。其中上海市有 3 个区的排名进入前 15,即嘉定区、青浦区、崇明区,得分别为 53.21、49.99、49.16;浙江省嘉善县、建德市、桐乡市、江山市 4 个城市的排名进入前 15。江苏省扬中市、张家港市、昆山市、句容市、江阴市、靖江市、仪征市、常熟市进入前 15。从进入前 15 名的城市数量来看,江苏表现突出,有 8 个城市挤进前 15 名,并且有 4 个城市排名在前 5 名。

表 7—2　　　　　　　长三角中小城市文化参与指数

省(直辖市)	地级市	县级市(区)	文化参与指数	排名
江苏	镇江	扬中市	73.15	1
浙江	嘉兴	嘉善县	64.52	2
江苏	苏州	张家港市	61.33	3
江苏	苏州	昆山市	58.57	4

续表

省(直辖市)	地级市	县级市(区)	文化参与指数	排名
江苏	镇江	句容市	56.73	5
上海		嘉定区	53.21	6
浙江	杭州	建德市	52.29	7
上海		青浦区	49.99	8
上海		崇明区	49.16	9
浙江	嘉兴	桐乡市	49.12	10
江苏	无锡	江阴市	49.01	11
浙江	衢州	江山市	48.43	12
江苏	泰州	靖江市	47.67	13
江苏	扬州	仪征市	47.50	14
江苏	苏州	常熟市	46.89	15
江苏	苏州	太仓市	45.61	16
安徽	宣城	宁国市	45.50	17
江苏	镇江	丹阳市	45.29	18
江苏	南通	如皋市	44.70	19
安徽	宣城	广德市	44.66	20
上海		闵行区	43.81	21
浙江	绍兴	诸暨市	43.02	22
江苏	苏州	吴江区	42.57	23
浙江	嘉兴	平湖市	42.45	24
浙江	嘉兴	海宁市	41.21	25
上海		奉贤区	40.73	26
江苏	无锡	宜兴市	40.36	27
浙江	丽水	龙泉市	38.61	28
浙江	台州	玉环市	37.36	29
浙江	绍兴	嵊州市	37.31	30

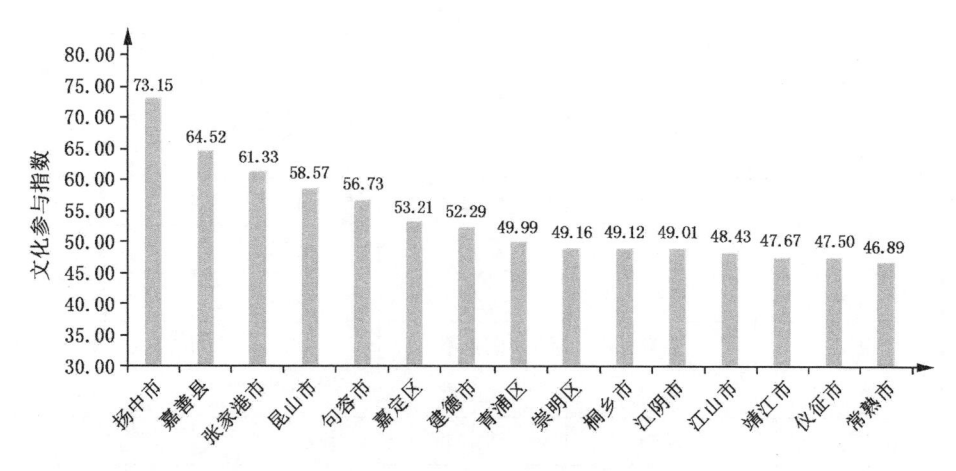

图 7-2 文化参与指数前 15 名

柱状图数据：
扬中市 73.15；嘉善县 64.52；张家港市 61.33；昆山市 58.57；句容市 56.73；嘉定区 53.21；建德市 52.29；青浦区 49.99；崇明区 49.16；桐乡市 49.12；江阴市 49.01；江山市 48.43；靖江市 47.67；仪征市 47.50；常熟市 46.89

长三角中小城市文化参与指数前 30 名的数据显示，上海市嘉定区、青浦区、崇明区、闵行区、奉贤区这 5 个城区上榜前 30 名，占上海比重为 62.5%。江苏省 13 个县级市入围前 30 名，占比为 59.09%。浙江省有 10 个县级市上榜前 30 名，占比为 47.62%。安徽省县级市广德市和宁国市入围前 30 名，占比为 22.22%。从前 30 名入围情况来看，上海在文化参与指数方面表现最好，其次为江苏省。

从 60 个长三角中小城市的总体得分可以看出，城市人民文化参与程度不一，区域间差异显著，具有显著区域异质性特征。60 个长三角中小城市的平均得分为 36.51，表明长三角中小城市的市民参与文化活动的积极性并不高，市民参与文化活动的驱动力还有待进一步挖掘和开发，文化基础设施有待进一步完善。

2. 长三角中小城市文化参与指数分布态势

把长三角中小城市文化参与指数按优（≥60 分）、良（60～40）、一般（40～20）、弱（<20）划分为四个等级。分类统计各城市的分布状况见表 7-3。

表 7-3　长三角中小城市文化参与指数分布态势

文化参与指数	文化参与指数等级划分	文化参与指数均值	城市个数	城市分布
≥60	优	66.33	3	江苏:扬中市、张家港市 浙江:嘉善县

续表

文化参与指数	文化参与指数等级划分	文化参与指数均值	城市个数	城市分布
60～40	良	47.02	24	上海:嘉定区、青浦区、崇明区、闵行区、奉贤区 江苏:昆山市、句容市、江阴市、靖江市、仪征市、常熟市、太仓市、丹阳市、如皋市、宜兴市、吴江区 浙江:建德市、桐乡市、江山市、诸暨市、平湖市、海宁市 安徽:宁国市、广德市
40～20	一般	30.16	26	上海:宝山区、金山区、松江区 江苏:溧阳市、高邮市、泰兴市、海安市、新沂市、东台市、邳州市、启东市 浙江:龙泉市、玉环市、嵊州市、温岭市、乐清市、瑞安市、慈溪市、义乌市、兰溪市、永康市、临海市 安徽:潜山市、天长市、无为市、巢湖市、
<20	弱	11.24	7	江苏:东阳市、兴化市 浙江:余姚市、龙港市 安徽:桐城市、明光市、界首市

根据60个中小城市的文化参与指数分布态势,江苏省扬中市、张家港市和浙江省的嘉善县处于优的水平。安徽和上海没有进入优的行列。上海市八个非中心城区的嘉定区、青浦区、崇明区、闵行区、奉贤区处于良好水平,剩下三个城区处于一般水平。上海总体文化参与水平较高,表现突出,但是单个城区表现不够突出。

60个长三角中小城市文化参与指数在优、良、一般、弱四个等级上城市个数分布呈现正态分布态势,3个城市文化参与指数为优,24个城市文化参与指数为良,26个城市文化参与指数为一般,7个城市文化参与指数为弱(见图7－3)。四个等级的文化参与均值分别对应为66.33、47.02、30.16、11.24。60个城市有50个城市主要分布在良、一般的等级水平上,占比为83.33%。

根据上海的8个非中心城区、江苏省22个县级市、浙江省21个县级市、安徽省9个县级市的数据,三省一市城市社会文化参与指数得分为:上海(42.3)＞江苏(40.64)＞浙江(34.97)＞安徽(24.84)(见图7－4)。根据平均得分,可以看出上海市、江苏省各县级市的市民文化参与程度显著高于浙江,更高于安徽。上海总体平均水平高于江苏的中小城市平均水平,但是单个城区相对周边城市(如昆山市、张家港市、嘉善县)并没有显示出绝对的优势。

总体来说,上海市在文化参与指数占据绝对区域优势,一方面得益于上海充

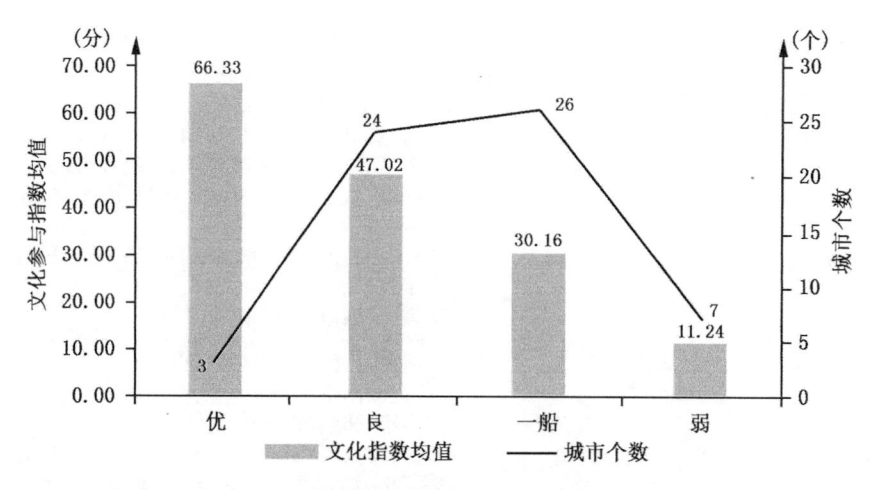

图 7-3 长三角中小城市文化参与指数分布态势

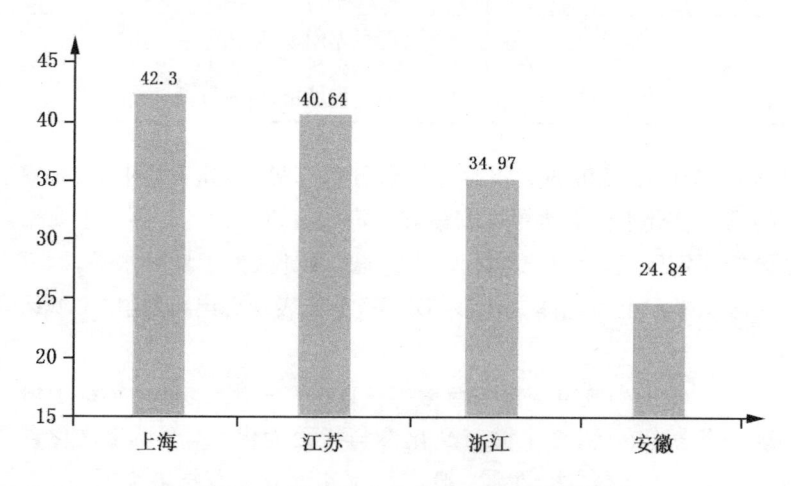

图 7-4 各省市文化参与指数对比分析

分利用好红色文化、海派文化、江南文化资源,文化基础设施丰富;另一方面得益于上海文化活动基础设施较为完善,故人民生活水平相对较高,对文化活动的需求较大,参与文化活动的意愿更为强烈。江苏省仅比上海低1.66,表现较好,主要是得益于江苏省在公共文化服务方面,扎实推进现代公共文化服务体系建设,实现基础综合性文化服务中心全覆盖,在全国率先建成"省有四馆、市有三馆、县有两馆、乡有一站、村有一室"五级公共文化设施网络体系,基本形成城市社区"15分钟文化圈"、乡村"十里文化村"。

五、长三角中小城市文化参与指数各指标排名分析

(一)长三角中小城市每万人电影院

近年来,不少观众只是为了看一部剧,拖着行李箱赶到上海、北京、天津、广州、哈尔滨、苏州、杭州,还会因为一部剧,喜欢一座剧院,甚至爱上一座城市。如何能够让影院更积极地参与城市文化建设?剧院是一个城市的文化"会客厅",也是一扇动人的窗口、一个城市文化建设的缩影。通过它,我们可以了解一座城市的文化特质,品味一座城市的生活品质,感知一座城市的澎湃活力。60个长三角中小城市每万人电影院数据显示,排名前10的是句容市、嘉善县、闵行区、靖江市、宜兴市、张家港市、龙泉市、嘉定区、宝山区、松江区(见图7—5)。

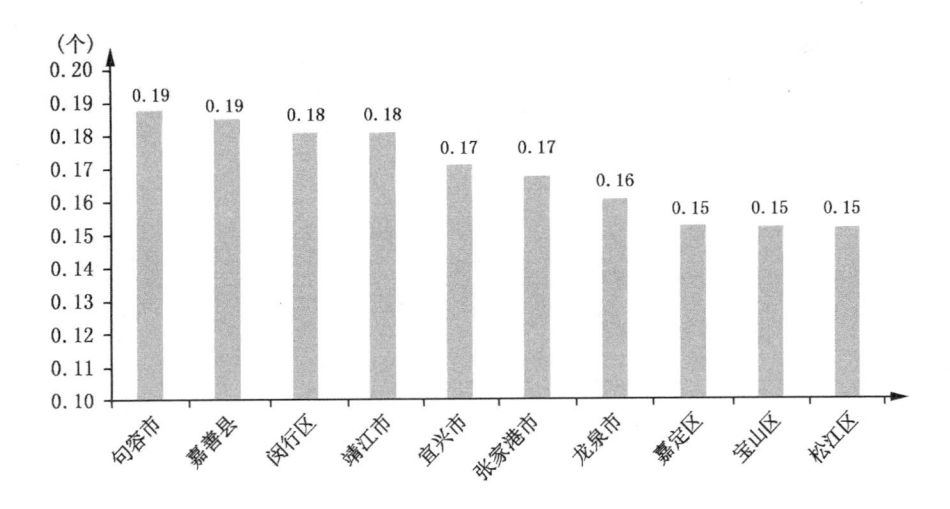

图7—5 长三角中小城市每万人电影院数前10名

长三角中小城市的每万人电影院数量的前30名数据显示,上海市的闵行区、嘉定区、宝山区、松江区、青浦区、奉贤区上榜前30名,占比为75%,可见上海在电影院数量方面表现突出(见表7—4)。江苏省有13个城市入围前30名,占江苏省总中小城市比重为59.09%。浙江省11个城市入围前30名,占浙江省总城市数量的52.38%。可以看出,上海在每万人电影院数量上总体表现突出。另外,依据三省一市的中小城市每万人电影院数均值分析,三省一市的排名为:上海、江苏、浙江、安徽(见图7—6)。上海在每万人电影院数方面表现突出。浙江和江苏省中小城市各有千秋,安徽省在每万人电影院数方面有待进一步开发建设,给市民提供更多优质的影院场所。

表 7-4　　　　　　　　长三角中小城市每万人电影院数

省（直辖市）	地级市	县级市（区）	每万人电影院数（个）	排名
江苏	镇江	句容市	0.187 7	1
浙江	嘉兴	嘉善县	0.185 1	2
上海		闵行区	0.180 9	3
江苏	泰州	靖江市	0.180 9	4
江苏	无锡	宜兴市	0.170 9	5
江苏	苏州	张家港市	0.167 6	6
浙江	丽水	龙泉市	0.160 7	7
上海		嘉定区	0.152 6	8
上海		宝山区	0.152 1	9
上海		松江区	0.151 9	10
浙江	金华	义乌市	0.150 6	11
江苏	扬州	仪征市	0.150 2	12
浙江	绍兴	诸暨市	0.147 8	13
江苏	无锡	江阴市	0.146 1	14
上海		青浦区	0.141 6	15
江苏	苏州	昆山市	0.138 6	16
江苏	苏州	常熟市	0.137 1	17
浙江	温州	乐清市	0.130 8	18
浙江	台州	温岭市	0.127 1	19
江苏	镇江	扬中市	0.126 8	20
浙江	嘉兴	桐乡市	0.126 2	21
浙江	台州	玉环市	0.124 2	22
江苏	苏州	吴江区	0.123 0	23
上海		奉贤区	0.122 7	24
浙江	衢州	江山市	0.121 4	25
江苏	镇江	丹阳市	0.121 3	26
江苏	南通	如皋市	0.121 1	27

续表

省（直辖市）	地级市	县级市(区)	每万人电影院数（个）	排名
江苏	苏州	太仓市	0.119 2	28
浙江	金华	永康市	0.114 1	29
浙江	杭州	建德市	0.112 9	30

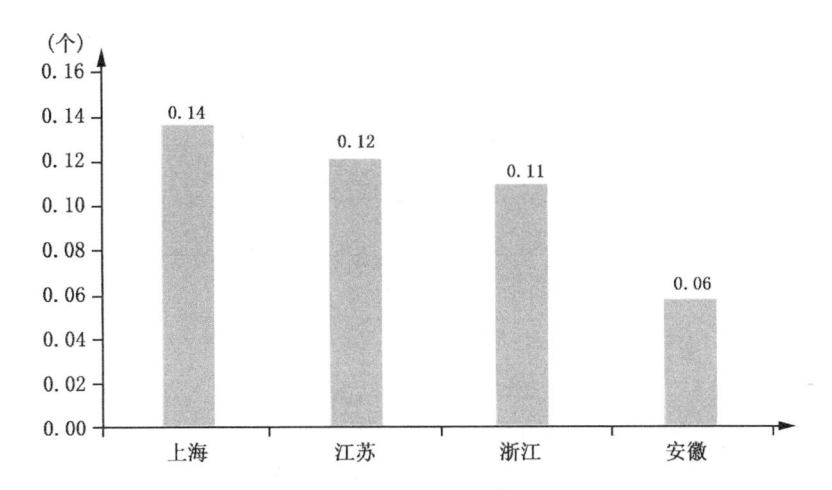

图7—6 长三角中小城市三省一市每万人电影院数(均值)对比分析

文化参与指数与每万人电影院数的散点分布图(见图7—7)显示,文化参与指数与每万人电影院数分布高度一致。每万人电影院数越高的城市,其文化参与指数越高,人民参与文化活动的积极性越高。每万人电影放映机构数量的变化不仅反映出文化市场机制推动大众文化娱乐消费的释放,而且反映出国家将电影放映机构作为提供公共文化主要普及方式的良性回馈。电影院依然是目前城市市民主要参与文化活动的场所之一。

市民作为剧院消费者和城市参与者,发挥着不可忽视的作用。市民从最初的欣赏者到交融互动的参与者,再到成为城市文化的自觉传播者,他们的文化审美、参与程度、支持力度不断提高,将成为剧院与城市间不可或缺的纽带,潜移默化地提高城市整体的文化生活品质。

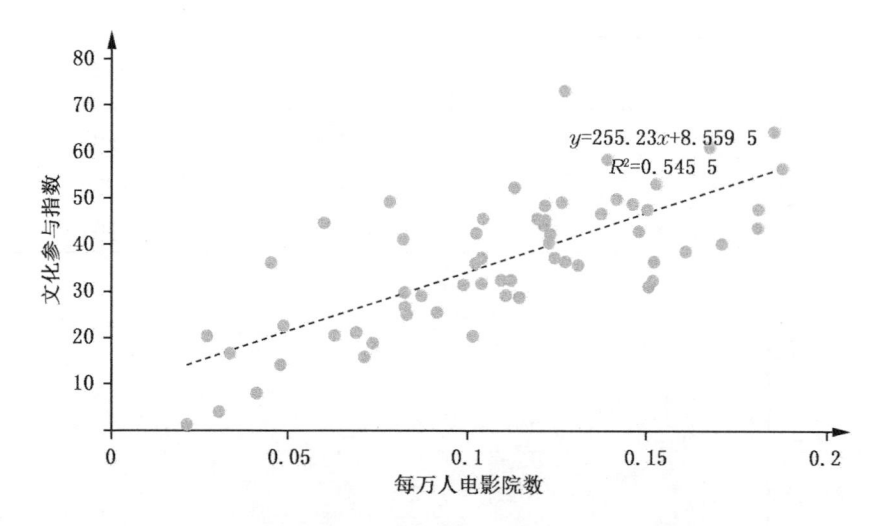

图 7-7　每万人电影院数与文化参与指数散点图

(二)长三角中小城市人均图书馆藏书量

城市人均图书馆藏书量表征了一个城市的读书氛围。依据收集到的 60 个中小城市图书馆藏书量,最终计算出各城市的人均藏书量。数据显示,长三角中小城市人均藏书量为 1.06 册。其中广德市全市图书馆藏书量为 129.6 万册,人均图书馆藏书量最高,人均图书馆藏书量为 2.60 册(见表 7-5)。第二名为嘉善县,人均图书馆藏书量为 2.34 册。

表 7-5　　　　　　　长三角中小城市人均图书馆藏书量

省 (直辖市)	地级市	县级市 (区)	人均图书馆藏书量 (册)	排名
安徽	宣城	广德市	2.60	1
浙江	嘉兴	嘉善县	2.34	2
江苏	镇江	扬中市	2.26	3
浙江	嘉兴	桐乡市	2.07	4
浙江	嘉兴	海宁市	1.97	5
浙江	杭州	建德市	1.89	6
江苏	苏州	张家港市	1.87	7
上海		嘉定区	1.84	8
江苏	苏州	太仓市	1.74	9

续表

省（直辖市）	地级市	县级市（区）	人均图书馆藏书量（册）	排名
江苏	苏州	常熟市	1.72	10
浙江	嘉兴	平湖市	1.70	11
江苏	无锡	江阴市	1.66	12
江苏	苏州	吴江区	1.61	13
江苏	苏州	昆山市	1.51	14
江苏	泰州	靖江市	1.50	15
浙江	台州	玉环市	1.31	16
浙江	宁波	慈溪市	1.27	17
江苏	镇江	丹阳市	1.25	18
上海		奉贤区	1.23	19
江苏	镇江	句容市	1.21	20
上海		崇明区	1.21	21
浙江	台州	温岭市	1.19	22
浙江	台州	临海市	1.07	23
安徽	安庆	潜山市	1.07	24
安徽	滁州	天长市	1.04	25
上海		青浦区	1.03	26
浙江	丽水	龙泉市	1.00	27
浙江	绍兴	嵊州市	0.97	28
浙江	温州	瑞安市	0.96	29
江苏	扬州	仪征市	0.95	30

依据60个长三角中小城市人均图书馆藏书量数据，排名前10的城市为广德市、嘉善县、扬中市、桐乡市、海宁市、建德市、张家港市、嘉定区、太仓市、常熟市（见图7—8）。其中上海的嘉定区进入前10名。安徽省广德市人均图书馆藏书量位居第一。浙江省嘉善县、桐乡市、海宁市、建德市四个城市进入前10名。江苏省扬中市、张家港市、太仓市、常熟市四个城市进入前10名。

长三角中小城市人均图书馆藏书量的前30名数据显示，上海市有三个城区（即嘉定区、奉贤区、青浦区）进入前30名，占上海全部城区比重为37.5%。江苏省

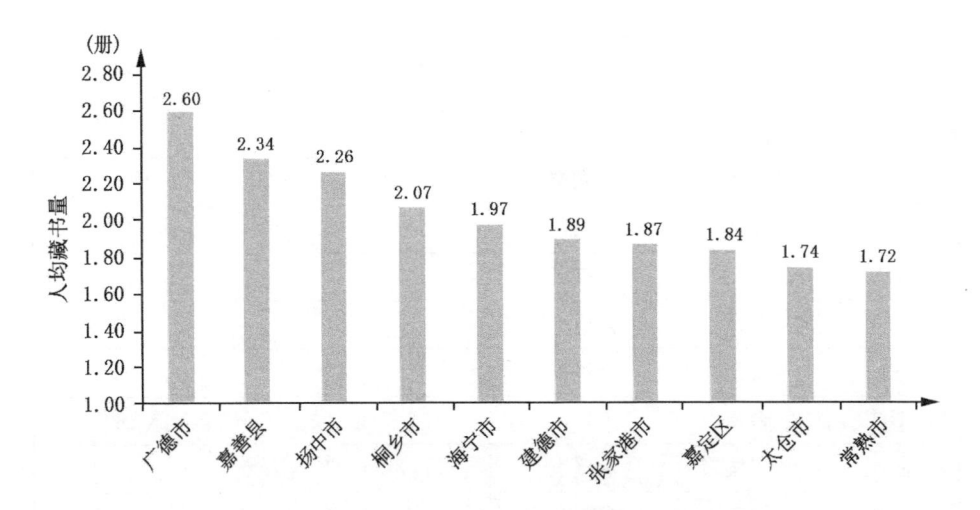

图7-8 长三角中小城市人均藏书量前10名

有11个城区上榜前30名,占比为50%,即有一半的城市进入前30名。安徽有3个城市入围前30名,占比为33.33%。浙江省有13个城市挤进前30名,占比为61.90%。可以看出,浙江省中小城市在人均图书馆指标上,总体表现较为突出。

依据三省一市长三角中小城市人均图书馆藏书量的对比分析,排名为浙江、江苏、上海、安徽。浙江省中小城市在人均图书馆藏书量为1.13册,江苏为1.06册,上海为1.01册,安徽为0.85册(见图7-9)。总的来说,各省市从均值来看,差距不是很显著,安徽表现得稍微差一些。

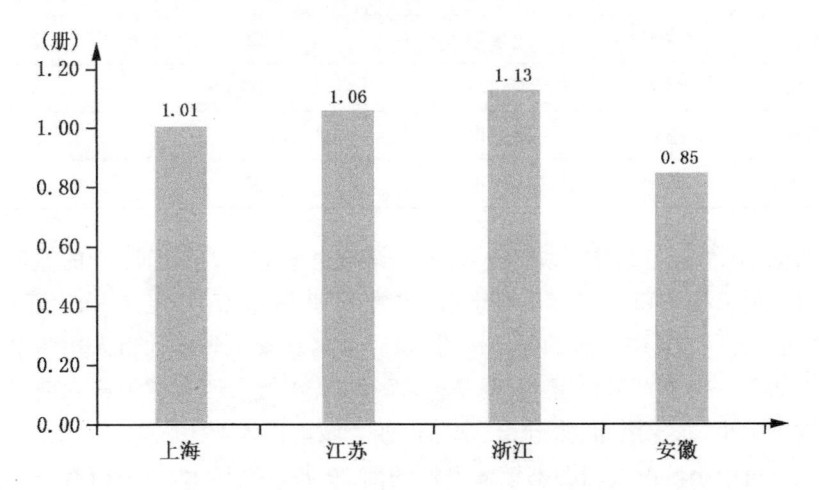

图7-9 长三角中小城市三省一市人均图书馆藏书量(均值)对比分析

通过文化参与指数与人均图书馆藏书量的散点分布图(见图7-10)得出,两个指标在分布上呈高度一致的分布态势,即人均图书馆藏书量越高的城市,人民文化参与指数越高。这说明人均图书馆藏书量对文化参与指数具有一定的影响,其与电影院一样,是目前市民主要参与文化活动的场所之一。因此,图书馆藏书量在一定程度上影响了市民参与文化活动的积极性。

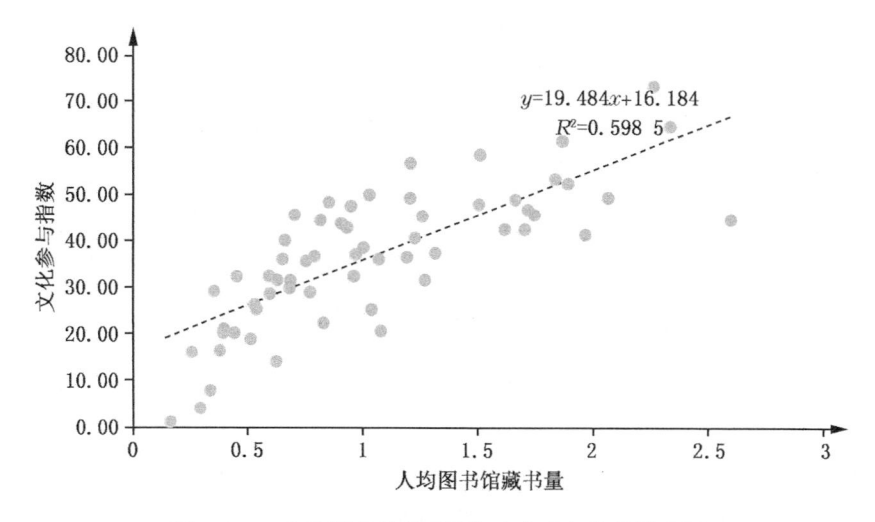

图7-10 人均图书馆藏书量与文化参与指数散点图

(三)长三角中小城市每万人体育馆数

体育强国的基础在于群众体育。截至2020年年底,全国体育场地的数量较2017年增长了89.7%,体育场地面积增长了33.4%,人均场地面积增长了32.5%。体育已经成为一座桥梁,搭建出文化交流的舞台,也是一个区域综合实力的体现。体育文化同时也影响价值观念与审美。体育文化润物无声,改变着人们的生活方式。长三角中小城市每万人体育馆数可用来表征长三角中小城市体育发展程度及体育建设程度。依据数据分析得出,长三角中小城市平均每万人体育馆数量为0.09个。长三角中小城市每万人体育馆数据显示,60个中小城市排名前10的是扬中市、昆山市、青浦区、如皋市、张家港市、崇明区、奉贤区、溧阳市、邳州市、丹阳市(见图7-11)。上海市青浦区、崇明区、奉贤区进入前10名,上海整体表现较好。江苏省的扬中市、昆山市、如皋市、张家港市、溧阳市、邳州市、丹阳市进入前10名。

长三角中小城市每万人体育馆数排名前30名的数据(见表7-6)显示,上海市青浦区、崇明区、奉贤区、金山区、闵行区进入前30名,占比为62.5%。江

```
(个)
0.40
0.35  0.35
      0.33
0.30
0.25        2.25  0.25
                        0.21
0.20                          0.19
                                    0.17  0.17
0.15                                            0.16  0.16
0.10
0.05
0.00
   扬中市 昆山市 青浦区 如皋市 张家港市 崇明区 奉贤区 溧阳市 邳州市 丹阳市
```

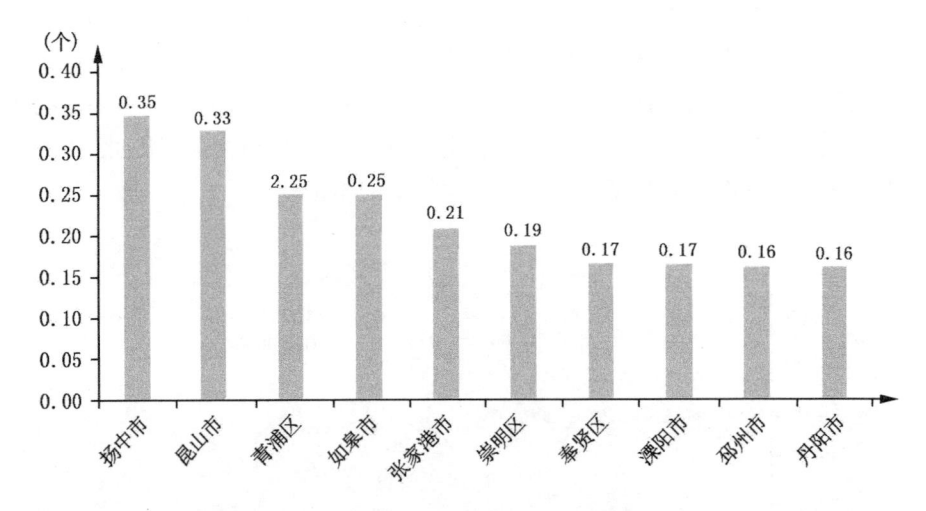

图 7-11　长三角中小城市每万人体育馆数前 10 名

苏省有 17 个中小城市挤进前 30 名，占比为 77.27%。浙江省有 6 个中小城市入围前 30 名，占比为 28.57%，安徽省有 2 个中小城市上榜前 30 名，分别为潜山市和宁国市，占比为 22.22%。从前 30 名入围情况可以看出，江苏省中小城市在每万人体育馆数方面表现遥遥领先。江苏和上海总体显著好于浙江和安徽。

表 7-6　　　　　长三角中小城市每万人体育馆数量前 30 名

省（直辖市）	地级市	县级市（区）	每万人体育馆数（个）	排名
江苏	镇江	扬中市	0.35	1
江苏	苏州	昆山市	0.33	2
上海		青浦区	0.25	3
江苏	南通	如皋市	0.25	4
江苏	苏州	张家港市	0.21	5
上海		崇明区	0.19	6
上海		奉贤区	0.17	7
江苏	常州	溧阳市	0.17	8
江苏	徐州	邳州市	0.16	9
江苏	镇江	丹阳市	0.16	10
江苏	镇江	句容市	0.16	11

续表

省（直辖市）	地级市	县级市（区）	每万人体育馆数（个）	排名
江苏	扬州	仪征市	0.15	12
浙江	绍兴	嵊州市	0.15	13
江苏	南通	启东市	0.13	14
浙江	嘉兴	嘉善县	0.12	15
浙江	嘉兴	平湖市	0.12	16
浙江	嘉兴	桐乡市	0.12	17
浙江	绍兴	诸暨市	0.11	18
安徽	安庆	潜山市	0.11	19
上海		金山区	0.11	20
江苏	苏州	太仓市	0.10	21
江苏	扬州	高邮市	0.08	22
江苏	无锡	江阴市	0.08	23
江苏	苏州	吴江区	0.08	24
江苏	泰州	泰兴市	0.08	25
安徽	宣城	宁国市	0.08	26
上海		闵行区	0.08	27
浙江	嘉兴	海宁市	0.07	28
江苏	徐州	新沂市	0.07	29
江苏	苏州	常熟市	0.07	30

此外,根据三省一市中小城市每万人体育馆数的对比分析,其排名为江苏、上海、浙江、安徽(见图7—12)。江苏省中小城市在每万人体育馆数量指标上表现突出,主要是得益于江苏省在公共文化服务方面,扎实推进现代公共文化服务体系建设,实现基础综合性文化服务中心全覆盖。

从长三角中小城市文化参与指数与每万人体育馆数的散点图(见图7—13)可以看出,每万人体育馆数越多的地方,文化参与指数越高。体育馆数量在一定程度上促进了市民参与体育活动。因此,建设体育强市,同样映射着城市综合实力的提升和社会文明的进步,未来仍需要大力提高城市体育公共服务水平。

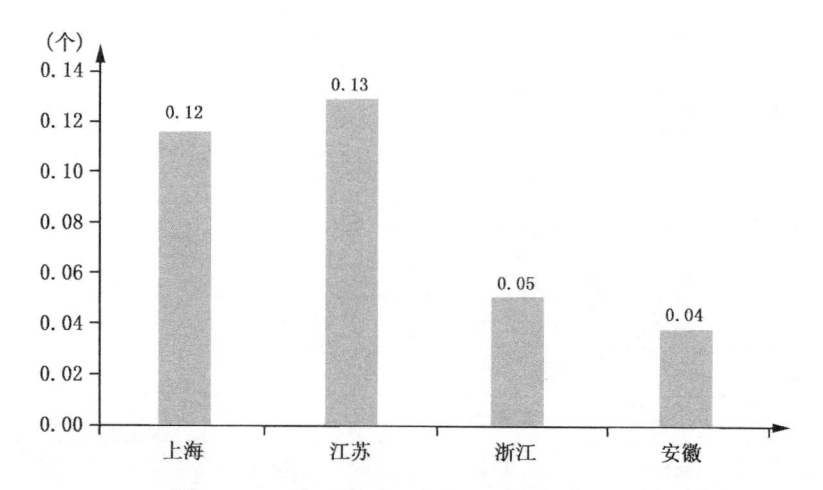

图 7—12　长三角中小城市三省一市每万人体育馆数(均值)

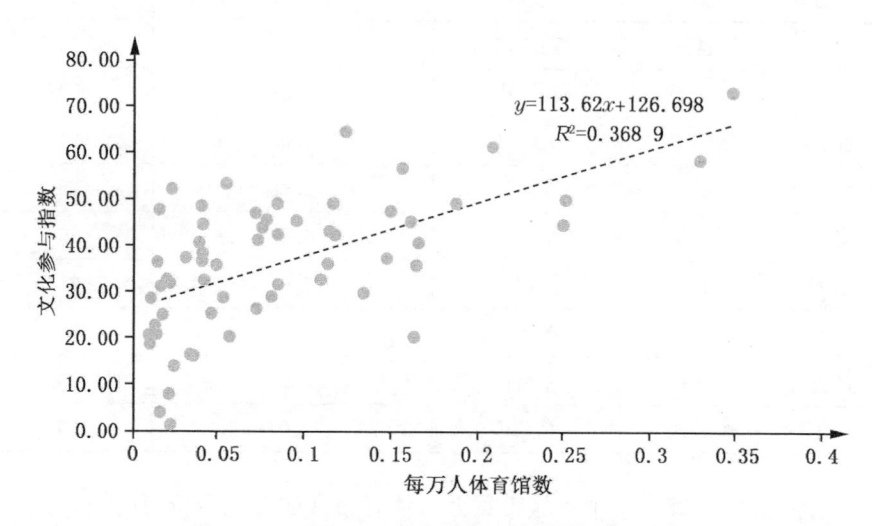

图 7—13　每万人体育馆数与文化参与指数散点图

拟合方程：$y=113.62x+126.698$，$R^2=0.368\ 9$

(四)长三角中小城市每万人文化馆(站)数

作为公共文化服务体系的重要组成部分,文化馆(站)在开展公共文化活动、促进全民艺术普及等方面发挥着重要作用。据统计,截至 2020 年,长三角中小城市共有文化馆(站)855 个。如今,覆盖城乡的公共文化服务体系不断完善,各地文化场馆建设加快推进,活动内容更加丰富。各地的文化场馆整合优质社会力量,放大服务效能,促进社会文化艺术事业充分发展、兴盛繁荣,更好地满足了人民群众对美好生活向往的需要。长三角中小城市每万人文化馆(站)的数据显示,排名前 10 的城市是江山市、宁国市、崇明区、潜山市、建德市、桐城市、巢湖市、无为市、扬中市、高邮市(见图 7—14)。浙江省江山市、建德市进入前 10 名,上海市崇明区进入前 10,安徽省宁国市、潜山市、桐城市、巢湖市、无为市进入前 10 名,江苏省扬中市和高邮市进入前 10 名。

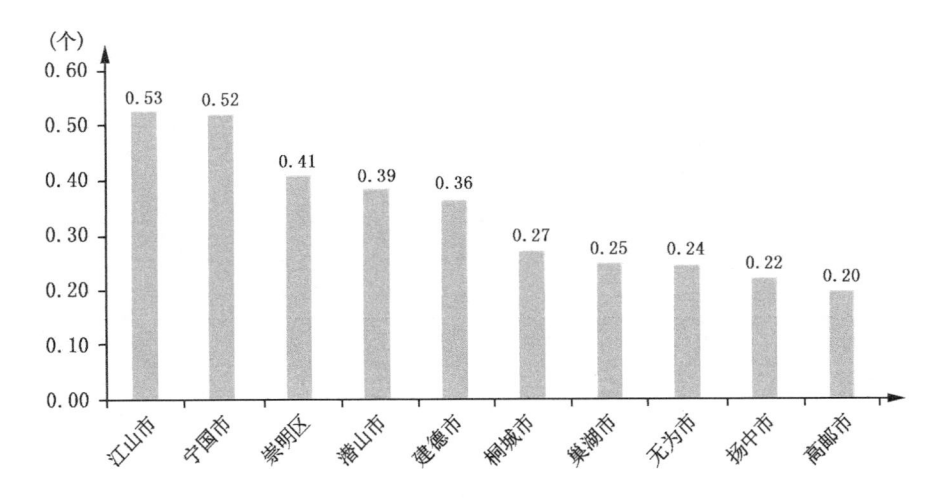

图 7—14　长三角中小城市每万人文化馆(站)数前 10 名

长三角中小城市每万人文化馆(站)数前 30 名的数据(见表 7—7)显示,上海市崇明区、嘉定区、金山区入围前 30 名,占比为 37.5%。江苏省 13 个城市入围前 30 名,占比为 59.09%。浙江省有 8 个城市入围前 30 名,占比为 38.1%。安徽省宁国市、潜山市、桐城市、巢湖市、无为市、广德市入围前 30 名,占比为 66.67%。

表 7—7　　　　长三角中小城市每万人文化馆(站)数量前 30 名

省 (直辖市)	地级市	县级市 (区)	每万人文化馆(站)数 (个)	排名
浙江	衢州	江山市	0.53	1
安徽	宣城	宁国市	0.52	2
上海		崇明区	0.41	3
安徽	安庆	潜山市	0.39	4
浙江	杭州	建德市	0.36	5
安徽	安庆	桐城市	0.27	6

续表

省（直辖市）	地级市	县级市（区）	每万人文化馆（站）数（个）	排名
安徽	合肥	巢湖市	0.25	7
安徽	芜湖	无为市	0.24	8
江苏	镇江	扬中市	0.22	9
江苏	扬州	高邮市	0.20	10
浙江	金华	兰溪市	0.19	11
江苏	徐州	新沂市	0.19	12
江苏	徐州	邳州市	0.18	13
浙江	金华	永康市	0.18	14
浙江	温州	乐清市	0.17	15
江苏	泰州	泰兴市	0.17	16
上海		嘉定区	0.17	17
江苏	扬州	仪征市	0.17	18
江苏	常州	溧阳市	0.17	19
安徽	宣城	广德市	0.16	20
江苏	南通	海安市	0.16	21
浙江	温州	瑞安市	0.15	22
江苏	无锡	宜兴市	0.15	23
上海		金山区	0.15	24
江苏	镇江	句容市	0.14	25
浙江	金华	东阳市	0.14	26
江苏	南通	启东市	0.13	27
江苏	镇江	丹阳市	0.13	28
江苏	泰州	兴化市	0.12	29
浙江	绍兴	诸暨市	0.12	30

另外，依据三省一市中小城市的每万人体育馆数量，三省一市的每万人文化馆数排名为安徽、上海、浙江、江苏（见图7-15）。安徽省在每万人体育馆数指标上表现遥遥领先，一方面因为安徽中小城市常住人口数量少，使得其每万人文

化馆(站)的值较高。另一方面,上海市、江苏省、浙江省的中小城市,尤其是上海8个非中心城区以及上海周边的一些较发达城市常住人口众多,但是相应的文化馆(站)的数量没有相应地跟上。

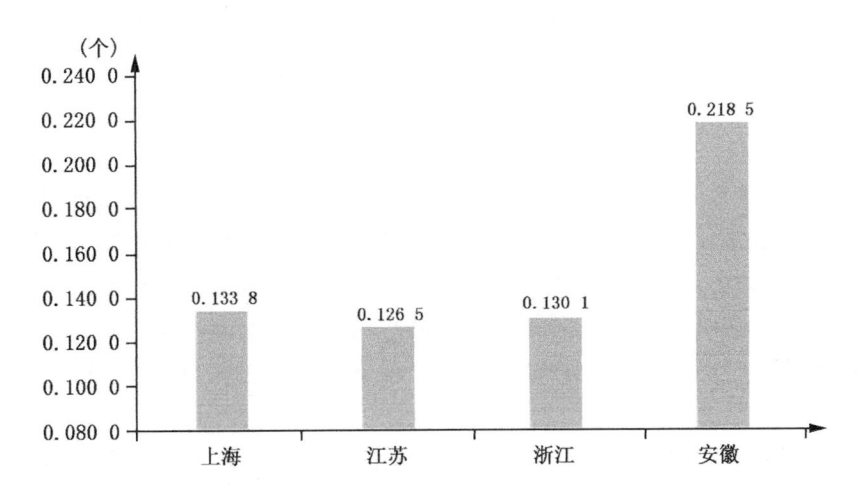

图 7—15　长三角中小城市三省一市每万人文化馆数(均值)对比分析

六、长三角中小城市文化参与指数分报告结论与建议

研究发现,社会文化参与是未来推动中国文化可持续发展的重要力量。该指标体系下的电影院数量、图书馆藏书量、体育馆数、文化馆(站)数是城市文化的硬环境,是推动城市文化发展的正向驱动力量。本报告基于文化参与指数及其各分指数排名分析,并结合长三角中小城市文化参与指数的分布态势,对长三角中小城市的文化参与环境现状进行总结,并提出相应的对策意见。

(一)结论

(1)60个长三角中小城市的平均得分为36.51,表明长三角中小城市的文化基础设施有待进一步开发,人们参与文化活动的激情也有待进一步激发。区域间的文化参与指数差异明显,具有显著的区域异质性。

(2)对比分析三省一市的中小城市文化参与指数。数据显示,三省一市中小城市文化参与指数的排名为上海、江苏、浙江、安徽。上海在文化参与指数表现突出,一方面得益于上海文化活动基础设施较为完善。另一方面得益于上海对红色文化、海派文化、江南文化资源的充分利用。江苏省仅比上海市低1.66,表现较好,在每万人体育馆数量指标上表现突出。江苏省的中小城市主要得益于江苏省在公共文化服务方面,扎实推进现代公共文化服务体系建设,实现基础综合性文化服务中心全覆盖,在全国率先建成"省有四馆、市有三馆、县有两馆、乡有一站、村有一室"五级公共文化设施网络体系,基本形成城市社区"15分钟文化圈"、乡村"十里文化村"。浙江省文化参与指数表现较好,其主要表现在人均图书馆藏书量表现突出。这与浙江省重视形成读书氛围有着重要的关系。但浙江的中小城市在每万人体育馆数指标上表现较弱。安徽省虽然在文化参与指数有待进一步加强,但其在每万人文化馆(站)数量指标上表现突出。此外,安徽省每万人电影院数、每万人体育馆数量仍有待进一步增加。

(3)文化参与指数与每万人电影院数的散点分布图显示,文化参与指数与每万人电影院数分布高度一致。每万人电影院数越高的城市,其文化参与指数越高,人民参与文化活动力度越大。每万人电影放映机构数量的变化不仅反映出文化市场机制推动大众文化娱乐消费的释放,而且反映出国家将电影放映机构作为提供公共文化主要普及方式的良性回馈。电影院依然是目前城市市民参与文化活动的主要场所之一。

(4)文化参与指数与人均图书馆藏书量的散点分布图显示,人均图书馆藏书量越多的城市,人民文化参与指数越高。这说明图书馆与电影院一样,是目前市民主要参与文化活动的场所之一,图书馆藏书量以及图书丰富程度直接影响市民参与全民阅读行动的积极性。

(二)建议

(1)建议各长三角中小城市能够加大投入图书馆建设,丰富图书馆藏书量以及内容,充分发挥图书馆的文化传播作用,营造更便捷、更丰富的全民阅读环境,真正体现"人民城市为人民"。

(2)建议影院建设者和城市规划者应重点关注影院从硬件建设向演出内容建设升级,塑造城市文化形象和品牌,实现由"表"及"里"的突破。影院的内容供给、管理水准要跟上硬件设施水平,才能真正发挥影院的应有价值。影院应着重挖掘和传承好本地的文化艺术,更好地丰富当地群众的精神生活,力求满足市民多元化的文化需求。

(3)长三角中小城市需要进一步优化公共文化空间,推动公共文化设施的人本化建设,完善公共文化参与方式,以提高居民对公共文化空间满意度、公共文化供给内容满意度、公共文化参与满意度,进而满足居民日益增长的美好生活文化需求,提高人民的城市认同感、归属感和公共价值观。

(作者:王桂林)

第八章

长三角中小城市文化包容指数报告

一、长三角中小城市文化包容指数指标体系

一个城市是否足够开放包容,是否给予民众多元的思想与多彩的生活,也是影响城市文化活力的重要方面。活力自交流而来,在各种思潮的碰撞中迸发。一摊死水、封闭保守的城市显然不具有文化活力。历史上,成为资源自由交流的中心、枢纽的城市,更具有活力和竞争力。国内的北京、上海、深圳、广州、苏州等重镇都以开放著称。例如,北京容纳了各种人才,很多国内知名画家一度曾是"画家村"里的边缘人士,很多著名歌手亦曾经在街头的酒吧里驻唱。这种开放性和包容性,无疑促进北京成为全国的文化中心。

文化包容指数具体包括四个指标:每百万人麦当劳数、每十万人咖啡馆数、每十万人英语培训机构数和外来人口占比(见表8—1)。

表8—1　　　　　　　　　　文化包容指标

文化包容	每百万人麦当劳数
	每十万人咖啡馆数
	每十万人英语培训机构数
	外来人口占比

二、长三角中小城市文化包容指数指标说明

1. 每百万人麦当劳数

指标说明:麦当劳是比较典型的外来生活方式的产物,麦当劳数可以反映一个城市多元化生活的程度。

计算方法:每百万人麦当劳数=麦当劳数/常住人口

指标单位:家/百万人。

指标性质:正向。

数据周期：麦当劳数为 2022 年 5 月 3 日数据，常住人口为 2020 年统计数据。

数据来源：大众点评网、各级政府统计年鉴。

2. 每十万人咖啡馆数

指标说明：喝咖啡也是比较典型的外来生活方式，一个城市的咖啡馆数量可以反映民众对于多元化生活方式的接纳程度。

计算方法：每十万人咖啡馆数＝咖啡馆数/常住人口

指标单位：家/十万人。

指标性质：正向。

数据周期：咖啡馆数为 2022 年 5 月 3 日的数据，常住人口为 2020 年的统计数据。

数据来源：大众点评网、各级政府统计年鉴。

3. 每十万人英语培训机构数

指标说明：英语培训机构数在一定程度上反映了民众对于多元思想的包容和心态开放程度。

计算方法：每十万人英语培训机构数＝英语培训机构数/常住人口

指标单位：个/十万人。

指标性质：正向。

数据周期：英语培训机构数为 2022 年 5 月 3 日的数据，常住人口为 2020 年的统计数据。

数据来源：大众点评网、各级政府统计年鉴。

4. 外来人口占比

指标说明：外来人口占比反映一个城市能否容纳足够的移民，其不仅是一个城市开放度和包容度的体现，更是其有无强大的社会自我更新能力的体现。衡量一个城市胸怀是否博大、是否有包容性，人口结构是最直观的维度，特别是能否容纳外地人、广纳四方豪杰，是判断城市包容能力的核心标准。[①]

计算方法：外来人口占比＝净流入人口/常住人口。当常住人口＞户籍人口时，净流入人口＝常住人口－户籍人口。当常住人口≤户籍人口时，净流入人口＝0

指标单位：%。

[①] 澎湃政务：国民经略．中国 10 大城市"包容"能力排名［EB/OL］．(2022－03－25)［2022－05－30］．https://m.thepaper.cn/baijiahao_17297518.

指标性质：正向。
数据周期：2020 年。①
数据来源：各级政府统计年鉴和统计公报。

三、长三角中小城市文化包容指数排名

(一)文化包容指数排名

表 8-2 显示文化包容指数排名前 30 的城市及其文化包容指数得分。图 8-1 显示文化包容指数前 15 名城市及其得分。文化包容指数前 15 名分别是闵行区、松江区、嘉定区、昆山市、义乌市、青浦区、宝山区、太仓市、吴江区、奉贤区、张家港市、永康市、嘉善县、江阴市、金山区。第一名闵行区文化包容指数得分为 91.22。

表 8-2　　　　　　　　文化包容指数前 30 名

省（直辖市）	地级市	县级市（区）	文化包容指数	排名
上海		闵行区	91.22	1
上海		松江区	82.68	2
上海		嘉定区	79.75	3
江苏	苏州	昆山市	77.90	4
浙江	金华	义乌市	67.08	5
上海		青浦区	64.97	6
上海		宝山区	63.31	7
江苏	苏州	太仓市	53.29	8
江苏	苏州	吴江区	45.32	9
上海		奉贤区	45.09	10
江苏	苏州	张家港市	40.71	11
浙江	金华	永康市	39.60	12
浙江	嘉兴	嘉善县	39.10	13
江苏	无锡	江阴市	38.09	14

---

① 《安徽统计年鉴 2021》未发布 2020 年户籍人口数据，考虑到短期内户籍人口变化不大，安徽省县级市户籍人口采用 2019 年数据。

续表

省（直辖市）	地级市	县级市(区)	文化包容指数	排名
上海		金山区	36.84	15
浙江	宁波	慈溪市	36.43	16
浙江	台州	玉环市	36.27	17
浙江	嘉兴	桐乡市	35.86	18
江苏	苏州	常熟市	35.30	19
浙江	嘉兴	海宁市	35.28	20
浙江	台州	临海市	33.21	21
浙江	温州	龙港市	32.64	22
浙江	宁波	余姚市	32.14	23
浙江	温州	瑞安市	29.97	24
江苏	无锡	宜兴市	27.47	25
浙江	温州	乐清市	26.17	26
浙江	金华	东阳市	25.15	27
浙江	台州	温岭市	24.38	28
江苏	泰州	靖江市	24.05	29
浙江	嘉兴	平湖市	22.27	30

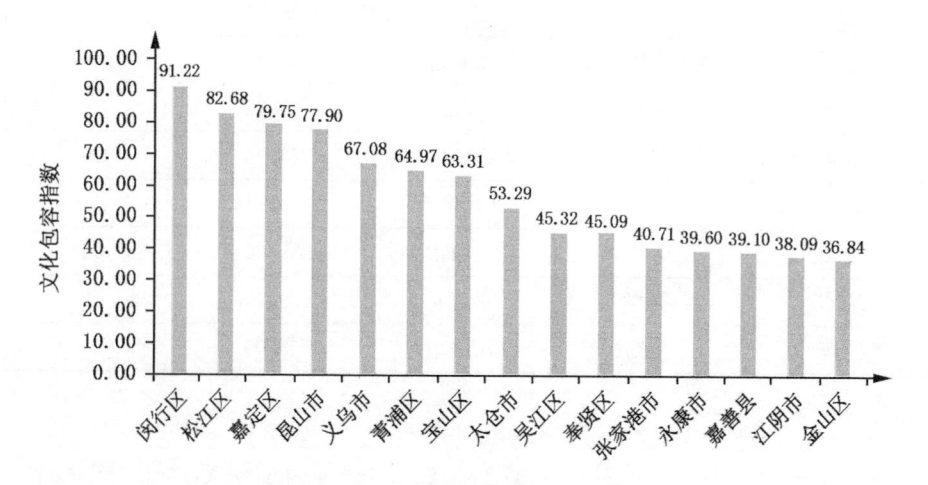

图 8—1　文化包容指数前 15 名

(二)文化包容指数分省分析

从文化包容指数分省平均值(见图8-2)来看,最高的是上海市,得分为59.56。第2名是浙江省,得分为28.57。第3名是江苏省,得分为24.62。最后一名是安徽省,得分为8.22。可见长三角三省一市在文化包容方面的差别还是很大的,上海具有明显的优势。上海作为一个全球城市、东西方思想交汇的节点,具有"海纳百川、追求卓越、开明睿智、大气谦和"的城市精神和"开放、创新、包容"的城市品格,使得上海市非中心城区与其他长三角县级市相比在文化包容方面具有先天的优势。

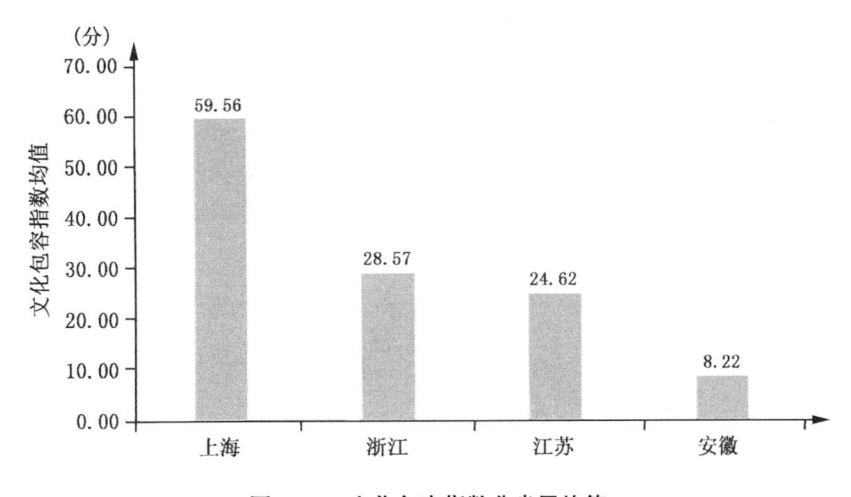

图8-2 文化包容指数分省平均值

四、长三角中小城市文化包容指数各指标排名

(一)每百万人麦当劳数

每百万人麦当劳数这项指标的平均值是3.42,最大值是17.34,最小值是0。

表8-3显示了每百万人麦当劳数排名前30的城市。图8-3显示了每百万人麦当劳数前15名的城市。每百万人麦当劳数前15名分别是闵行区、嘉定区、宝山区、松江区、青浦区、义乌市、永康市、昆山市、金山区、临海市、奉贤区、太仓市、玉环市、海宁市、建德市。

表 8－3　　每百万人麦当劳数前 30 名

省（直辖市）	地级市	县级市（区）	每百万人麦当劳数（家）	排名
上海		闵行区	17.34	1
上海		嘉定区	14.72	2
上海		宝山区	12.08	3
上海		松江区	12.04	4
上海		青浦区	9.44	5
浙江	金华	义乌市	8.05	6
浙江	金华	永康市	7.25	7
江苏	苏州	昆山市	6.21	8
上海		金山区	6.08	9
浙江	台州	临海市	5.38	10
上海		奉贤区	5.25	11
江苏	苏州	太仓市	4.81	12
浙江	台州	玉环市	4.66	13
浙江	嘉兴	海宁市	4.64	14
浙江	杭州	建德市	4.51	15
浙江	丽水	龙泉市	4.02	16
江苏	常州	溧阳市	3.82	17
浙江	金华	东阳市	3.67	18
江苏	苏州	常熟市	3.58	19
浙江	金华	兰溪市	3.47	20
浙江	温州	乐清市	3.44	21
江苏	镇江	扬中市	3.17	22
上海		崇明区	3.14	23
江苏	无锡	宜兴市	3.11	24
江苏	泰州	靖江市	3.01	25
江苏	扬州	高邮市	2.82	26
江苏	苏州	张家港市	2.79	27
安徽	合肥	巢湖市	2.75	28
江苏	苏州	吴江区	2.59	29
浙江	宁波	余姚市	2.39	30

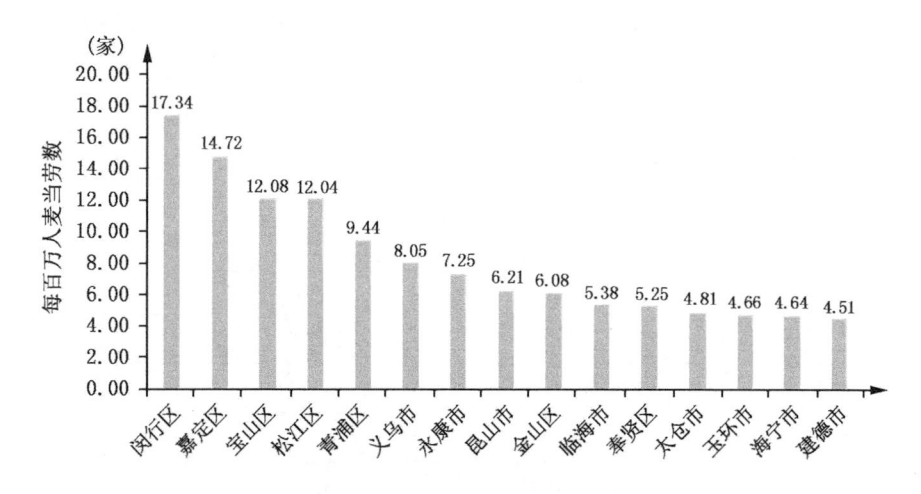

图 8—3　每百万人麦当劳数前 15 名

从每百万人麦当劳数分省平均值(见图 8—4)来看,排名第一位的是上海市,平均每百万人拥有 10.01 家麦当劳;排名第二位的是浙江省,平均每百万人拥有 3.12 家麦当劳;排名第三位的是江苏省,平均每百万人拥有 2.50 家麦当劳;排名第四位的是安徽省,平均每百万人拥有 0.49 家麦当劳。

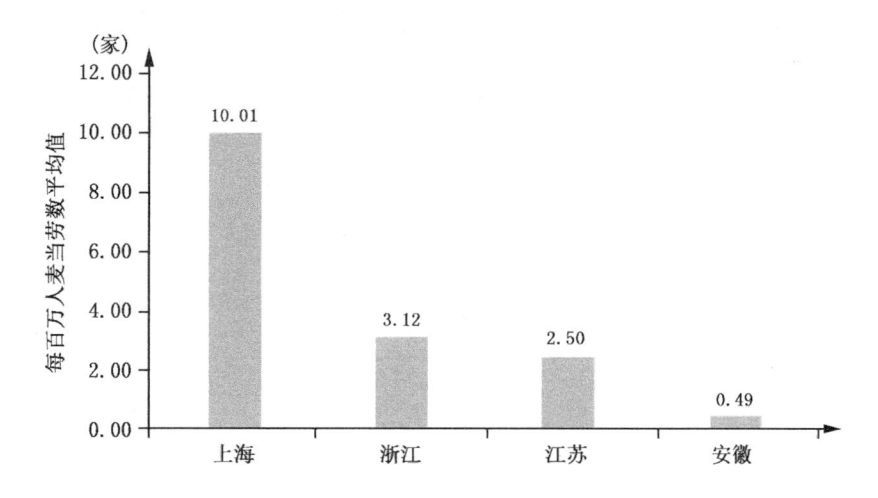

图 8—4　每百万人麦当劳数分省平均值

(二)每十万人咖啡馆数

每十万人咖啡馆数这项指标的平均值是 9.59,最大值是 30.96,最小值是 1.13。

表8－4显示了每十万人咖啡馆数排名前30的城市。图8－5显示了每十万人咖啡馆数前15名的城市。每十万人咖啡馆数前15名分别是：昆山市、闵行区、青浦区、松江区、义乌市、太仓市、嘉定区、吴江区、嘉善县、宝山区、桐乡市、张家港市、常熟市、江阴市、金山区。

表8－4　　　　　　　　每十万人咖啡馆数前30名

省（直辖市）	地级市	县级市（区）	每十万人咖啡馆数（家）	排名
江苏	苏州	昆山市	30.96	1
上海		闵行区	28.26	2
上海		青浦区	25.33	3
上海		松江区	23.56	4
浙江	金华	义乌市	21.59	5
江苏	苏州	太仓市	20.69	6
上海		嘉定区	20.39	7
江苏	苏州	吴江区	19.03	8
浙江	嘉兴	嘉善县	16.47	9
上海		宝山区	15.93	10
浙江	嘉兴	桐乡市	14.84	11
江苏	苏州	张家港市	13.61	12
江苏	苏州	常熟市	13.59	13
江苏	无锡	江阴市	13.43	14
上海		金山区	13.25	15
江苏	无锡	宜兴市	13.14	16
上海		奉贤区	12.86	17
浙江	温州	瑞安市	12.50	18
江苏	常州	溧阳市	12.22	19
浙江	宁波	慈溪市	10.70	20
浙江	嘉兴	海宁市	10.66	21
江苏	镇江	扬中市	9.19	22
上海		崇明区	9.09	23

续表

省 (直辖市)	地级市	县级市 (区)	每十万人咖啡馆数 (家)	排名
浙江	宁波	余姚市	8.92	24
浙江	金华	东阳市	8.90	25
浙江	杭州	建德市	8.80	26
浙江	嘉兴	平湖市	8.79	27
浙江	绍兴	诸暨市	8.72	28
江苏	泰州	靖江市	8.59	29
浙江	丽水	龙泉市	8.03	30

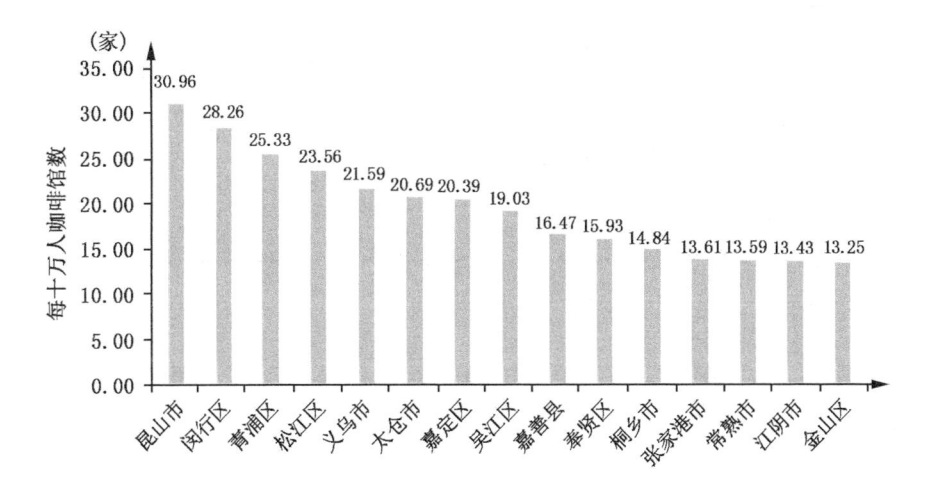

图 8－5　每十万人咖啡馆数前 15 名

从每十万人咖啡馆数分省平均值来看,排名第一的是上海市,平均每十万人拥有 18.59 家咖啡馆;排名第二的是江苏省,平均每十万人拥有 9.31 家咖啡馆;排名第三的是浙江省,平均每十万人拥有 9.14 家咖啡馆;排名第四的是安徽省,平均每十万人拥有 3.32 家咖啡馆。

(三)每十万人英语培训机构数

每十万人英语培训机构数这项指标的平均值是 2.94,最大值是 6.69,最小值是 0.77。

表 8－5 显示了每十万人英语培训机构数排名前 30 的城市。图 8－6 显示

了每十万人英语培训机构数前15名的城市。每十万人英语培训机构数前15名分别是昆山市、闵行区、松江区、临海市、龙港市、嘉定区、义乌市、太仓市、江阴市、天长市、泰兴市、瑞安市、温岭市、乐清市、张家港市。

表8－5　　　　　　　　每十万人英语培训机构数前30名

省（直辖市）	地级市	县级市（区）	每十万人英语培训机构数（家）	排名
江苏	苏州	昆山市	6.69	1
上海		闵行区	6.03	2
上海		松江区	5.86	3
浙江	台州	临海市	5.65	4
浙江	温州	龙港市	5.38	5
上海		嘉定区	5.02	6
浙江	金华	义乌市	4.89	7
江苏	苏州	太仓市	4.33	8
江苏	无锡	江阴市	4.33	9
安徽	滁州	天长市	4.14	10
江苏	泰州	泰兴市	3.92	11
浙江	温州	瑞安市	3.82	12
浙江	台州	温岭市	3.81	13
浙江	温州	乐清市	3.78	14
江苏	苏州	张家港市	3.77	15
江苏	泰州	靖江市	3.77	16
上海		宝山区	3.76	17
浙江	台州	玉环市	3.57	18
安徽	宣城	宁国市	3.35	19
浙江	金华	永康市	3.31	20
浙江	宁波	慈溪市	3.27	21
江苏	扬州	仪征市	3.19	22
江苏	苏州	吴江区	3.11	23
江苏	扬州	高邮市	3.10	24

续表

省 (直辖市)	地级市	县级市 (区)	每十万人英语培训机构数 (家)	排名
浙江	嘉兴	嘉善县	3.08	25
浙江	嘉兴	桐乡市	3.01	26
江苏	徐州	新沂市	2.99	27
江苏	镇江	句容市	2.97	28
浙江	宁波	余姚市	2.95	29
安徽	芜湖	无为市	2.81	30

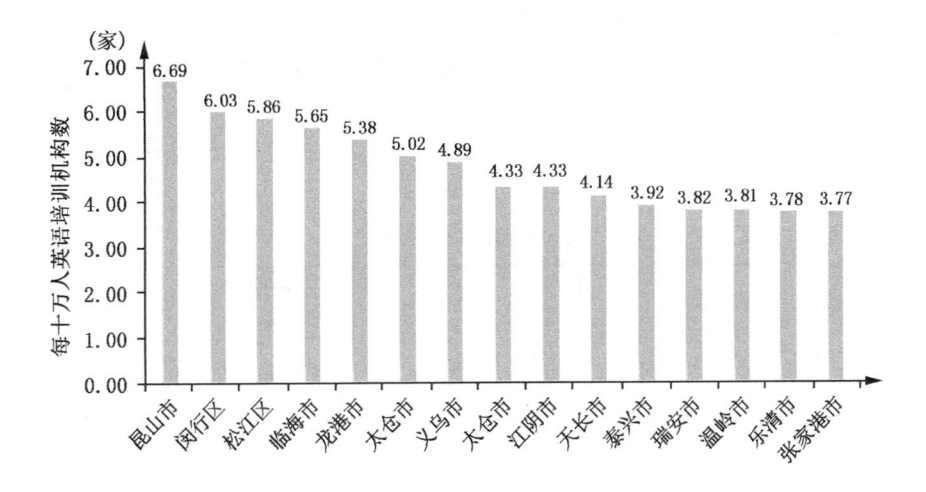

图8-6 每十万人英语培训机构数前15名

从每十万人英语培训机构数分省平均值(见图8-7)来看,排名第一的是上海市,平均每十万人拥有3.58家英语培训机构;排名第二的是江苏省,平均每十万人拥有3.07家英语培训机构;排名第三的是浙江省,平均每十万人拥有2.92家英语培训机构;排名第四的是安徽省,平均每十万人拥有2.10家英语培训机构。

(四)外来人口占比

外来人口占比这项指标的平均值是18.17%,最大值是64.68%,最小值是0。

表8-6显示外来人口占比排名前30的城市。图8-8显示外来人口占比前15名的城市。外来人口占比前15名的城市分别是松江区、嘉定区、青浦区、

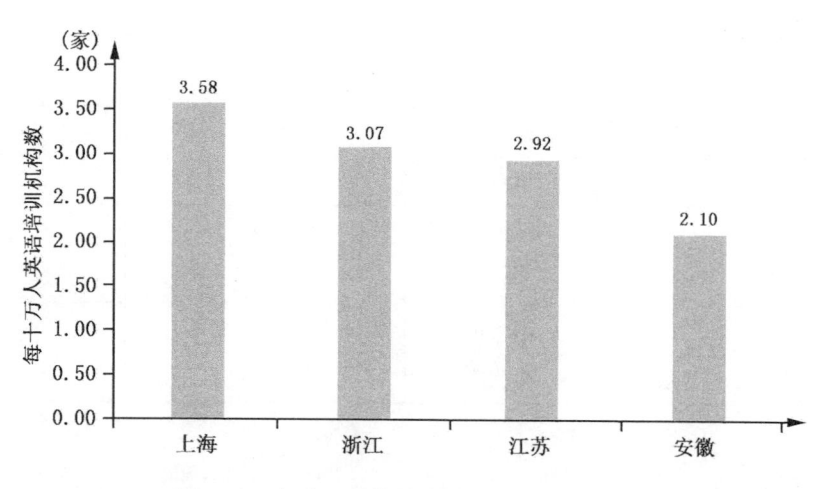

图 8－7　每十万人英语培训机构数分省平均值

闵行区、义乌市、宝山区、奉贤区、昆山市、吴江区、慈溪市、太仓市、嘉善县、常熟市、金山区、永康市。

表 8－6　　　　　　　　　　外来人口占比前 30 名

省（直辖市）	地级市	县级市（区）	外来人口占比（%）	排名
上海		松江区	64.68	1
上海		嘉定区	63.27	2
上海		青浦区	60.42	3
上海		闵行区	55.04	4
浙江	金华	义乌市	54.18	5
上海		宝山区	54.00	6
上海		奉贤区	52.32	7
江苏	苏州	昆山市	49.01	8
江苏	苏州	吴江区	43.26	9
浙江	宁波	慈溪市	42.07	10
江苏	苏州	太仓市	38.58	11
浙江	嘉兴	嘉善县	36.91	12
江苏	苏州	常熟市	36.55	13

续表

省（直辖市）	地级市	县级市（区）	外来人口占比（%）	排名
上海		金山区	36.17	14
浙江	金华	永康市	35.69	15
江苏	苏州	张家港市	35.06	16
浙江	嘉兴	海宁市	34.37	17
浙江	宁波	余姚市	33.59	18
浙江	台州	玉环市	32.13	19
浙江	嘉兴	桐乡市	31.37	20
江苏	无锡	江阴市	28.84	21
浙江	嘉兴	平湖市	24.35	22
浙江	金华	东阳市	21.86	23
江苏	镇江	丹阳市	19.20	24
浙江	温州	龙港市	17.77	25
浙江	温州	瑞安市	17.16	26
江苏	无锡	宜兴市	16.34	27
浙江	台州	温岭市	13.85	28
江苏	镇江	扬中市	10.96	29
浙江	绍兴	诸暨市	10.06	30

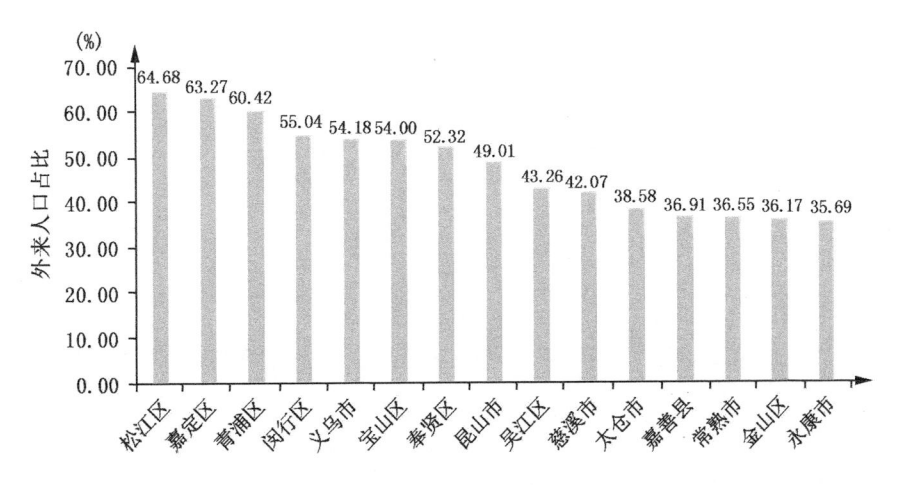

图 8-8 外来人口占比前 15 名

从外来人口占比分省平均值（见图8—9）来看，排名第一的是上海市，外来人口占比平均值为48.24%；排名第二的是江苏省，外来人口占比平均值为19.75%；排名第三的是浙江省，外来人口占比平均值为13.10%；排名第四的是安徽省，外来人口占比平均值为0.14%。

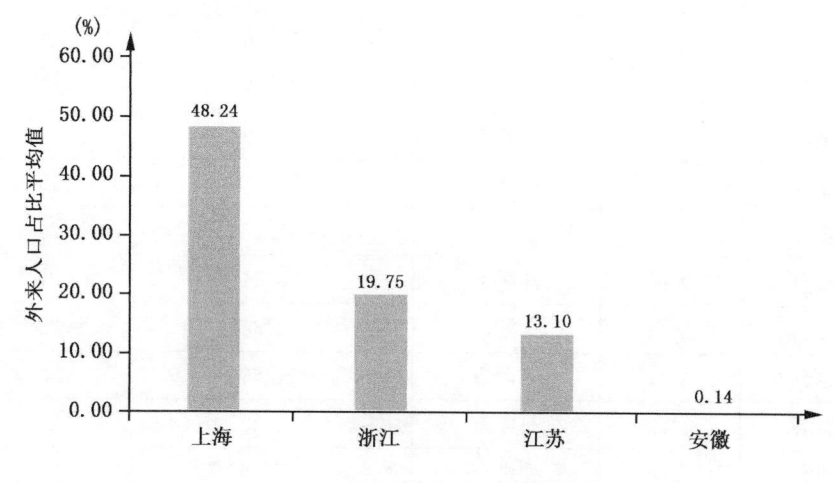

图8—9　外来人口占比分省平均值

五、长三角中小城市文化包容指数各指标相关分析

与此同时我们还发现，如图8—10、图8—11、图8—12显示，每百万人麦当劳数、每十万人咖啡馆数、外来人口占比这3个指标两两之间都具有高度相关的关系，说明这3个指标互相之间的关联程度更加紧密，而它们与每十万人英语培训机构数这个指标之间的关系相对疏远。

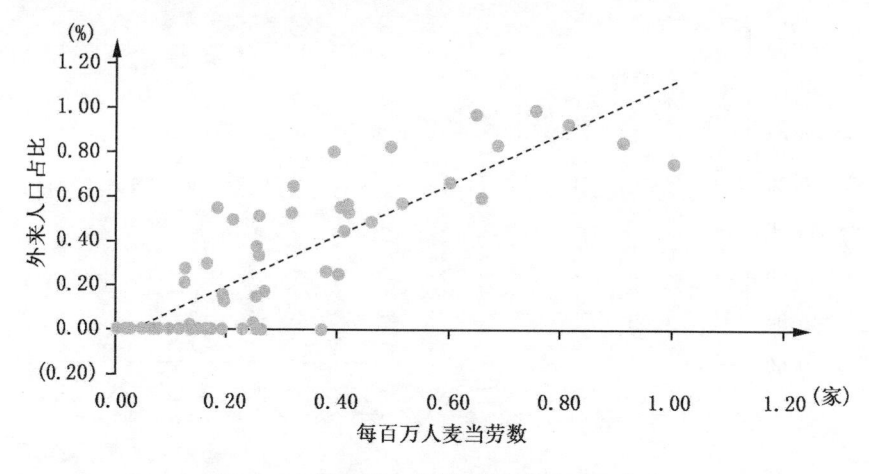

图8—10　每十万人咖啡馆数与外来人口占比

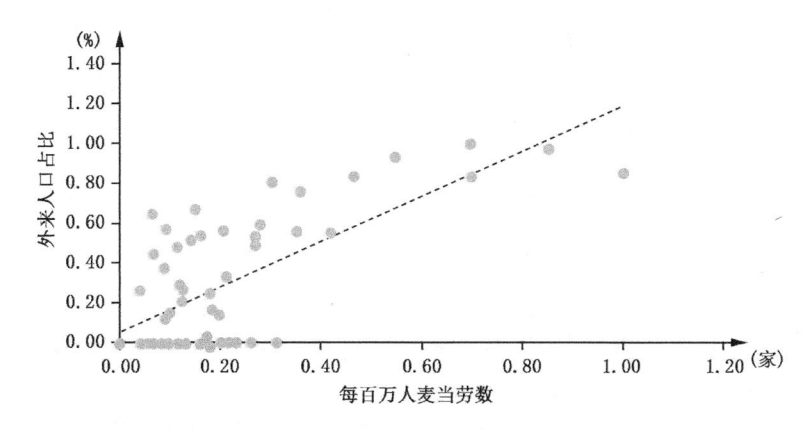

图 8—11　每百万人麦当劳数与外来人口占比

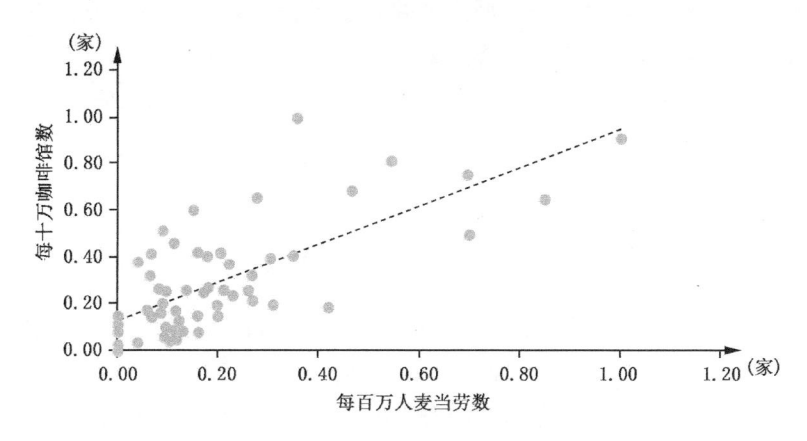

图 8—12　每百万人麦当劳数与每十万人咖啡馆数

六、长三角中小城市文化包容指数分报告结论与建议

(一)结论

在文化包容指数得分上,各个城市之间差异较大,最大值是 91.22,最小值是 1.11。各省之间差异也较大,上海以 59.56 分遥遥领先,其次是浙江和江苏,分别为 28.57 分和 24.62 分,安徽为 8.22 分。

就每百万人麦当劳数这项指标,各个城市之间差异较大,平均值是 3.42,最大值是 17.34,最小值是 0。各省之间差异也较大,上海为 10.01,浙江为 3.12,江苏为 2.50,安徽为 0.49。

就每十万人咖啡馆数这项指标,各个城市之间差异较大,平均值是 9.59,最大值是 30.96,最小值是 1.13。各省之间差异也稍大,上海为 18.59,江苏为

9.31,浙江为9.14,安徽为3.32。

就每十万人英语培训机构数这项指标,各个城市之间差异相对来说不算大,平均值是2.94,最大值是6.69,最小值是0.77。各省之间差异不大,上海为3.58,江苏为3.07,浙江为2.92,安徽为2.10。

就外来人口占比这项指标,各个城市之间差异非常大,平均值是18.17%,最大值是64.68%,最小值是0。各省之间差异也非常大,上海为48.24%,江苏为19.75%,浙江为13.10%,安徽为0.14%。

可见,文化包容指数的差异更多来自外来人口占比、每百万人麦当劳数和每十万人咖啡馆数这三项指标,而每十万人英语培训机构数这项指标的差异并不太大。每十万人英语培训机构数在一定程度上反映了民众对于多元思想的包容和心态开放程度,可以说是一个城市文化包容的内生动力。每十万人英语培训机构数的差异不大,说明长三角各个城市的民众对于文化包容都具有良好的认识和较大的内生动力。吃麦当劳、喝咖啡都是比较典型的外来生活方式,麦当劳数和咖啡馆数反映了一个城市民众多元化生活方式程度。外来人口占比是判断城市包容能力的核心标准。受制于外来人口不足的外在条件,一些城市无法形成高度多元化的生活方式。

(二)建议

首先,从我们的研究来看,提升外来人口占比是进一步提升长三角中小城市文化包容度的核心。外来人口能带来多种多样的文化和生活方式,是城市开放度和包容度的集中体现。而怎样才能提高外来人口占比、吸引更多的外来人口,可能就不只要从文化上做文章了。应全面提升城市政策环境、投资环境、旅游环境、生活环境和文化环境等,将城市建设成为宜居、宜商、宜业、宜游、宜学、宜养之地,如此"种得梧桐树",才能"引得凤凰来"。

其次,从指标相关分析来看,每百万人麦当劳数和每十万人咖啡馆数这两个指标都与外来人口占比这个指标高度相关,每百万人麦当劳数和每十万人咖啡馆数这两个指标之间也高度相关。这说明每百万人麦当劳数和每十万人咖啡馆数这两个指标是城市文化包容度的显著的外在表征,它们与外来人口占比是相辅相成的。外来人口越多,对于麦当劳和咖啡馆的需求越大;反之,麦当劳与咖啡馆店数越多,城市对于外来人口的吸引力也越大。

最后,建议地方政府部门关注本地麦当劳店数和咖啡馆店数,借以判断当地有活力的商圈是否足够多,城市规划是否合理,城市文化是否足够包容,城市是否有活力。

(作者:高昉)

典型案例

江南好
风景旧曾谙

案例一

桐乡市

一、桐乡市文化活力指数分析

前面相关章节的统计分析显示,桐乡市的文化活力指数得分为25.87,在60个长三角中小城市的排名为第25名,在浙江省的排名为第11名,这表明桐乡市文化活力层次处在长三角中位水平。从文化活力的五个分指数来看,其中文化参与指数得分为49.12(在长三角中小城市排名第10,在浙江省中小城市排名的3);文化包容指数得分为35.86(在长三角中小城市排名第18,在浙江省中小城市排名第6);文化产业指数得分为17.60(在长三角中小城市排名第22,在浙江省中小城市排名第9);文化政策指数得分为10.11(在长三角中小城市排名第53,在浙江省中小城市排名第18)(见表1)。由此可以看出桐乡市的文化参与政策具备较强优势,可以借助桐乡市在文化产业相关政策的优势发展其文化活力,同时其文化政策环境有待提升。

表1 桐乡市文化活力指数在60个长三角和20个浙江省中小城市的排名

	得分	在长三角中小城市排名	浙江省中小城市排名	分指数	得分	在长三角中小城市排名	浙江省中小城市排名
文化活力指数	25.87	25	11	文化政策指数	10.11	53	18
				文化禀赋指数	29.00	32	16
				文化产业指数	17.60	22	9
				文化参与指数	49.12	10	3
				文化包容指数	35.86	18	6

乌镇在地理位置上看,处于桐乡市的北端,东侧又有京杭大运河流过,同时西边又临近湖州市,北边又临近江苏省苏州市吴江区,是两省三市的交接之处。乌镇距离桐乡市区大概13千米,周围离嘉兴、湖州、吴江这三个城市分别为大概27、45、60千米,距离杭州、苏州均为80千米左右,距上海边界大概140千米。

乌镇的总面积71.19平方千米,其中城区面积大概2.5平方千米。仅2017年一年,乌镇所接待的游客数量据统计已超过1 000万,成为国内外游客向往的旅游城市。①

中青旅2021年统计年报显示:新冠肺炎疫情发生以来,乌镇积极做好应对措施,在不景气的旅游行业中脱颖而出。2021年乌镇主要景区共接待旅游人次368.73万,同比增长22.10%,其中东栅景区接待了126.53万人次,同比增长32.28%,西栅景区接待242.20万人次,同比增长17.38%。2021年乌镇实现营业收入17.58亿元,同比增长121.25%;实现净利润5 820.24万元,同比下降57.03%。剔除政府补贴及房产业务影响,景区经营收入同比增长13.65%,净利润较2020年减亏5 975万元。②

二、文化IP定义与长三角地区文化发展问题

文化无疑是每个民族的灵魂和血脉,能够体现文化生命力、民族凝聚力和科技创新力。文化也是城市建设及发展中的软实力,是提升综合竞争力的重要保障和动力。IP是英文"Intellectual Property"的头字母缩写,转换成中国语境,就是"那些具有专注度、影响力且可以被不断再生产、重复创造的知识产权"。③ 以长三角的文化IP来说,文化的发展及传承在整个城市的发展中发挥着重要作用。

在长三角更高质量文旅整体发展的过程中,文化产业从活跃度、贡献度、影响力等方面充分发挥优势。但是,随着城镇化的不断深入和现代化的加快推进,传统文化保护与城市发展及建设之间的矛盾在某些层面日益凸显,也面临着挑战。

在旧城区规划改造与新城区开发过程中,存在一些文化相关问题:其一,物质文化遗产可能遭到一些破坏。长三角地区的文化遗产保护工作艰巨,面临历史文化遗产严重被破坏,或者文化遗产价值认识度不足等问题。新城区往往呈现"同质化"的现象,使得各地区之间缺乏文化区别度和特色。其二,很多非物质文化遗产在城市发展过程中逐渐消退,几千年历史流传下来的各种民间生活、生

---

① 古镇旅游开发的乌镇发展模式及启示[EB/OL].(2018-11-1)[2022-07-15]. https://f.qianzhan.com/tesexiaozhen/detail/181101-9f2ad9c9.html.
② 跑赢行业大势:中青旅发布2021年年度报告[EB/OL].(2022-04-07)[2022-07-15]. https://www.cyts.com/news/GetDetail?id=5822.
③ 尹鸿,王旭东,陈洪伟,等.IP转换兴起的原因、现状及未来发展趋势[J].当代电影,2015(9):22-29.

存经验、地方性历史知识,在当今失去了物质承载。其三,科技创新结合文化创意,可以焕发新的发展空间。目前的科技创新和文化创意在应用及结合上缺乏系统的政策框架,区域之间的行政保护仍然存在,资源共享缺乏有效的统筹规划。

因此,本章主要探究长三角地区文化 IP 建设中的共性与特色问题,寻找解决依据,也为今后长三角地区文化 IP 发展提供参考和借鉴。

三、桐乡市乌镇文旅发展四个阶段

在古镇建设"同质化异常严重"的今天,"乌镇"的更新理念是恢复"乌镇生活方式"的小镇,"修旧如故",致力于复原"江南水乡"古镇,恢复东栅和西栅景区的昔日烟火气,从挖掘并弘扬当地文化及文艺到逐渐步入国际舞台。1999 年开始,乌镇文旅发展经历了四个阶段,分别是东栅观光游、西栅休闲度假、乌镇戏剧节、永久承办国际互联网大会[①],具体内容如下:

第一阶段:1999 年,试点开发东栅,定位观光旅游。以东栅为试点开发,修复原有景点及建筑;强调风貌整体保护,植入本地传统文化活动,如酒作坊、布作坊等。

第二阶段:2003 年开始全新开拓西栅,转型度假休闲中心。完善基础设施,强调标准化、精细化的管理;全新开拓、整体规划西栅,开发住宿、餐饮、购物等休闲度假功能。

第三阶段:2010 年起导入特征文化,转型文化小镇。培育传统文化,引入文化项目。举办"乌镇戏剧节",打造可以承接各种类型的现代艺术展,构筑科技创新和文化展示的平台。

第四阶段:2014 年开拓新会展业务,永久承办"国际互联网大会"建设国际化平台,展现不一样的乌镇。以文化旅游为核心,驱动发展新型农业化、工业化、城镇化和服务业现代化,突破区域限制,打造主客共建共享的全社会参与模式,逐步升级"全域旅游"。

四、桐乡市文化标志性 IP:"乌镇模式"的做法

通过打造地区特色,采用独特产品思路,形成众所周知的"乌镇模式"。首先,乌镇的建设是一个长期的过程,先后经历了观光小镇阶段、度假小镇阶段、文

---

① 乌镇古老水镇的新生活_世界互联网大会官网[EB/OL].(2017-10-17)[2022-07-15]. https://2017.wicwuzhen.cn/web17/news/jzfu/mtbd/201710/t20171017_5375721.shtml.

化小镇阶段、"互联网＋会展"四个发展阶段,然而在此期间共同考虑"同一个目标",那就是从外壳上的整体保护到内容和内涵,始终围绕"乌镇"整体发展。发展沉浸式"生活方式体验",塑造与同类产品的差异;打造"不一样"的乌镇IP,从中构建产业发展体系,形成文旅IP的实施策略。

(一)针对乌镇"外壳"整体保护,反映"来过,便不曾离开"的乌镇生活印象

"乌镇是一种理想的生活方式",陈向宏先生提出了乌镇整体发展理念。自1999年起乌镇开始开发古镇旅游,对乌镇"外壳"的"整体保护"不局限于打造"旅游小镇",在营造"江南水乡"的历史文化遗址和美丽宜人的传统街市、小桥流水"人家"的同时,重点突出"人家"与"产业"和"文化地标"之间的共生。[①] 乌镇不仅让游客充当小镇的主角,且所有在镇居住的新"居民"都可作为展示小镇魅力、体现活力的主力军。1999年乌镇率先提出"历史街区再利用"的理念,将乌镇从观光型古镇打造发展成了国际著名的休闲旅游目的地。经过几轮旅游市场消费的升级,游客已经从简单感受美景、体验文化上升到体验"理想生活方式"。乌镇通过对"外壳"的整体保护与内容和内涵的不断迭代更新,形成一种"自然生态优势",使乌镇从单纯的"观光型"转变为"休闲旅游目的地",并走向成功。

(二)建设反映乌镇"内容"的文化名片,以"文化载体"来借势、造势和引流

1. 乌镇名片:乌镇戏剧节

2013年,首届乌镇戏剧节开幕。乌镇以文化立身,以"江南水乡"古镇为特色,日渐与国际化接轨。"乌镇戏剧节"成为年轻一代燃烧艺术梦想的地方。这里的"戏剧乌托邦"承接着赖声川、孟京辉、黄磊等中国艺术家的梦想,也堪称年轻戏剧人的"造梦之所"与戏剧"孵化器"。戏剧已经深度融合在当地生活里,相约每年来此,可奔赴一场与戏剧的邂逅。此外,乌镇戏剧节溢出效应的扩增,大幅增加了戏剧爱好者的黏性。

2013年至今,通过不断推陈出新,乌镇从在戏剧节崭露头角,到以艺术创造力来固定"乌镇品牌",成为国内外戏剧爱好者心目中的圣地。"乌镇戏剧节"可推动国内外文化交流,成为具有深厚中国文化底蕴的戏剧节。乌镇可让人们体验不同的生活方式,其成功之处在于把"乌镇"从一个观光型的景区转变成了戏剧节的文化载体及文化传播"名片",为这座古镇迎来新的生机与未来。

2. 乌镇名片:木心美术馆

木心美术馆着重建设"风啊,水啊,一顶桥"的文化概念,体现可阅读建筑文

---

① 乌镇的"乌托邦"理想生活可以在这里实现[EB/OL].(2019—07—29)[2022—07—15].https://www.thepaper.cn/newsDetail_forward_4032957.

化的特色。木心美术馆的项目是让乌镇从"观光小镇"到"度假小镇",最终发展成"文化小镇"的重要步骤,也是使乌镇形成"文化竞争壁垒"的重要因素之一。

木心美术馆为了宣传乌镇文化,致力于展示木心先生(1927—2011)作为画家、文学家、诗人的毕生心血与文化遗产。这不仅是一座收藏历史文化的美术馆,而且是展示未来开放的文化精神指向场所空间和学术交流空间。美术馆选址于此是因为乌镇是木心的故乡。[1] 唐克扬在对美术馆的评述中写道,在著名"景区"乌镇西栅,以木心命名的美术馆不仅仅是私人纪念室,而且是一个文化中心,兼有展厅、食饮、商店、办公等多种功能。[2] 美术馆在提供优良的硬件设施的同时,让城市居民与游客获得多种多样的文化体验,打造了乌镇的文化名片,将"可阅读建筑"的内涵化身为文化艺术载体,为乌镇增添了丰富多彩的文化软实力。

3. 乌镇名片:世界互联网大会

2014年乌镇成为国际互联网大会永久会址,国际知名度迅速提高,海外游客量急增。承接世界互联网大会,也让乌镇找到了会展经济的新增长点。会展经济逐渐成为乌镇的"主业之一",不断承接国内外高峰论坛、展示高新技术让乌镇成为国内外最有影响力的文化展示区和招商引资的重要名片。[3] 乌镇在开发过程中不断与互联网前沿技术结合,为游客打造极致的视听体验,将互联网基因融入日常生活。[4] 打造"世界互联网大会"这张乌镇名片,将"互联网"文化延续到底,充分发挥了"互联网+"的载体优势,发展了"互联网+"等新兴业态。借势、造势和引流让乌镇成为世界首个5G小镇,获得了国内外的关注。

4. 乌镇名片:乌镇IP文创卡通形象

打造乌镇IP文创卡通形象。2018年9月,乌镇举办了"乌镇特色文化苑授牌暨乌镇IP形象发布会",由浙江乌镇文化创意股份有限公司独家开发并运营的乌镇IP形象简称乌镇宝宝(见下图)。"青团猫"的灵感来自特色小吃青团;"聪明鸭"来自小桥流水人家,帮助推广地方特色产品。乌镇的IP形象受到了各界人士的喜爱,能够向大家展现不一样的文化新乌镇。

---

[1] 木心美术馆"风啊,水啊,一顶桥"[EB/OL].(2021-06-17)[2022-07-15]. https://www.ideabooom.com/11230.

[2] 唐克扬. 木心美术馆评述[J]. 建筑学报,2016(12):2.

[3] 【文旅项目案例分析】乌镇[EB/OL].(2020-05-12)[2022-07-15]. https://zhuanlan.zhihu.com/p/139877914.

[4] 世界互联网大会为什么在乌镇举办?[EB/OL].(2020-11-26)[2022-07-15]. https://zhuanlan.zhihu.com/p/312286193.

乌镇 IP 形象：乌镇宝宝（青团猫、聪明鸭）①

（三）丰富乌镇"内涵"场景，让游客体验"理想生活方式"

1. 节庆活动、传统艺术表演、传统与民间的生活等非物质文化体验

第一，乌镇的非物质文化资源丰富，其通过不断完善和发展景区及文化品牌文化内涵，深层次挖掘民间历史及传统文化；通过举办各类庆典活动和民俗体验活动，全面展示了文化历史及传统风情，比如，瘟元帅会、蚕花会、香市等特色民俗节，传统的中秋节、元宵节及春节等。第二，发展传统工艺等各种非物质文化遗产，创建"展示、参与、商品"的新流程模式。景区设有 30 余个展馆、工艺工场和作坊，如高公生糟坊、乌香堂、乌陶坊等。游客可以置身于具有百年传统的各种老作坊，亲自体验工艺品的制作流程。第三，以各种艺术展演，传扬了传统文化及艺术。比如，水上社戏、花鼓戏、评书楼、皮影戏、高杆船、露天老电影等分布于不同地点，游客可以参与体验，了解了历史文化，也体验当地老居民茶余饭后娱乐放松的方式。第四，在古镇体验传统的生活方式和民间工艺。比如，寿、礼、婚俗等传统生活方式体验及拳船、堂会等表演。

2. 主题商业街区开发

乌镇的文化商业主要分布在民宿周边，可通过文化产品购物加深游客对水乡风情的真实体验。此外，乌镇导入了主题式的商业理念，如引入以女红工艺为主的商业街，并在经营中对店铺的开设及运营提出严格要求。同时，为了鼓励店铺进行文化创意，乌镇设置一定的奖励基金，这一方面提高了古镇商业的竞争

---

① 乌镇 IP 形象发布会/这两个宝宝的诞生轰动了整座小镇[EB/OL].（2018－09－24）[2022－07－15]. https://www.sohu.com/a/255775682_814389.

力,另一方面也控制住了店铺之间的价格战。

3. 独立的西栅休闲区中的民宿客栈打造

乌镇采取分区同步开发的模式,如在东栅依然保留着乌镇原有居民,发展传统文化观光旅游,而在西栅则打造了理想中的水乡,供游客体验各种休闲度假项目。乌镇盘活了民宅的不同使用价值,既实现了规范化经营,也实现了传统文化保留,发挥了原有居民的积极性。

4. 按季节调配的集中式采购配送餐饮模式

乌镇菜系隶属江浙菜,注重原汁原味。乌镇人制作菜肴讲究清、鲜、脆、嫩,根据时令取材,按照季节调配。[①] 乌镇名菜有红烧羊肉、抱腌太湖白水鱼、酱鸭。乌镇特色菜有粽香扎肉、生炒竹林鸡、古镇煨喜蛋,除此之外,乌镇状元球、糯米八宝鸭、外婆糖年糕、豆浆生鱼卷、春上野火饭等也是人气美食。乌镇还以特色小吃闻名,如青团子、熏豆茶、姑嫂饼、萝卜丝饼、酒酿圆子、桂花方糕、臭豆干、乌米八宝粥等。景区内有20多家特色餐饮店,从配送开始,集中采购,致力于打造美味的同时,提高与景区外同类产品的性价比。

5. 夜游成为文旅产业新动力,打造"文旅 IP"成为新的引流

夜游作为文旅产业的新动力,是夜间经济的重要组成部分,深受现代年轻人的欢迎。2020年乌镇"意桥夜市"的夜游项目开市,成为景区的热门"文旅 IP",并实现了景区的引流,吸引了无数游客前来体验。乌镇景区发展夜游活动,从中挖掘文旅消费潜力,大力宣传夜游产品,以打响夜游品牌。乌镇通过植入"白天与黑夜"的不同文化体验,助力提升"文旅目的地"的全时性、全域化文旅 IP 服务增长,以实现文旅产业的可持续发展。[②]

五、近年来桐乡市"文旅融合"建设相关政策与发展趋势

"文旅产业融合"模式是未来发展的主要方向。[③] 桐乡市通过文旅资源整合、政府支持、市场主导的总体方针,大力推动文化旅游产业融合发展。桐乡市将具有悠久历史、蕴含丰厚文化的"风雅桐乡",通过"文化+旅游"的形式,形成"桐乡城市"载体,带动了更多文化资源的"活化"。桐乡市依托充满地域特色的

---

① 乌镇有什么好吃的,乌镇美食推荐[EB/OL].(2019-05-17)[2022-07-15]. https://www.mafengwo.cn/travel-news/1434086.html.
② 案例分析 | 乌镇的夜游为什么这么火?[EB/OL].(2020-08-21)[2022-07-15]. https://www.urbanlight.cn/newsdetail/664ce0f0-6a6f-4b7c-99fe-3d182dfcb36e.
③ 文旅产业融合的"桐乡模式"[EB/OL].(2020-11-11)[2022-07-15]. http://jiangsu.china.com.cn/html/2020/gn_1111/10785939.html.

江南古镇文化、运河诗路文化、名人文化、互联网文化等资源优势,挖掘桐乡文化内涵并融入"桐乡旅游"的全过程,以实现文化旅游业的新方式的融合,并不断探索寻求文化与旅游的良性互动,形成"文旅融合"的新路径。2020年至今,桐乡市发布了多条"文旅融合"相关政策,以更好地发展文旅产业,具体政策内容如下。

2020年9月末,在2020风雅桐乡文旅产业招商推介会上,桐乡市领导提出要大力发展以互联网信息服务为基础、以文化休闲旅游为核心、以会展服务为重点的文化产业体系。同时,桐乡市制定出台了各项相关配套政策,全力打造文化名城和国际知名城市。①

2021年度,桐乡市编制完成文化旅游体育发展"十四五"规划,并编制了《加快文旅融合 推进全域旅游高质量发展的专项补助政策实施细则(试行)》,启动旅游专项资金奖励补助申报程序,加大专项资金补助力度。此外,桐乡市深化文旅产业融合试验区建设工作,开展省级精品民宿和旅游、体育等示范基地评定,并获评省级民宿2家、银级民宿4家。越来越多的精品民宿成为游客感受"风雅桐乡"的一大途径。②

自2021年《浙江省旅游业"微改造、精提升"五年行动计划(2021—2025年)》等政策文件发布以来,桐乡有序推动旅游业全面提高品质。之后,桐乡市编制出台了《桐乡市全域旅游系统提升暨"微改造、精提升"五年行动计划》,指导有序推进文化提升工作。③ 2022年,桐乡市将瞄准氛围营造、机制完善、政策落地等方面,开启文化和旅游发展新征程,努力完善公共设施,建设数字文旅,提升服务品质,打造"风雅桐乡"公共服务新平台,推进全域旅游的新载体与核心驱动。

桐乡市从整个自然环境的深度开发拓展到城市内涵的延伸,其中,其将乌镇作为浙江省文旅融合典型案例。《乌镇旅游带动就业经验获全国推广》一文总结了乌镇通过历史、自然、艺术、人文和科技的结合,塑造文旅融合发展独特格局的做法。桐乡市谋求的发展是从整个城市物理形态到实质载体,从见物到见人、再重塑传统与现代链接的文化时空交融体验。桐乡市不断加强文化与产业的结合,提供"互联网+""旅游+""文化+"等新体验,通过科技手段赋能文旅融合

---

① 11个项目现场路演!风雅桐乡沪上推介文旅产业[EB/OL].(2020-09-24)[2022-07-15]. http://jx.zjol.com.cn/202009/t20200923_12314650.shtml.

② 回顾2021年,桐乡"全域旅游"这样走过[EB/OL].(2022-02-07)[2022-07-15]. http://www.tx.gov.cn/art/2022/2/7/art_1631359_59108011.html.

③ 桐乡市:"微改造、精提升"为争创国家全域旅游示范区练好基本功[EB/OL].(2021-12-27)[2022-07-15]. http://www.ctnews.com.cn/news/content/2021-12-27/content_117007.html.

发展。

六、桐乡市文化标志性 IP 建设的启示与借鉴

(一)围绕"外壳"整体保护、"内容"文化名片,打造独特产品思路与实践

乌镇在"修旧如故"上下功夫,通过"江南水乡"古镇建设,打造独特体验,以创造意外感动和惊喜。修好的乌镇观前街再现了 20 世纪 70 年代的面貌。乌镇一直秉承"文化"是古镇底蕴的原则,唯有文化融入"乌镇"才能成为"大 IP"。乌镇融合了现代元素和传统文化,提出艺术家办节。专业、纯粹的戏剧节,代表年轻人、代表未来,可展示文化自信。大众传播将木心塑造成"慢生活"以及"文艺小资"的代表,正在营造真正的乌镇文化。打造独特的生态优势和自然体验,可以让人融入建筑与江南水乡之中。

(二)打造乌镇的传统与现代链接,以"互联网+""文化+"等赋能转型

乌镇第四次转型旨在打造"互联网+会展"的新兴业态和发展模式,在互联网产业、智能制造、新型旅游业等方面持续发力,让乌镇人和在乌镇工作的人能够享受舒适、宜居、智能的生活。乌镇突破"固定动作"模式,在建设"文化+旅游"小镇上求创新,并永久承办"世界互联网大会"。

在运营策略上,乌镇围绕用户沉浸式"生活方式体验",尽心打造"江南水乡"。乌镇以保护性开发,建筑物归国有,经营性资本与酒店及中青旅合作的模式不断求创新,持续围绕文化乌镇打造文旅 IP。

今后,需要以打造文旅 IP 为抓手,实现文化产业的高质量发展,大力推广企业参与文化建设。应围绕地区特色,在"互联网+""数字文化+""文旅+"上做文章,让更多的"文化+""+文化"概念脱颖而出,构筑中国文化精神,彰显中国品牌价值,呈现中国文化产业的力量。

(三)围绕丰富"内涵"打造,以统一化经营、精细化管理形成"生活方式体验"

乌镇一切围绕沉浸式"生活体验"而进行统一管理,为原有居民提供了良好的工作途径及生活环境。"乌镇模式"即保持敏锐的"洞察力",时时刻刻关注客户的感受,创造更多的意外和感动;通过运用精细化手段,不断寻求细节的体验与景点设计。

在体验感上,乌镇积极推进浸入式旅游模式。弱化乌镇的"景区"概念,通过强调地域特色的设计来打造无景点化。在餐饮方面,应使景区内餐饮的价格比景区外便宜,从配送开始,集中采购。在夜游方面,加大夜间管理,营造景区氛围,搭配华丽的灯景,开展特色活动。此外,从多方面提供不同的生活体验和充

分的休闲、娱乐空间。在商业方面,商店即风景,重视店招设计,采取"一店一品"的策略。在酒店方面,设计沉浸式体验,构建集度假、展会、休闲、娱乐、购物为一体的模式。酒店的走廊注重统一的精细化设计,将所有走廊都设计成3米宽,让人感到心情舒适。在客房体验方面,配备较大房间,精心设计卫生间,让客人拥有非同寻常的体验。在乌镇,所有的酒店客房都是个性化定制的,没有标配,也不评星级,全部由游客通过体验来评价。

制造精致的深度体验,给游客留下深刻印象。这些生活方式通常可分为两个方面:其一,休闲度假夜生活。在乌镇可充分展示其异地性、业余性、享受性。其二,日常中的意外惊喜。从乌镇生活情境出发,塑造客体的生活和精神上的深刻体验。

从细节上体验"乌镇模式"。不苛求每项体验都为企业带来盈利,而是"以小感动制造大消费"。乌镇打造了享誉世界的"冲凉的公共厕所",展示了"全球最受赞美的景区卫生间来自乌镇"的小细节,这也体现了乌镇的品牌意识。

(四)通过"外壳""内容""内涵"的资源转化,打造乌镇文化IP策略

关于如何打造IP,张玉昆和陈玲认为如何把资源转化成内容是关键,并总结了如下四大策略。[1] 第一,找出小镇的独特标志物,以具有独特吸引力的主题,对市场形成一定的刺激效用。第二,结合受众感兴趣的话题等爆点事件,引爆市场,精心打造。第三,可以通过借势、造势来吸引粉丝关注,打造网红IP。第四,为游客提供极致的体验,让其身临其境地参与和融入,提高特色小镇的延展能力及消费迁移能力。

因此,本研究提炼了关于乌镇文化IP何以实现的如下策略。第一,乌镇具有先天性的自然景观优势,以"江南古镇"小桥流水人家的文化为基础主题。第二,通过融合可阅读建筑、戏剧艺术以及互联网大会等形成"乌镇名片",深化乌镇品质文化,让"乌镇模式"成为中国以及世界文旅的城市名片。第三,通过可阅读建筑、戏剧艺术以及互联网大会等"乌镇名片"来吸引粉丝,运用文化IP不断扩大古镇影响力,实现"乌镇古镇"的文化转型。第四,在"旅游+文化"的双轮驱动下,逐渐形成乌镇特有的"生活方式体验"。

(作者:励莹)

---

[1] 张玉昆,陈玲. 特色小镇的全流程开发整体架构研究——以浙江省桐乡市乌镇为例[J]. 小城镇建设,2020,38(1):7.

案例二

昆山市

昆山市是由苏州市代管的江苏省辖县级市,地处江苏东南、上海与苏州之间。昆山从秦代置县至今已有两千二百余年历史了,是具有悠久历史和丰饶物产的江南鱼米之乡,也是我国一个声名鹊起的工商城市。昆山还是"百戏之祖"(即昆曲)的发源地。昆曲,原为"昆山腔"或"昆腔",是我国古代的戏剧音腔,清代开始被叫作"昆曲",现今又被叫作"昆剧"。2001年5月18日,中国的昆曲艺术成为联合国教科文组织宣布的第一批"人类口头和非物质遗产代表作"项目。

昆山市委市政府近年来致力于推动昆曲等非物质文化遗产的保护与传承工作,植根于其千年文化,不断发展创新。本书试图以昆曲为切入点,探究该市在文化发展方面的成功经验,为其他长三角中小城市提升文化活力提供参考。

一、昆山市文化活力指数分析

通过前述的模型和数据,我们得出昆山市的文化活力指数得分为46.77,在60个长三角中小城市的排名第五(见表1),在江苏省排名第一。表明昆山市文化活力水平较高,文化活力得到了较好的激发和凸显。从文化活力的5个方面来看,表现非常好的是文化禀赋指数(在长三角中小城市排名第二)、文化参与指数(在长三角中小城市排名第四)、文化包容指数(在长三角中小城市排名第四)。表现较好的是文化产业指数(在长三角中小城市排名第十三)。表现比较一般的是文化政策指数(在长三角中小城市排名第三十八)。

表1　　　　　　　　昆山市文化活力指数分析

	得分	在长三角中小城市排名	分指数	得分	在长三角中小城市排名
文化活力指数	46.77	5	文化政策指数	21.67	38
			文化禀赋指数	56.11	2
			文化产业指数	25.34	13
			文化参与指数	58.57	4
			文化包容指数	77.90	4

二、规划引领,顶层设计指方向

非物质文化遗产的保护与传承离不开政府。当前昆曲在我国处于濒危剧种,为了有效保护昆曲,各级政府部门出台了相关的保护政策,例如,苏州市出台《苏州市昆曲保护条例》,从法律层面对昆曲进行保护。

昆山市委市政府一向高度重视文化发展的顶层设计和规划引领。昆山市在2013年成功入选首批国家公共文化服务体系示范区。2014年,昆山市成功入选江苏省公共文化服务体系示范区。2018年4月,昆山市"以昆曲普及带动公共文化服务效能全面提升工程"被文化和旅游部列入第四批国家公共文化服务体系建设示范项目创建名单。2018年6月,昆山市出台《文化体育惠民三年提升工程实施方案(2018—2020年)》,明确"以昆山市国家公共文化服务体系示范项目创建和全民艺术普及工程实施为依托,因地制宜多主体、多类型、多样式、多渠道、多载体推进昆曲艺术普及,鼓励和引导全体市民学昆曲、懂昆曲、会昆曲,不断满足城乡群众美好生活需求"。

昆曲被定为昆山市文化"金名片"之一。为了做好昆曲的传承和弘扬,昆山还制定出台了《昆山昆曲发展规划(2018—2022)》,明确昆曲保护传承的主要工作目标及任务。该规划明确实施一系列"昆曲发展"相关工程,并详细列出了23项具体工作,目标是把昆山打造成为"昆曲之城"。

三、设施保障,昆曲活动有场所

昆山市近年来在公共文化服务设施建设上卓有成效,已建立了遍及城乡的昆曲文化惠民设施服务网络。一是建设市级的昆曲文化设施。昆曲文化艺术活动中心已投入使用,内设昆曲展示、昆曲文创、昆曲研习、昆曲生活等特色场馆。戏曲博物馆主体工程已完工,有序推进展陈设计等工作。"百戏林"主题公园已初现规模,昆曲茶社也将要开业。位于亭林区的昆曲馆进行了改造和重新布展。昆山当代大戏院利用昆曲剧院进行常态化昆曲表演。全市累计建成21家江南·昆曲小剧场,其中梁辰鱼昆曲剧场被评为江苏省首批示范小剧场,2家入选省级"最美公共文化空间",5家列入苏州"江南小书场三进工程"试点单位。二是镇级的昆曲艺术文化设施。古镇周庄、锦溪、千灯、巴城等均建有古戏台和文化中心剧场,杨守松工作室、俞玖林工作室、顾卫英工作室、朱晞工作室、周雪峰戏曲工作室等相继建成并对外开放。三是村级的昆曲文化设施。目前全市共有30多个可进行昆曲表演的场地。

四、文艺创作，内容产品强基础

昆山当代昆剧院等昆曲文艺团体既注重经典折子戏的传承，又注重昆曲的创新创作。在新的时代背景下对昆曲进行合理创新，是为了让昆曲以更加亲民的面貌出现在青年与大众面前。首先，对经典传统名剧进行创新改编，赋予它们新的生命，例如，《红楼梦》《梁祝》《牡丹亭》等。其次，创作先锋昆曲，如《319·回首紫禁城》《夜奔》等，让古老艺术焕发青春光彩。再次，根据时代和社会发展的需求，推出《顾炎武》《梧桐雨》《描朱记》《峥嵘》《浣纱记》等原创昆剧大戏。

以著名昆剧《顾炎武》为例，《顾炎武》2018年创排面世后，相继在第七届中国昆剧艺术节、第十二届中国艺术节、戏曲百戏（昆山）盛典、第二届江苏发展大会等重要节庆活动中展演。"顾炎武"和"昆曲"是昆山的两张文化金名片，在这部戏中，这两张名片得到了结合，大儒顾炎武的家国情怀通过世界级非遗昆曲的恒久魅力得到了充分展现，这充分彰显了昆山人的文化自信。除此之外，原创昆剧《顾炎武》和《梧桐雨》分别走进若干"一带一路"沿线城市进行演出，增强了沿线城市之间的文化交流。

昆山还积极开展昆曲文化书籍和影视产品出版。先后出版了《幽兰飘香》《昆曲之路》《昆曲大观》等数十种书籍，《大美昆曲》获中宣部"五个一工程"奖。拍摄的《昆曲探源》《昆曲之声》《粉墨宝贝》等纪录片和动画片先后在央视频道播出，深受全国人民群众欢迎。

2022年，昆山将继续做好精品创作。计划围绕党的二十大等重大主题，打磨一批聚焦时代主题、彰显时代精神的精品力作，完成舞台类作品创作100个以上，推出昆剧《昆山之路》。

五、彰显影响，品牌活动扬声名

自2018年起，昆山开始每年举办全国性的戏曲百戏盛典。至2020年，已组织全国348个剧种和木偶剧、皮影戏来昆山展演。2020年，戏曲百戏（昆山）盛典活动升格为由文化和旅游部、江苏省人民政府共同主办，文化和旅游部主要领导对戏曲百戏（昆山）盛典做了3次批示，影响力进一步彰显。活动将坚持文化惠民理念，让全体人民群众享文明福利，超8万人次现场观看演出，超3 500万人次在线收看演出，抖音参与超1.3亿人次，微博话题阅读量超3.2亿人次。创新开展"全国文化名家观摩百戏""南腔北调'抖'是戏——戏曲百戏（昆山）盛典官方抖音挑战赛""游昆山看百戏""昆曲故里研学行"等特色活动。特色品牌活动还有昆曲入遗20周年庆、中国昆剧艺术节等重大活动。

2022年,昆山将进一步树立昆曲活动品牌,办好活动赛事,重点办好戏曲百戏(昆山)盛典,策划举办艺·江南——2022年长三角(昆山)非遗节、戏·江南——沪昆咖啡戏剧周、秀·江南——昆山文化晋京展等活动。

六、非遗保护,见人见物见生活

昆山认为非遗保护最重要的是走进当下市民的生活,即"见人见物见生活"。唯有如此,才能使中国传统文化得以创新传承和发扬,用优质的文化供给提高人们的获得感与幸福感,为城市文化活力贡献非遗力量。

1. 开展一系列昆曲普及公益活动

昆山连续14年举办国庆戏曲节惠民演出活动。连续10年,昆山每年举办昆曲回故乡——高雅艺术"四进"(进社区、进学校、进企业、进机关)演出活动,共计100场。目前,昆山在全市布局了21家小剧场。这些小剧场不但集昆曲艺术导赏、演出分享、传播普及于一体,还成为城市新晋网红打卡点和文旅消费潮流地。亭林园推出实景"园林"版昆曲《浮生六记》。建立昆曲名家工作室宣传和推广昆曲,各昆曲工作室定期举办"大美昆曲"系列讲座、知名昆曲演员分享会等活动。昆山市文化馆经常组织戏剧人员排练剧目,并确定了特聘戏剧辅导员岗位走进基层辅导。此外,昆山还打造了"昆曲回家""我们有戏""良辰雅集""昆芽儿"等一系列优秀文化特色项目,常年开展周末档演出、"昆曲文化+演出"等活动,给群众奉上精彩的戏剧盛宴。

2. 打造昆曲小镇

昆山巴城镇打造以巴城老街为核心,融历史文化展示、昆曲文化传承、传统技艺保护、名人文化集聚为一体的"昆曲文化艺术老街"。通过举办重阳曲会、阳澄曲叙、长三角民歌赛等品牌活动,"昆曲特色小镇"形成规模,获得"中国民间文化艺术之乡(昆曲)"的荣誉称号。

3. 多种渠道推广昆曲

昆山以"见人见物见生活"的非遗保护理念,探索通过多种新兴渠道宣传推广昆曲,寻求拓宽昆曲发展空间。在线上,昆山借春节契机举行了"昆曲云拜年""非遗陪您过大年"等一批精彩纷呈的活动。在线下,依托戏曲百戏(昆山)盛典,策划开发昆曲研学旅游路线,先后举办8期"昆曲之城"主题深度游。自2020年以来,昆山在五一、十一期间举办"匠心匠艺"非遗好物进景区系列活动,通过市集、展演、互动体验和手工作坊等形式,推进非遗与旅游融合,使民众有更多与传统文化接触的机会。2021年,昆山梳理全市传统文化资源,设计"听着昆曲游昆山、跟着非遗游昆山、沿着古迹游昆山"3类共6条文化遗产主题旅游线路,并在中国旅游日发布,这些举措加快了昆山文化遗产资源向文化旅游产品及服务转化的步伐。

七、人才培养,非遗传承有后人

昆山市昆曲人才培养,形成了政府和社会两个层面的联动机制。

1. 政府政策和培养资金方面的支持

政府制定了《昆山高层次文化人才计划实施细则(试行)》《昆山文化体育惠民三年提升工程方案》《昆山市昆曲发展规划》等一系列政策文件。2019年昆曲发展基金会成立,支持昆曲人才培养,开展昆曲艺术普及等。

2. 支持"小昆班"建设

为促进昆曲薪火相传,使昆曲艺术扎根于童心,全市各区镇中小学设立了21家"小昆班",实现了区镇全覆盖。30多年来,"小昆班"累计已培训超过5 000名昆曲学员,荣获上百个国家级奖项,近百余名学生被选拔进入专门学校进修,近20名成长为专业演员。

3. 吸引社会资源积极投入

其中涵盖以昆曲为主题的昆曲学社、"昆玉堂"曲社和昆曲堂名乐队等私人曲社、民营戏班、民间剧院。昆山目前拥有政协昆曲社、昆曲研究会等9个昆曲社团,俞玖林工作室、顾卫英"一旦有戏"工作室等5个昆曲工作室,常年开展昆曲展示传承活动。昆山还邀请全国昆曲名家来昆传授昆曲演唱技艺,指导昆剧院排练经典剧目。

参考文献

[1]汪宏胜,巨琳霞. 江苏昆山:推动非物质文化遗产保护传承与发展[N]. 消费日报,2022-04-14.

[2]叶凤. 江苏昆山:以昆曲普及带动公共文化服务效能全面提升[J]. 文化月刊,2020,(8):72-75.

[3]任美青. 优秀传统文化传承与发展中的问题与创新路径探索——以江苏省昆山市为例[J]. 文化创新比较研究,2021,5(31):5-8.

[4]非遗传承的"昆山样本"见人见物见生活[EB/OL]. 江南时报.(2022-04-15)[2022-06-15]. https://m.thepaper.cn/baijiahao_17629021.

[5]昆山市文体广电和旅游局2021年工作总结[EB/OL]. (2022-02-17)[2022-06-15]. http://www.ks.gov.cn/kss/c113208fm/202202/8ad60d75b8644c7989167182a49ae98e.

shtml.

[6]昆山市文体广电和旅游局 2020 年工作总结[EB/OL].(2021－03－08)[2022－06－15]. http://www.ks.gov.cn/kss/whzc/202103/cf43510cb2074b1b880e246e34621d04.shtml.

(作者:高昉)

案例三

宜兴市

宜兴市位于江苏省,全市总面积 1 996.6 平方千米①,户籍总人口为 107.08 万人(2021 年年底)。宜兴是一座拥有 2 100 多年城市建设历史和 7 000 多年陶瓷制造历史的名城,素有"环保之乡"及"陶都"等美誉。宜兴在太湖西岸,苏、浙、皖三个省的交界处,同时包括在沪、宁、杭三个最有活力的经济中心内。至 2021 年年底,宜兴市拥有 2 个国家级开发区,即中国宜兴环保科技工业园、宜兴经济技术开发区。同时拥有 1 个国家级的阳羡生态旅游度假区、1 个省级陶瓷产业园区。②

一、宜兴市文化活力指数分析

相关章节的统计分析显示,宜兴市的文化活力指数得分为 33.3,在 60 个长三角中小城市的排名第十七,在江苏省的排名第七(见表 1)。这表明宜兴市文化活力层次处于长三角的中位水平。从文化活力的 5 个分指数来看,其中文化禀赋指数得分为 61.46(在长三角中小城市排名第一、在江苏省排名第一),表现突出;文化政策指数得分为 42.10(在长三角中小城市排名第十二、在江苏省排名第四);文化产业指数得分为 21.51(在长三角中小城市排名第十八、在江苏省排名第五);文化包容指数得分为 27.47(在长三角中小城市排名第二十五、在江苏省排名第七);文化参与指数得分为 40.36(在长三角中小城市排名第二十七、在江苏省排名第十三)。由此可以看出宜兴市在文化禀赋方面具备极强优势,因此未来可依托其文化禀赋优势地位挖掘更多与文化相关的内容,深挖其文化潜力,促进其文化发展活力的高水平发展。

---

① 中国宜兴市人民政府网站 地理位置[EB/OL].(2022 - 06 - 22)[2022 - 07 - 15]http://www.yixing.gov.cn/doc/2022/06/23/1051936.shtml.
② 中国宜兴市人民政府网站 区划人口[EB/OL].(2022 - 06 - 22)[2022 - 07 - 15]http://www.yixing.gov.cn/doc/2022/06/23/1051935.shtml.

表1　宜兴市文化活力指数在60个长三角和21个江苏省中小城市的排名

	得分	在长三角中小城市排名	江苏省中小城市排名	分指数	得分	在长三角中小城市排名	江苏省中小城市排名
文化活力指数	33.3	17	7	文化政策指数	42.10	12	4
				文化禀赋指数	61.46	1	1
				文化产业指数	21.51	18	5
				文化参与指数	40.36	27	13
				文化包容指数	27.47	25	7

二、宜兴市提升城市文化活力的主要政策

2012年,宜兴市提出了推动文化产业跨越发展政策,开始打造文化强市。[①]

其一,着力发展基础。通过编制《宜兴市文化产业发展规划纲要(2011—2020)》,加大政策扶持,即加大信贷、税收优惠、土地规划等方面的支持力度。同时,通过设立文化产业发展专项资金,对相关的重点企业及有示范作用的重大项目实施各类奖励及相关扶持。

其二,着力建设发展平台。陆续建成高知名度、强竞争力的文化产业示范基地,如江苏宜兴文化创意产业园、中国宜兴艺术家村等。同时,加快打造文化特色板块建设,推动文化产业与旅游行业的深度结合,通过丰富"七大旅游板块"等内容,持续发展生态文化旅游业,从而将文化产业做大做强。

其三,着力培育文化发展龙头企业。立足本身资源,广播电视台及宜兴日报社等相关媒体单位进一步整合宣传资源,通过创新宣传机制,加快实现多领域宣传,促进相关领域高速发展、高水平经营,让文化企业成为更具规模、更具影响的现代化大型传媒集团。宜兴市通过积极引导科技含量高、产品设计能力强的企业,实现设计与生产的科学分离,扶持一批有实力的创意设计类企业不断完善产业链,提高产品附加值。立足外部资源,全力加大文化产业相关招商规模及进度,落户一批龙头型重量级项目,实现文化产业的裂变式扩张、爆发式发展。

2019年,《宜兴市文化建设高质量发展实施意见(2019—2021年)》出台,提出完善文化产业相关扶持政策,进一步优化文化产业发展环境,实现了全市文化产业的稳健发展,效益及质量都保持良好的发展态势。到2020年年底,宜兴市

---

① 中国宜兴市人民政府网站 我市大力推动文化产业跨越发展打造文化强市[EB/OL].(2012—06—20)[2022—07—15]http://www.yixing.gov.cn/doc/2012/06/20/637532.shtml.

共有文化相关企业 4 500 多家。其中,一些文化企业(如奕安陶瓷)涉足并拓展国际市场,其产品出口至世界各地。①

"十四五"时期,宜兴市紧紧围绕"打造中心城、奋进新征程"的文化目标及定位,结合"一带一路"发展规划、太湖湾地区科创带建设、长三角区域一体化等重大战略,编制了《"十四五"时期宜兴文体旅协调发展规划》,全力推动国家旅游示范区的发展,并加速"健康宜兴"建设。同时,通过积极开展各类具有影响力的文体旅活动,不断提升群众的生活幸福感、获得感。同时,加快城市形象建设战略,通过塑造"陶醉中国"等品牌形象,积极将宜兴打造成长三角最美"后花园",确立休闲旅游度假重要目的地地位,宣传江南山水旅游名城品牌。②

三、宜兴市文化标志性 IP 建设的做法

(一)总结当地文化特色亮点,打造一体化的现代文化产业③

宜兴文化的亮点无疑是陶瓷,它是丁蜀镇的重要文化名片。宜兴紫砂壶被公认为是茶文化界的响亮瑰宝。近年来,丁蜀镇依托陶瓷文化底蕴和良好的产业优势,基于紫砂工艺美术品制作,融合了文化旅游、服务、创意设计等全系列现代文化产业链。2013 年,宜兴陶瓷文化创意产业园在丁蜀镇成立,并于 2016 年成功当选为"江苏省重点文化产业示范园区"。2021 年 2 月,宜兴"第二批国家级文化产业示范园区"创建。

(二)创建宜兴陶瓷文化创意产业园

创建宜兴陶瓷文化创意产业园,对标国家级园区,不断打造陶瓷文化名城这张名片。不断加大产业的合理梳理和相关人员的培育力度,同时不断引入新的文化产业,加快将文化历史优势转化为文化产业发展优势。

同时,激发运营潜能,积极保护并发挥当地历史文化资源优势,成为开发丁蜀镇新的文化产业运营思路。紫砂矿产资源是丁蜀镇的陶瓷文化源泉,应在矿产资源保护方面加大力度。同时,继青龙山公园建成并投入使用之后,启动黄龙山矿址公园的建设,从而加强对矿产资源的保护,消除监管盲区,全面提升监管

---

① 中国宜兴市人民政府网站 文化赋予城市恒久生命力[EB/OL].(2021-07-16)[2022-07-15] http://www.yixing.gov.cn/doc/2021/07/16/960165.shtml.
② 宜兴市文体旅游广电局关于征求《宜兴市"十四五"文体旅协调发展规划(征求意见稿)》意见的通知[EB/OL].(2021-12-29)[2022-07-15] http://www.yixing.gov.cn/doc/2021/12/29/1008049.shtml.
③ 中国宜兴市人民政府网站 擦亮陶瓷文化品牌打造现代文化产业业态[EB/OL].(2021-02-07)[2022-07-15]http://www.yixing.gov.cn/doc/2021/02/07/921930.shtml.

力度,保留公共物质文化遗产。探索建立智慧、监督的新模式,加强国有公司对矿产资源的有序开采,加大对违法偷采、盗采矿产资源等行为的打击力度,确保紫砂矿产资源得到永续利用及合理开发。

(三)以"文化+""+文化"为主线,打造具有高识别度的特色文化品牌

依托紫砂陶文化资源,积极打造具有高识别度的特色文化品牌。持续开展"前墅龙窑柴烧艺术节""丁蜀十二时辰"等一系列文旅活动,扩大丁蜀品牌文化宣传的覆盖面,提高其文化影响力。

与此同时,以"文化+""+文化"为主线,立足现有旅游基础和生态资源,在蜀山古南街及西街融入陶瓷、书画、国学、雕刻、影视等各类文化产业,同时发展餐饮、住宿等配套设施产业;前墅龙窑以龙窑柴烧为主题,基于600年龙窑,建设展示馆,发展民宿等产业,组建同业商会,有效促进全产业链的发展及健康运营;改造大新厂等老城区,注重文化人才的引进,积极打造具有现代化艺术家氛围的新型村落。

(四)注入因子,将文化IP与文化产业融合,打造宜兴新IP

对现有景点植入文化IP,打造新产业,把丁蜀镇建设成为陶文化生活体验区、休闲旅游目的地。未来应打造文化生态标杆区、科产及城人融合的新型人文示范区、各类文化产业集聚的绿色产业循环先导区。科创因子的注入无疑将盘活整个产业,营造具有文化生态、人文气息及城市氛围的新IP。[1]

四、宜兴市文化标志性IP建设的启示与借鉴

(一)引进国际化文化品牌,发挥宜兴文化根脉的重要支撑作用

宜兴市走出了一条陶都文化与历史的传承之路。宜兴作为陶瓷历史文化名城,拥有深厚的文化底蕴和丰富的人文资源。其拥有2 100多年的城市历史和7 000多年的陶瓷制史,散发着独有的历史文化魅力,城市标志鲜明、特色明显。

近年来,随着经济社会的不断发展,应以更长远、更国际化的眼光看待宜兴的发展。宜兴市可通过国际文化交流,不断提升本土文化的开放度及创造力,打造国际文化名城。同时,可打造"文化+"标志性IP,以高标准、高起点来规划并统筹宜兴市文化发展,助力文化产业可持续发展。

(二)建设成为国际文化之城,充分发挥其文化根脉支撑作用。

宜兴素有"中国陶都"之称,陶瓷是宜兴最重要的城市文化历史名片。因此,

---

[1] 中国江苏省委新闻网宜兴太湖湾科创带规划发布[EB/OL].(2021-03-11)[2022-07-15] http://www.zgjssw.gov.cn/shixianchuanzhen/wuxi/202103/t20210311_7006477.shtml.

需要让丰厚的历史遗产走向国际,让世人所熟知。可举办陶文化节等活动,展示陶都文化。逐渐形成陶艺文化国际 IP,开展世界壶艺大赛、日本常滑烧陶瓷展、宜兴国际陶瓷艺术展等一系列活动,有效推动宜兴陶瓷文化走向世界。宜兴多次派遣文化代表团赴海外参加国际陶艺文化交流等活动,让越来越多的国际友人了解中国陶都的故事,领略中国陶瓷文化的精髓。在注重文化底蕴基础上,宜兴着力发展文化产业,将"软资产"转化为文化发展的"强动力"。

(三)发挥"文化+""+文化"的动力,融合文化 IP 助力城市发展

国际化是文化发展的新方向,宜兴市政府提炼以"陶式生活"为主题,策划并开展了包括"茶禅四月到宜兴"旅游季等各种活动,仅 2021 年上半年就举办了阳羡生态旅游度假区"文之旅"发展论坛等 40 余场文化活动。为了助推宜兴文化品牌走向国际舞台,近年来宜兴落地了一批具有国际化背景的文旅项目。通过这些活动及努力,"中国陶都,陶醉中国"的文化旅游品牌已走出国门,走向国际。同时,宜兴通过积极举办各类高水平体育赛事,有效推进了文化旅游与体育相关活动的深度融合,全方位提高了文化知名度。比如,其在 2018 年举办的宜兴国际马拉松开赛中,在赛道上将体育运动与宜兴的气候、文化、景点、地貌等元素巧妙地融合,备受好评。此外,宜兴还举办了环太湖国际公路自行车赛、太湖国际风筝节系列赛等各种国际级、全国及省级比赛。通过这些体育赛事,宜兴将全民健身的理念植入人心,也将"文化+""+文化"具体落地。各种元素融合文化 IP 有效助力城市发展,加快了宜兴文化形象走向全世界的步伐。

在文化建设过程中,宜兴以文化产业生态为本,以历史文化底蕴铸魂,以文化相关市场为先,以各类产业融合为要,做活历史文化资源,加快推进国有文化旅游景区提升,赋予"青山绿水"以新的文化内涵,切实将文化历史生态优势转化为文化发展优势、文化经济发展优势;此外,宜兴做优做大做强"城市旅游",以"东方水旅"为基点,着力打造城市文化景观线路,形成主客共享的新的"城市会客厅"理念,助推宜兴文旅产业的高速高质量发展。

宜兴聚焦文旅融合,积极推进相关业态创新,同时集成并发展更高质量的文化 IP,延伸并拓展"文旅+"的多类型产业链条,通过"文旅+体育""文旅+农业""文旅+科技""文旅+教育""文旅+金融"等,做大做强做宽文旅的"产业朋友圈"。此外,宜兴基于突出成绩项目,带动推进其他产业升级,着力引进、培育一批高品质、高规格的文旅重点项目;聚力新的文旅产品更迭,推进整体市场的不断发展不断拓展,做强做大做优"文创宜兴"的品牌。

(作者:励莹)

附 录

附表 1　　　　　　　长三角中小城市文化活力指数得分

省（直辖市）	地级市	县级市（区）	文化活力指数	文化政策指数	文化禀赋指数	文化产业指数	文化参与指数	文化包容指数
上海		闵行区	71.03	52.44	22.47	88.50	43.81	91.22
上海		宝山区	51.12	39.63	23.60	60.62	36.59	63.31
上海		嘉定区	52.52	33.41	19.77	48.70	53.21	79.75
上海		松江区	58.78	34.61	47.91	63.37	32.48	82.68
上海		金山区	37.40	42.63	23.07	40.87	32.49	36.84
上海		青浦区	39.79	20.67	39.24	24.13	49.99	64.97
上海		奉贤区	39.00	38.89	20.53	38.56	40.73	45.09
上海		崇明区	25.80	43.16	39.47	15.12	49.16	12.58
江苏	无锡	江阴市	35.11	37.72	42.48	23.31	49.01	38.09
江苏	无锡	宜兴市	33.30	42.10	61.46	21.51	40.36	27.47
江苏	徐州	新沂市	12.07	7.05	14.12	8.24	26.24	13.82
江苏	徐州	邳州市	9.35	5.06	27.01	5.99	20.30	6.02
江苏	常州	溧阳市	20.39	23.46	25.82	11.07	35.91	20.69
江苏	苏州	常熟市	37.05	46.43	55.66	23.06	46.89	35.30
江苏	苏州	张家港市	34.83	16.27	32.84	33.15	61.33	40.71
江苏	苏州	昆山市	46.77	21.67	56.11	25.34	58.57	77.90
江苏	苏州	太仓市	39.75	55.69	35.75	14.98	45.61	53.29
江苏	苏州	吴江区	35.35	33.68	45.19	20.82	42.57	45.32
江苏	南通	启东市	18.52	35.23	5.50	14.81	29.81	11.66
江苏	南通	如皋市	24.20	43.79	51.44	9.18	44.70	10.25
江苏	南通	海安市	18.39	34.10	17.69	11.91	25.37	12.29
江苏	盐城	东台市	17.58	39.56	25.36	11.62	20.32	5.40
江苏	扬州	仪征市	16.98	12.70	19.20	10.75	47.50	15.14
江苏	扬州	高邮市	21.07	31.37	43.20	8.62	31.53	15.80
江苏	镇江	丹阳市	18.26	9.36	43.27	3.63	45.29	21.48

续表

省（直辖市）	地级市	县级市（区）	文化活力指数	文化政策指数	文化禀赋指数	文化产业指数	文化参与指数	文化包容指数
江苏	镇江	扬中市	18.44	17.65	8.93	1.99	73.15	20.34
江苏	镇江	句容市	20.19	12.33	20.59	13.52	56.73	19.77
江苏	泰州	兴化市	16.13	33.92	32.55	7.01	16.16	7.92
江苏	泰州	靖江市	22.21	39.54	8.57	4.86	47.67	24.05
江苏	泰州	泰兴市	13.76	3.56	15.08	9.94	29.01	18.87
浙江	杭州	建德市	26.66	47.92	23.16	12.53	52.29	19.23
浙江	宁波	余姚市	21.97	11.33	54.00	10.83	14.17	32.14
浙江	宁波	慈溪市	30.63	53.35	31.94	8.87	31.76	36.43
浙江	温州	瑞安市	24.41	27.06	33.20	11.50	32.36	29.97
浙江	温州	乐清市	27.22	28.22	44.40	19.05	35.69	26.17
浙江	温州	龙港市	13.34	3.74	8.07	6.24	1.23	32.64
浙江	嘉兴	海宁市	28.52	19.91	43.13	18.40	41.21	35.28
浙江	嘉兴	平湖市	28.75	9.21	31.83	42.67	42.45	22.27
浙江	嘉兴	桐乡市	25.87	10.11	29.00	17.60	49.12	35.86
浙江	嘉兴	嘉善县	36.93	36.28	17.07	32.62	64.52	39.10
浙江	绍兴	诸暨市	29.26	29.73	36.51	33.04	43.02	18.16
浙江	绍兴	嵊州市	17.61	32.01	30.49	6.82	37.31	7.93
浙江	金华	兰溪市	16.95	15.38	33.94	9.52	29.03	15.74
浙江	金华	义乌市	45.03	41.44	32.59	34.07	31.40	67.08
浙江	金华	东阳市	25.42	7.46	45.41	33.21	18.83	25.15
浙江	金华	永康市	24.14	18.72	33.46	7.66	28.72	39.60
浙江	衢州	江山市	15.80	22.60	31.01	4.59	48.43	6.54
浙江	台州	玉环市	25.41	35.17	11.79	8.61	37.36	36.27
浙江	台州	温岭市	27.87	39.01	20.51	23.54	36.37	24.38
浙江	台州	临海市	25.43	32.35	39.81	9.88	20.52	33.21
浙江	丽水	龙泉市	34.08	89.57	37.11	11.82	38.61	16.81
安徽	合肥	巢湖市	13.27	17.06	20.54	4.18	21.06	14.83
安徽	阜阳	界首市	4.36	12.31	7.15	1.49	4.02	1.11
安徽	滁州	天长市	14.61	15.11	2.92	10.24	25.20	19.01
安徽	滁州	明光市	6.94	14.84	4.24	5.28	7.78	3.96

续表

省 (直辖市)	地级市	县级市 (区)	文化活力 指数	文化政策 指数	文化禀赋 指数	文化产业 指数	文化参与 指数	文化包容 指数
安徽	芜湖	无为市	13.41	25.55	19.55	4.39	22.59	9.21
安徽	宣城	宁国市	20.57	38.95	20.80	5.77	45.50	14.75
安徽	宣城	广德市	12.09	20.00	19.06	2.66	44.66	3.05
安徽	安庆	桐城市	17.10	43.03	33.77	7.96	16.48	3.62
安徽	安庆	潜山市	20.30	51.49	32.60	5.97	36.25	4.41

附表2　　　　　　　　文化政策指数各指标原始数据

省 (直辖市)	地级市	县级市 (区)	每万人文旅体育 传媒支出 (万元)	五年来文化 政策发布条数 (条)	地区文旅 发展规划 (有/无)
上海		闵行区	49.47	45	有
上海		宝山区	99.58	16	有
上海		嘉定区	65.86	9	有
上海		松江区	26.82	14	有
上海		金山区	33.32	26	有
上海		青浦区	104.79	25	无
上海		奉贤区	31.53	20	有
上海		崇明区	113.31	20	有
江苏	无锡	江阴市	56.41	16	有
江苏	无锡	宜兴市	129.53	17	有
江苏	徐州	新沂市	19.55	10	无
江苏	徐州	邳州市	29.63	6	无
江苏	常州	溧阳市	155.36	25	无
江苏	苏州	常熟市	225.86	16	有
江苏	苏州	张家港市	137.68	15	无
江苏	苏州	昆山市	169.51	21	无
江苏	苏州	太仓市	368.86	19	有
江苏	苏州	吴江区	170.84	40	无
江苏	南通	启东市	59.50	10	有

续表

省（直辖市）	地级市	县级市（区）	每万人文旅体育传媒支出（万元）	五年来文化政策发布条数（条）	地区文旅发展规划（有/无）
江苏	南通	如皋市	53.60	22	有
江苏	南通	海安市	80.70	7	有
江苏	盐城	东台市	272.87	1	有
江苏	扬州	仪征市	179.34	5	无
江苏	扬州	高邮市	113.61	1	有
江苏	镇江	丹阳市	114.48	5	无
江苏	镇江	扬中市	218.07	9	无
江苏	镇江	句容市	142.13	7	无
江苏	泰州	兴化市	147.20	2	有
江苏	泰州	靖江市	228.03	4	有
江苏	泰州	泰兴市	42.97	2	无
浙江	杭州	建德市	76.13	26	有
浙江	宁波	余姚市	93.97	9	无
浙江	宁波	慈溪市	110.17	31	有
浙江	温州	瑞安市	13.83	2	有
浙江	温州	乐清市	7.83	4	有
浙江	温州	龙港市	60.96	1	无
浙江	嘉兴	海宁市	117.66	19	无
浙江	嘉兴	平湖市	138.69	3	无
浙江	嘉兴	桐乡市	127.54	5	无
浙江	嘉兴	嘉善县	221.53	34	无
浙江	绍兴	诸暨市	74.35	1	有
浙江	绍兴	嵊州市	78.05	3	有
浙江	金华	兰溪市	139.47	8	无
浙江	金华	义乌市	119.46	10	有
浙江	金华	东阳市	66.47	4	无
浙江	金华	永康市	62.52	15	无

续表

省（直辖市）	地级市	县级市（区）	每万人文旅体育传媒支出（万元）	五年来文化政策发布条数（条）	地区文旅发展规划（有/无）
浙江	衢州	江山市	117.68	16	无
浙江	台州	玉环市	99.00	5	有
浙江	台州	温岭市	193.92	4	有
浙江	台州	临海市	64.34	4	有
浙江	丽水	龙泉市	974.37	14	有
安徽	合肥	巢湖市	30.18	15	无
安徽	阜阳	界首市	18.88	11	无
安徽	滁州	天长市	12.50	14	无
安徽	滁州	明光市	7.38	14	无
安徽	芜湖	无为市	12.76	24	无
安徽	宣城	宁国市	46.90	7	有
安徽	宣城	广德市	2.09	3	无
安徽	安庆	桐城市	61.38	9	有
安徽	安庆	潜山市	31.08	15	有

附表3　　　　文化禀赋指数各指标原始数据

省（直辖市）	地级市	县级市（区）	重点文物保护单位数（个）	4A级及以上景区数（个）	非物质文化遗产数（个）	标志性人物数（人）
上海		闵行区	1	5	6	12
上海		宝山区	0	7	4	17
上海		嘉定区	1	5	5	4
上海		松江区	4	8	10	34
上海		金山区	0	6	9	5
上海		青浦区	3	9	8	6
上海		奉贤区	1	4	9	2
上海		崇明区	0	10	14	13
江苏	无锡	江阴市	8	2	14	4

续表

省（直辖市）	地级市	县级市（区）	重点文物保护单位数(个)	4A级及以上景区数(个)	非物质文化遗产数(个)	标志性人物数(人)
江苏	无锡	宜兴市	7	8	20	11
江苏	徐州	新沂市	1	2	7	4
江苏	徐州	邳州市	3	1	14	16
江苏	常州	溧阳市	2	2	11	26
江苏	苏州	常熟市	6	5	19	37
江苏	苏州	张家港市	3	4	11	21
江苏	苏州	昆山市	6	4	10	88
江苏	苏州	太仓市	4	2	9	51
江苏	苏州	吴江区	8	5	5	20
江苏	南通	启东市	0	1	4	3
江苏	南通	如皋市	2	4	12	115
江苏	南通	海安市	2	2	7	6
江苏	盐城	东台市	1	4	8	28
江苏	扬州	仪征市	1	1	3	55
江苏	扬州	高邮市	3	2	8	103
江苏	镇江	丹阳市	2	1	12	112
江苏	镇江	扬中市	0	0	3	34
江苏	镇江	句容市	3	2	7	5
江苏	泰州	兴化市	3	2	18	13
江苏	泰州	靖江市	0	0	5	24
江苏	泰州	泰兴市	1	1	5	28
浙江	杭州	建德市	4	4	1	5
浙江	宁波	余姚市	6	4	7	91
浙江	宁波	慈溪市	4	5	3	25
浙江	温州	瑞安市	6	0	8	38
浙江	温州	乐清市	5	2	25	9
浙江	温州	龙港市	0	0	9	5

续表

省（直辖市）	地级市	县级市（区）	重点文物保护单位数(个)	4A级及以上景区数(个)	非物质文化遗产数(个)	标志性人物数(人)
浙江	嘉兴	海宁市	7	2	9	42
浙江	嘉兴	平湖市	3	0	20	24
浙江	嘉兴	桐乡市	4	1	8	36
浙江	嘉兴	嘉善县	1	1	5	37
浙江	绍兴	诸暨市	2	4	4	81
浙江	绍兴	嵊州市	4	0	19	8
浙江	金华	兰溪市	8	1	7	6
浙江	金华	义乌市	7	1	7	14
浙江	金华	东阳市	6	2	22	12
浙江	金华	永康市	2	0	28	12
浙江	衢州	江山市	3	5	8	14
浙江	台州	玉环市	1	2	4	6
浙江	台州	温岭市	4	1	6	6
浙江	台州	临海市	4	1	18	43
浙江	丽水	龙泉市	3	4	18	11
安徽	合肥	巢湖市	3	3	4	6
安徽	阜阳	界首市	0	0	8	5
安徽	滁州	天长市	0	0	2	11
安徽	滁州	明光市	0	0	2	17
安徽	芜湖	无为市	1	1	6	44
安徽	宣城	宁国市	3	3	5	3
安徽	宣城	广德市	2	2	8	8
安徽	安庆	桐城市	4	4	6	32
安徽	安庆	潜山市	4	4	10	10

附表 4　　　　　　　　文化产业指数各指标原始数据

省（直辖市）	地级市	县级市（区）	文化产业园区数（家）	文化上市公司数（家）	人均旅游收入（元）	标志性文化企业数（家）
上海		闵行区	45	2	129.32	104
上海		宝山区	33	1	678.40	76
上海		嘉定区	28	1	707.81	44
上海		松江区	37	1	587.65	78
上海		金山区	3	1	1 219.09	67
上海		青浦区	15	0	799.48	39
上海		奉贤区	12	0	159.40	111
上海		崇明区	1	0	209.45	51
江苏	无锡	江阴市	4	0	1 772.61	45
江苏	无锡	宜兴市	8	0	989.28	43
江苏	徐州	新沂市	5	0	265.57	15
江苏	徐州	邳州市	3	0	300.00	11
江苏	常州	溧阳市	0	0	1 222.99	20
江苏	苏州	常熟市	12	0	1 692.03	26
江苏	苏州	张家港市	2	1	2 042.37	26
江苏	苏州	昆山市	11	0	1 408.85	42
江苏	苏州	太仓市	0	0	1 567.59	28
江苏	苏州	吴江区	13	0	1 112.14	26
江苏	南通	启东市	4	0	1 327.82	22
江苏	南通	如皋市	0	0	1 171.64	14
江苏	南通	海安市	2	0	1 558.06	12
江苏	盐城	东台市	3	0	1 368.24	12
江苏	扬州	仪征市	1	0	1 025.97	20
江苏	扬州	高邮市	0	0	1 115.12	13
江苏	镇江	丹阳市	0	0	391.27	8
江苏	镇江	扬中市	0	0	172.33	6
江苏	镇江	句容市	1	0	1 413.91	23

续表

省（直辖市）	地级市	县级市（区）	文化产业园区数(家)	文化上市公司数(家)	人均旅游收入（元）	标志性文化企业数(家)
江苏	泰州	兴化市	1	0	768.03	11
江苏	泰州	靖江市	0	0	582.69	9
江苏	泰州	泰兴市	3	0	979.01	13
浙江	杭州	建德市	2	0	974.67	25
浙江	宁波	余姚市	3	0	938.11	17
浙江	宁波	慈溪市	1	0	922.78	15
浙江	温州	瑞安市	4	0	1 211.58	12
浙江	温州	乐清市	6	0	1 036.82	38
浙江	温州	龙港市	2	0	47.43	19
浙江	嘉兴	海宁市	3	0	1 196.47	40
浙江	嘉兴	平湖市	1	2	1 026.74	27
浙江	嘉兴	桐乡市	4	0	1 231.89	34
浙江	嘉兴	嘉善县	3	1	1 259.28	36
浙江	绍兴	诸暨市	2	1	1 041.62	44
浙江	绍兴	嵊州市	1	0	840.15	9
浙江	金华	兰溪市	1	0	1 051.25	15
浙江	金华	义乌市	20	0	1 246.60	55
浙江	金华	东阳市	7	0	900.07	90
浙江	金华	永康市	0	0	1 031.18	11
浙江	衢州	江山市	0	0	635.84	7
浙江	台州	玉环市	2	0	1 117.66	8
浙江	台州	温岭市	0	1	1 098.45	13
浙江	台州	临海市	2	0	1 098.62	13
浙江	丽水	龙泉市	4	0	1 166.94	14
安徽	合肥	巢湖市	1	0	421.05	7
安徽	阜阳	界首市	2	0	79.57	1
安徽	滁州	天长市	0	0	1 165.22	18

续表

省 （直辖市）	地级市	县级市 （区）	文化产业园区 数（家）	文化上市公司 数（家）	人均旅游收入 （元）	标志性文化 企业数（家）
安徽	滁州	明光市	0	0	666.46	9
安徽	芜湖	无为市	0	0	869.57	2
安徽	宣城	宁国市	0	0	708.76	10
安徽	宣城	广德市	0	0	306.92	6
安徽	安庆	桐城市	2	0	988.00	8
安徽	安庆	潜山市	0	0	911.95	7

附表5　　　　　　　　　　文化参与指数各指标原始数据

省 （直辖市）	地级市	县级市 （区）	每万人电影 院数 （个/万人）	人均图书馆 藏书量 （册/人）	每万人 体育馆 （个/万人）	每万人 文化馆 （个/万人）
上海		闵行区	0.18	0.91	0.08	0.06
上海		宝山区	0.15	0.79	0.04	0.09
上海		嘉定区	0.15	1.84	0.05	0.17
上海		松江区	0.15	0.46	0.04	0.09
上海		金山区	0.11	0.59	0.11	0.15
上海		青浦区	0.14	1.03	0.25	0.09
上海		奉贤区	0.12	1.23	0.17	0.01
上海		崇明区	0.08	1.21	0.19	0.41
江苏	无锡	江阴市	0.15	1.66	0.08	0.10
江苏	无锡	宜兴市	0.17	0.66	0.04	0.15
江苏	徐州	新沂市	0.08	0.53	0.07	0.19
江苏	徐州	邳州市	0.03	0.44	0.16	0.18
江苏	常州	溧阳市	0.10	0.65	0.17	0.17
江苏	苏州	常熟市	0.14	1.72	0.07	0.09
江苏	苏州	张家港市	0.17	1.87	0.21	0.06
江苏	苏州	昆山市	0.14	1.51	0.33	0.06
江苏	苏州	太仓市	0.12	1.74	0.10	0.10

续表

省（直辖市）	地级市	县级市（区）	每万人电影院数（个/万人）	人均图书馆藏书量（册/人）	每万人体育馆（个/万人）	每万人文化馆（个/万人）
江苏	苏州	吴江区	0.12	1.61	0.08	0.06
江苏	南通	启东市	0.08	0.68	0.13	0.13
江苏	南通	如皋市	0.12	0.82	0.25	0.12
江苏	南通	海安市	0.09	0.54	0.05	0.16
江苏	盐城	东台市	0.10	0.40	0.06	0.01
江苏	扬州	仪征市	0.15	0.95	0.15	0.17
江苏	扬州	高邮市	0.10	0.63	0.08	0.20
江苏	镇江	丹阳市	0.12	1.25	0.16	0.13
江苏	镇江	扬中市	0.13	2.26	0.35	0.22
江苏	镇江	句容市	0.19	1.21	0.16	0.14
江苏	泰州	兴化市	0.07	0.25	0.04	0.12
江苏	泰州	靖江市	0.18	1.50	0.02	0.06
江苏	泰州	泰兴市	0.11	0.35	0.08	0.17
浙江	杭州	建德市	0.11	1.89	0.02	0.36
浙江	宁波	余姚市	0.05	0.62	0.02	0.08
浙江	宁波	慈溪市	0.10	1.27	0.02	0.07
浙江	温州	瑞安市	0.11	0.96	0.02	0.15
浙江	温州	乐清市	0.13	0.75	0.05	0.17
浙江	温州	龙港市	0.02	0.15	0.02	0.02
浙江	嘉兴	海宁市	0.08	1.97	0.07	0.12
浙江	嘉兴	平湖市	0.10	1.70	0.12	0.07
浙江	嘉兴	桐乡市	0.13	2.07	0.12	0.02
浙江	嘉兴	嘉善县	0.19	2.34	0.12	0.05
浙江	绍兴	诸暨市	0.15	0.93	0.11	0.12
浙江	绍兴	嵊州市	0.10	0.97	0.15	0.12
浙江	金华	兰溪市	0.09	0.77	0.05	0.19
浙江	金华	义乌市	0.15	0.69	0.02	0.04

续表

省（直辖市）	地级市	县级市（区）	每万人电影院数（个/万人）	人均图书馆藏书量（册/人）	每万人体育馆（个/万人）	每万人文化馆（个/万人）
浙江	金华	东阳市	0.07	0.51	0.01	0.14
浙江	金华	永康市	0.11	0.60	0.01	0.18
浙江	衢州	江山市	0.12	0.85	0.04	0.53
浙江	台州	玉环市	0.12	1.31	0.03	0.09
浙江	台州	温岭市	0.13	1.19	0.01	0.12
浙江	台州	临海市	0.06	1.07	0.01	0.05
浙江	丽水	龙泉市	0.16	1.00	0.04	0.04
安徽	合肥	巢湖市	0.07	0.40	0.01	0.25
安徽	阜阳	界首市	0.03	0.29	0.02	0.02
安徽	滁州	天长市	0.08	1.04	0.02	0.08
安徽	滁州	明光市	0.04	0.34	0.02	0.04
安徽	芜湖	无为市	0.05	0.83	0.01	0.24
安徽	宣城	宁国市	0.10	0.70	0.08	0.52
安徽	宣城	广德市	0.06	2.60	0.04	0.16
安徽	安庆	桐城市	0.03	0.38	0.03	0.27
安徽	安庆	潜山市	0.05	1.07	0.11	0.39

附表6　　　　　　　　文化包容指数各指标原始数据

省（直辖市）	地级市	县级市（区）	每百万人麦当劳数（家/百万人）	每十万人咖啡馆数（家/十万人）	每十万人英语培训机构数（个/十万人）	外来人口占比（%）
上海		闵行区	17.34	28.26	6.03	55.04
上海		宝山区	12.08	15.93	3.76	54.00
上海		嘉定区	14.72	20.39	5.02	63.27
上海		松江区	12.04	23.56	5.86	64.68
上海		金山区	6.08	13.25	1.70	36.17
上海		青浦区	9.44	25.33	2.60	60.42
上海		奉贤区	5.25	12.86	2.54	52.32

续表

省（直辖市）	地级市	县级市（区）	每百万人麦当劳数（家/百万人）	每十万人咖啡馆数（家/十万人）	每十万人英语培训机构数（个/十万人）	外来人口占比(%)
上海		崇明区	3.14	9.09	1.10	0.00
江苏	无锡	江阴市	1.12	13.43	4.33	28.84
江苏	无锡	宜兴市	3.11	13.14	2.33	16.34
江苏	徐州	新沂市	2.06	2.89	2.99	0.00
江苏	徐州	邳州市	0.68	2.05	1.78	0.00
江苏	常州	溧阳市	3.82	12.22	2.16	0.00
江苏	苏州	常熟市	3.58	13.59	2.09	36.55
江苏	苏州	张家港市	2.79	13.61	3.77	35.06
江苏	苏州	昆山市	6.21	30.96	6.69	49.01
江苏	苏州	太仓市	4.81	20.69	4.33	38.58
江苏	苏州	吴江区	2.59	19.03	3.11	43.26
江苏	南通	启东市	1.03	6.20	2.17	0.00
江苏	南通	如皋市	1.61	3.07	2.26	0.00
江苏	南通	海安市	1.14	5.60	2.40	0.00
江苏	盐城	东台市	2.25	3.60	0.79	0.00
江苏	扬州	仪征市	1.88	3.76	3.19	0.00
江苏	扬州	高邮市	2.82	3.38	3.10	0.00
江苏	镇江	丹阳市	2.02	6.07	2.43	19.20
江苏	镇江	扬中市	3.17	9.19	1.90	10.96
江苏	镇江	句容市	1.56	7.04	2.97	8.45
江苏	泰州	兴化市	1.77	2.48	1.77	0.00
江苏	泰州	靖江市	3.01	8.59	3.77	2.02
江苏	泰州	泰兴市	2.01	4.32	3.92	0.00
浙江	杭州	建德市	4.51	8.80	2.26	0.00
浙江	宁波	余姚市	2.39	8.92	2.95	33.59
浙江	宁波	慈溪市	1.09	10.70	3.27	42.07
浙江	温州	瑞安市	0.66	12.50	3.82	17.16

续表

省（直辖市）	地级市	县级市（区）	每百万人麦当劳数（家/百万人）	每十万人咖啡馆数（家/十万人）	每十万人英语培训机构数（个/十万人）	外来人口占比（%）
浙江	温州	乐清市	3.44	6.95	3.78	9.35
浙江	温州	龙港市	2.15	4.95	5.38	17.77
浙江	嘉兴	海宁市	4.64	10.66	2.50	34.37
浙江	嘉兴	平湖市	1.49	8.79	1.79	24.35
浙江	嘉兴	桐乡市	1.94	14.84	3.01	31.37
浙江	嘉兴	嘉善县	1.54	16.47	3.08	36.91
浙江	绍兴	诸暨市	1.66	8.72	2.08	10.06
浙江	绍兴	嵊州市	1.47	6.02	1.17	0.00
浙江	金华	兰溪市	3.47	5.56	2.43	0.00
浙江	金华	义乌市	8.05	21.59	4.89	54.18
浙江	金华	东阳市	3.67	8.90	1.93	21.86
浙江	金华	永康市	7.25	6.63	3.31	35.69
浙江	衢州	江山市	0.00	3.64	1.82	0.00
浙江	台州	玉环市	4.66	7.45	3.57	32.13
浙江	台州	温岭市	2.12	4.87	3.81	13.85
浙江	台州	临海市	5.38	6.91	5.65	0.00
浙江	丽水	龙泉市	4.02	8.03	2.01	0.00
安徽	合肥	巢湖市	2.75	5.50	2.48	0.00
安徽	阜阳	界首市	0.00	2.46	0.77	0.00
安徽	滁州	天长市	1.66	3.97	4.14	0.00
安徽	滁州	明光市	0.00	3.50	1.24	0.00
安徽	芜湖	无为市	0.00	1.83	2.81	0.00
安徽	宣城	宁国市	0.00	5.15	3.35	1.24
安徽	宣城	广德市	0.00	4.61	0.80	0.00
安徽	安庆	桐城市	0.00	1.68	1.52	0.00
安徽	安庆	潜山市	0.00	1.13	1.81	0.00